Osnabrücker Jahrbuch
Frieden und Wissenschaft
23 / 2016

Veröffentlichung des Universitätsverlags Osnabrück bei V&R unipress

Osnabrücker Jahrbuch Frieden und Wissenschaft 23 / 2016

THEMENSCHWERPUNKT:
KRISEN EUROPAS – UKRAINE, NAHER OSTEN, MIGRATION

- OSNABRÜCKER FRIEDENSGESPRÄCHE 2015

- MUSICA PRO PACE 2015

- BEITRÄGE ZUR FRIEDENSFORSCHUNG

Herausgegeben vom Oberbürgermeister der
Stadt Osnabrück und dem Präsidenten der
Universität Osnabrück

V&R unipress

Für freundliche Unterstützung der Osnabrücker Friedensgespräche 2015-2016 danken wir

- der Stadtwerke Osnabrück AG
- der Sievert-Stiftung für Wissenschaft und Kultur
- dem Förderkreis Osnabrücker Friedensgespräche e.V.

Redaktionsanschrift: Geschäftsstelle der Osnabrücker Friedensgespräche
Universität Osnabrück, Neuer Graben 19 / 21, D-49069 Osnabrück
Tel.: + 49 (0) 541 969 4668, Fax: + 49 (0) 541 969 14668
Email: ofg@uni-osnabrueck.de – Internet: www.friedensgespraeche.de

Die Deutsche Nationalbibliothek – Bibliografische Information: Die Deutsche Nationalbibliothek
verzeichnet diese Publikation in der Deutschen Nationalbibliografie; detaillierte bibliografische
Daten sind im Internet über ›http://dnb.ddb.de‹ abrufbar.
1. Aufl. 2016

© 2016 Göttingen, V&R unipress GmbH, Robert-Bosch-Breite 6, 37079 Göttingen,
mit Universitätsverlag Osnabrück /http:www.v-r.de/. Alle Rechte vorbehalten.
Printed in Germany: Hubert & Co., Robert-Bosch-Breite 6, 37079 Göttingen.
Gedruckt auf säurefreiem, total chlorfrei gebleichtem Werkdruckpapier; alterungsbeständig.

ISBN: 978-3-8471-0645-6
ISSN: 0948-194-X

Inhalt

II. MUSICA PRO PACE –
KONZERT ZUM OSNABRÜCKER FRIEDENSTAG 2015

III. BEITRÄGE ZUR FRIEDENSFORSCHUNG

IV. ANHANG

Vorwort der Herausgeber

Für den politischen Zustand Europas lässt sich gegenwärtig kaum eine eindeutige Bestimmung angeben. Dazu sind zu viele Dinge in Bewegung geraten, sind zu viele Fragen offen. Dass die Einigung Europas in eine Krise geraten ist, ist schwerlich zu bestreiten. Viele Selbstverständlichkeiten, die das Werden und die Erweiterung der Europäischen Union für uns mit sich brachten – etwa das freie, ungehinderte Überqueren innereuropäischer Grenzen –, sind fraglich geworden. Wurde die Vergrößerung der Gemeinschaft nach Ende des Kalten Krieges zunächst beschleunigt, so gerieten Erweiterung und Vertiefung der EU mit der Diskussion um die Rettung der Gemeinschaftswährung – insbesondere mit Blick auf das als überschuldet angesehene Griechenland und den Konflikt mit Russland um den Einfluss auf die Ukraine – nicht nur ins Stocken, sondern der Fortschritt schien sich mit dem in Großbritannien beschlossenen Austritt unversehens in einen Rückzug zu verwandeln.

Die verstärkte Zuwanderung Geflüchteter aus dem Nahen und Mittleren Osten sowie aus Ländern Nordafrikas hat Verwaltungen und Regierungen mehrerer europäischer Länder, aber auch die Institutionen der EU selbst in einen Krisenmodus versetzt. Viele Medien übten sich in einer Art Kriegsberichterstattung über die Etappen der Massenwanderungen, über Todesopfer auf See und dramatische Rettungen vor Kälte, Nässe und Hunger, über die Unterbringung Geflüchteter in Turnhallen und Baumärkten und ihre Versorgung mit Kleidung und täglichem Bedarf.

Die Hilfeleistungen und das tätige Mitgefühl derjenigen, die in Sicherheit und Wohlstand leben, mit den neu Eintreffenden und künftigen Mitbürgern waren dort, wo man sich begegnete, wohl für alle Seiten gleichermaßen bewegend. Die ›Willkommenskultur‹ war keine Inszenierung.

Die vorliegende Ausgabe des Jahrbuchs der von Stadt und Universität veranstalteten Osnabrücker Friedensgespräche setzt ihren Themenschwerpunkt auf die *Krisen Europas* mit den Stichworten *Ukraine, Naher Osten, Migration*. Eine Gemeinsamkeit dieser Kriegs- und Krisenschauplätze ist es einerseits, die außenpolitische Gestaltungskraft der Europäischen Union herauszufordern. Aber auch der innere Zusammenhalt der EU scheint in der sogenannten Flüchtlingskrise erschüttert. Die Herkunft der Flüchtenden aus dem Nahen und Mittleren Osten, aber auch aus Ländern des Balkan macht politische Versäumnisse der EU-Staaten kenntlich, sowohl in Afghanistan als auch in Syrien, wo die Europäer einem Bürgerkrieg seit Jahren ohne besonderes Engagement zugesehen haben, übrigens auch ohne ausreichende Unterstützung für den EU-Beitrittskandidaten Türkei, wohin mehr als 3 Millionen Syrer gekommen waren.

Die Krise in Europa entpuppte sich angesichts dessen vor allem als Flüchtlings*phobie*krise, als Epidemie einer unversehens und vielerorts aufkeimenden Fremdenfurcht und -feindlichkeit. Die Osnabrücker Friedensgespräche setzen dagegen weiterhin auf die Mittel eines rationalen Diskurses: auf Information, Argumentation, Aufklärung.

Den kompetenten Podiumsgästen, Vortragenden und Förderern der Friedensgespräche sind wir zu Dank verpflichtet. 30 Jahre, nachdem im Osnabrücker Rathaus das erste *Osnabrücker Friedensgespräch* stattfand, ist viel passiert – unter anderem wurde das Internet allgegenwärtig; auch dort sind die Friedensgespräche präsent. Zugleich bestätigt das stets zahlreich persönlich anwesende und sehr zugewandte Publikum unser Bemühen und die Entschlossenheit aller Beteiligten, dieses Gesprächsangebot *open end* fortzuführen.

Den Lesern dieser Ausgabe des Jahrbuchs wünschen wir eine interessante und gewinnbringende Lektüre.

Osnabrück, im Oktober 2016

Wolfgang Griesert
Oberbürgermeister

Prof. Dr. Wolfgang Lücke
Präsident der Universität

Editorial

Zur jüngsten Krise Europas, mit der die wenigsten gerechnet haben, führte der ›Brexit‹, für den sich eine Mehrheit der Wähler in Großbritannien im Sommer 2016 aussprach. Weitgehend verständnislos reagierte die übrige Welt auf das Votum, Großbritannien möge die EU verlassen, das zur Handlungsanweisung für die neu gewählte Regierungschefin geworden ist. Auf dem Kontinent wird im Gegensatz dazu die (Ver-)Einigung Europas weiterhin ganz überwiegend als Bedingung dafür verstanden, wenn nicht als Garantie dafür, dass Mitgliedstaaten untereinander nicht in bewaffnete Konfrontationen geraten oder gar Kriege entfachen können.

Ein anderer Konflikt, an der östlichen Peripherie der Europäischen Union, brauchte einen längeren Anlauf, um in die Schlagzeilen zu gelangen, verursachte aber auf dem Höhepunkt der Ereignisse einen erregten öffentlichen Meinungskampf auch bei uns: Die Ukraine, seit 1991 unabhängig, hatte 2004 eine ›Orangene Revolution‹ erlebt. Einer Präsidentschaftswahl folgte der Amtsantritt des westlich orientierten Kandidaten *Wiktor Juschtschenko*, was vielen politischen Beobachtern als richtungsweisend für die künftige Orientierung der Ukraine galt. Über geraume Zeit wurde dann ein Assoziierungsabkommen mit der EU vorbereitet, dessen geplante Unterzeichnung im Jahr 2013 der seit 2010 amtierende Präsident *Wiktor Janukowytsch* aufkündigte, nachdem die russische Regierung mit schwerwiegenden Konsequenzen gedroht hatte. Janukowytsch verlor im Verlauf der Majdan-Proteste – manche sagen: mit tätiger Unterstützung aus dem Westen – sein Amt, und im Handstreich übernahm Russland in einem Akt selbstermächtigter Besitzstandswahrung die militärische Kontrolle auf der Krim, während von Russland unterstützte Aufständische die ukrainische Zentralmacht aus den ostukrainischen Bezirken Donezk und Lugansk vertrieben. Harte militärische Auseinandersetzungen, an denen auch antirussische Freiwilligenverbände beteiligt waren, folgten und flammen trotz Abschluss zweier Minsker Abkommen immer wieder auf. Nach Wegnahme der Krim hatte der Westen unter dem Vorwurf der Völkerrechtsverletzung politische und wirtschaftliche Strafmaßnahmen gegen Russland verhängt, die von dort mit Einfuhrsperren für westliche Nahrungsmittelerzeugnisse beantwortet wurden. Der Konflikt eskalierte zu einem ›neuen Kalten Krieg‹ zwischen dem Westen und Russland, das damit zum Wiedergänger der untergegangenen, feindlichen UdSSR auf- bzw. abgewertet wurde. In Deutschland mündeten die unterschiedlichen Bewertungen der Auseinandersetzung um die Ukraine in anhaltende Spannungen und eine politische Lagerbildung. Wechselseitig wurden ›Faschisten‹ und ›Stalinisten‹ verantwortlich gemacht für zurückliegende Gewalttaten und andauernde Kampfhandlungen, für Gefährdungen des Friedens und die Verhinderung einer für alle Seiten gedeihlichen, besseren wirtschaftlichen Zusammenarbeit.

So stand das Friedensgespräch im März 2014, an dem der Kiewer Bürgermeister und Parteichef *Vitali Klitschko*, der frühere EU-Parlamentspräsident *Hans-Gert Pöttering* und der Osteuropa-Korrespondent *Reinhard Lauterbach* teilnahmen, im Zeichen dieser erregten Diskussion, war leider begleitet von Versuchen der Diskreditierung von Podiumsteilnehmern und fand besonders großes Publikumsinteresse. Ein Friedensgespräch im Oktober des Jahres, an dem der Vorsitzende des Deutsch-Russischen Forums, Ministerpräsident a.D. *Matthias Platzeck*, und die Germanistin, Historikerin und Bürgerrechtlerin *Irina Scherbakowa* teilnahmen und das den Perspektiven für das deutsch-russische Verhältnis galt, spiegelte ebenfalls den fortbestehenden Meinungsstreit um eine angemessene Positionierung gegenüber Russland und den USA, wo von den ›Russlandverstehern‹ die eigentlichen ›Scharfmacher‹ ausgemacht wurden.

Hinter das Tagesgeschehen zurück wies das Friedensgespräch »Verhärtete Fronten zwischen Israel und Palästina« mit *Avi Primor*, dem früheren Botschafter Israels in Deutschland, sowie mit dem ehemaligen palästinensischen Gesandten *Abdallah Frangi* und der Politikwissenschaftlerin *Muriel Asseburg*. Der seit Jahrzehnten auf engem geografischen Raum schwelende und zeitweise militärisch ausgetragene Nahost-Konflikt wird von vielen immer noch als Kernproblem der Beziehungen des Westens zur arabischen und islamischen Welt gesehen, obgleich Kriege in Afghanistan und im Irak sowie der sogenannte ›Arabische Frühling‹ einschließlich des darauf folgenden, autoritären *rollback* in der Region des Mittleren Ostens zu tiefgreifenden Veränderungen geführt haben.

Besonders die bisher unentschiedenen Verschleißkriege um die Macht in Syrien und im Irak prägen derzeit das Bild. Sie sind weiterhin ursächlich für starke Migrationsbewegungen, die Hunderttausende aus den umkämpften Gebieten in die prekäre Sicherheit von Flüchtlingslagern in Jordanien, der Türkei und im Libanon geführt haben. Die Verhältnisse, unter denen sie dort leben müssen, veranlassen viele zur Fortsetzung ihrer Flucht nach Europa, in die Staaten der EU, wo sie auf bessere Lebensbedingungen hoffen. Die Staaten Europas sind auch künftig gebunden an die asylrechtlichen Bestimmungen der Genfer Flüchtlingskonvention und der Europäischen Menschenrechtskonvention, und sie verfügen zweifellos über die notwendigen Ressourcen, Flüchtlinge auch in größerer Zahl aufzunehmen. Ein Friedensgespräch mit dem niedersächsischen Innenminister *Boris Pistorius*, der Flüchtlingsreferentin der Diakonie Rheinland-Westfalen-Lippe e.V., *Karin Asboe*, und dem Migrationsforscher *Jochen Oltmer* vom Osnabrücker Institut für Migrationsforschung und Interkulturelle Studien diskutierte Anspruch, Verpflichtung und Wirklichkeit der aktuellen Flüchtlingspolitik, noch bevor die Zuwanderung im Sommer und Herbst 2015 ihren Höhepunkt erreichte.

Auch der Schweizer Schriftsteller und Literaturwissenschaftler *Adolf Muschg* trug diesen Ereignissen Rechnung. In seinem Vortrag am Tag der Deutschen Einheit im Rahmen der Friedensgespräche machte er deutlich, in welcher Ratlosigkeit und Verlegenheit sich Europa angesichts der neu Ankommenden befindet. Werte, auf die man sich in den demokratischen Gesellschaften des Kontinents beruft, würden desavouiert durch politische Mut- und Tatenlosigkeit. Die Forderung, endlich Fluchtursachen zu bekämpfen, werde keineswegs eingelöst, sondern verkommt zur Ausrede dafür, Geflüchtete auszusperren.

Dem Themenschwerpunkt des Bandes – *Ukraine, Naher Osten, Migration* – sind auch die Textbeiträge von *Susanne Güsten, Albrecht Weber* und *Rolf Wortmann* gewidmet. Der Ukrainekonflikt veranlasst Wortmann zu der kritischen Skizze »Wozu Geopolitik?«. Die Journalistin Susanne Güsten schildert nach einer Reise in die Südosttürkei das Geschick aramäischer Christen, die aus Deutschland den Rückweg in das angestammte Siedlungsgebiet wagten und sich hier vor unverhoffte Probleme gestellt sehen. Und Albrecht Weber erläutert die geltenden rechtlichen Voraussetzungen jeder möglichen Steuerung der Flüchtlingseinwanderung.

Doch die Agenda der Friedensgespräche bot auch ein Gesprächsthema abseits internationaler Krisenherde: Das Stichwort ›Massentierhaltung‹ sorgt hierzulande seit längerer Zeit schon ebenfalls für erregte Debatten. »Ist unsere Tierproduktion noch zu verantworten?« – unter dieser Leitfrage standen Statements und Diskussion zwischen dem niedersächsischen Minister für Ernährung, Landwirtschaft und Verbraucherschutz Christian Meyer, dem Generalsekretär der Deutschen Bundesstiftung Umwelt *Heinrich Bottermann* und *Bernhard Krüsken*, dem Generalsekretär des Deutschen Bauernverbandes, im Mai 2015.

Den zeitgeschichtlichen Hintergrund des jährlichen Konzertes *musica pro pace* zum Osnabrücker Friedenstag bildete einmal mehr der Erste Weltkrieg. In Kooperation mit dem Theater Osnabrück von *Stefan Han-*

heide organisiert, standen *Rudi Stephans* 1912 entstandene »Musik für Orchester« sowie von *Richard Strauss* die Komposition »Eine Alpensinfonie« auf den Notenblättern des Osnabrücker Symphonieorchesters unter Leitung von *Andreas Hotz*. Hanheides zur Einführung vorgetragene Erläuterungen zu Werk und Wirkung beider Komponisten sind nachzulesen im vorliegenden Band.

Henning Buck

■ I. Osnabrücker Friedensgespräche 2015

»Ukraine – Land in der Zerreißprobe?«
Friedensgespräch im Europa-Saal der OsnabrückHalle

Empfang durch Oberbürgermeister Griesert im historischen
Friedenssaal des Rathauses

Ukraine – Land in der Zerreißprobe?

Podiumsveranstaltung im Europa-Saal
der OsnabrückHalle am 26. März 2015

Dr. Vitali Klitschko	Bürgermeister der Stadt Kiew, Ukraine
Prof. Dr. Hans-Gert Pöttering	Präsident des Europäischen Parlaments a.D., Vorsitzender der Konrad-Adenauer-Stiftung e.V.
Reinhard Lauterbach	Freier Journalist, Osteuropa-Korrespondent
Prof. Dr. Reinhold Mokrosch	Universität Osnabrück – Gesprächsleitung

Reinhold Mokrosch: Die Osnabrücker Friedensgespräche dienen der authentischen Information und Aufklärung. Sie sind kein Tribunal, bei dem Menschen, Politiker, Ökonomen oder Wissenschaftler glorifiziert oder verurteilt werden sollen. Wir haben heute eine hervorragende Gelegenheit, Informationen aus erster Hand über die Ukraine zu erhalten, und wir wollen und werden eine sachliche Diskussion darüber führen.

Wir möchten erfahren, wie sich die Lebensbedingungen in der Ukraine seit dem Machtwechsel im Frühjahr 2014 und dem Abschluss eines Assoziierungsabkommen mit der EU verändert haben. Wir möchten wissen, welche Reformen auf den Weg gebracht wurden und welche Reformen noch ausstehen. Wir möchten erfahren, ob und wie Oligarchie und Korruption bekämpft werden. Und wir möchten Einschätzungen hören, ob und wie der Krieg im *Donbas* beendet oder wenigstens die Waffen zum Schweigen gebracht werden können.

Diplomatische Bemühungen von *Angela Merkel, Frank-Walter Steinmeier* und *François Hollande* haben maßgeblich zum Abschluss des zweiten Minsker Friedensabkommens beigetragen. Damit wurden auch Waffenlieferungen aus den USA und Großbritannien in die Ukraine und damit eine weitere Eskalation verhindert. Diplomatie statt militärischer Eskalation: auch Deutschlands Vermittlerrolle ist zu würdigen.

Herr Dr. Klitschko, wir möchten Sie als Bürgermeister und Chef der Stadtverwaltung von Kiew, aber auch als Landespolitiker und als gewähltes Mitglied des ukrainischen Parlaments befragen. Die ukrainische Wirtschaft ist im Lauf des vergangenen Jahres stark geschrumpft und die Staatsverschuldung hat sich drastisch erhöht. Westliche Unternehmen, besonders aus der Automobil- und der Gasförderbranche, aber auch aus der Landwirtschaft ziehen sich aus dem Land zurück. Wie kann es nach dem Krieg in der Ostukraine, im Donbas, zu einer neuen Wertschöpfung in der Ukraine kommen?

Herr Pöttering, welche Reformen erwarten Sie von der Ukraine als Nächstes und wie schätzen Sie die bisher eingeleiteten Reformen ein? Sind Kiew und die Ukraine auf dem richtigen Weg? Oder haben Zentralismus und Nationalismus die Oberhand? Wie beurteilen Sie die Wirtschaftssanktionen des Westens gegenüber Russland? Eine Schwächung der Wirtschaft Russlands bedeutet auch eine Schwächung der Wirtschaft der Ukraine, weil die Ukraine sehr viele Handelsbeziehungen mit Russland hat.

Herr Lauterbach, Sie leben in Polen und haben den Reformaufschwung Polens mitverfolgt. Welche Reformen würden Sie der Ukraine vorschlagen? Etwa eine Dezentralisierung der Justiz, des Militärs, des Gesundheitswesens, der Medien, der Energiepolitik? Welches Interesse hat Russland an der Krim und an der Ostukraine? Und falls Sie einen Föderalismus in der Ukraine befürworten: Wie könnte dieser aussehen?

Bevor wir Ihre Statements hören, meine Herren, wollen wir aller Opfer des Konfliktes in der Ukraine gedenken, der Opfer des 20. Februar 2014 auf dem Majdan, der Opfer des 2. Mai 2014 in Odessa und aller Opfer des Krieges im Donbas und in Mariupol.

Vitali Klitschko: Wir sind hier in der Friedensstadt Osnabrück, in diesem Saal, zusammengekommen, um ein Gespräch über den Frieden zu führen. Ich bin hier als ein Politiker, dessen Land sich im Krieg befindet. Dieser Krieg tötet täglich Hunderte von Menschen. Es sterben Soldaten, Zivilisten und – am schlimmsten! – Kinder. Die Staats- und Regierungschefs sowie die ganze Welt sind über den Krieg in der Ostukraine und über die russische Aggression gegenüber der Ukraine tief besorgt. Die Europäer haben ein gemeinsames Wertesystem entwickelt, um in Frieden zusammenzuleben und alle Konflikte friedlich zu lösen. Die Ukraine wird weiterhin ihr Territorium und ihren Frieden in Europa verteidigen. Für uns ist wichtig, dass die Ukraine und die Europäische Union weiter zusammenbleiben. Mit Unterstützung von Europa wird die Ukraine ihre Erfolgsgeschichte in Europa erleben. Russland – und ich verstehe diejenigen, die hier anderer Meinung sind – muss endlich begreifen, dass niemand ungestraft internationale Abkommen wie das Budapester Abkommen von 1994, die territoriale Integrität und die Unabhängigkeit anderer Staaten verletzen darf.

Wie kann man den Weg zum Frieden finden? Eine Antwort auf diese Frage bietet der Friedensprozess, der 1648 zum *Westfälischen Frieden* führte. Vor allem ist wichtig, dass auf allen Seiten des Konfliktes der Wunsch und der Wille da sind, Frieden zu erreichen. Die Tatsache, dass das Minsker Abkommen nicht vollständig erfüllt worden ist, zeigt, dass leider nicht alle Seiten Verhandlungsprozesse wollen und einen Friedenswunsch bzw. Friedenswillen haben. Alles, was heute passiert, hat damit zu tun, dass Russland nicht die Absicht hat, seine Einmischung in die inneren Angelegenheiten und in die Souveränität der Ukraine zu stoppen. Heute ist die Ukraine im Kriegszustand; ich bin sicher, dass Russland bereits jetzt einen Krieg in Europa führt. Es ist kein Krieg zwischen Russland und der Ukraine, sondern zwischen Russland und dem Westen, denn die Ukraine ist Europa und Bestandteil der westlichen Zivilisation.

Schüsse und Explosionen hören wir also schon heute vor der Haustür der Europäischen Union. Für die Ukraine sind die Hilfe und die Unterstützung durch unsere europäischen Partner bei der Beilegung des Konfliktes und der Herstellung von Frieden lebenswichtig. Unsere erste Priorität sind demokratische Reformen, wirtschaftliche Reformen und der Wiederaufbau des Landes. Der Krieg im Donbas zeigt, dass die politische Führung in Russland alles dafür tun wird, die europäische Entwicklung der Ukraine zu untergraben. Russland will durch die Destabilisierung der Situation in der Ukraine unsere Bewegung hin zu Europa verhindern sowie Reformen und demokratische Prozesse stoppen, weil jedes erfolgreiche Beispiel für einen demokratischen Wandel in der Ukraine eine direkte Bedrohung für die Diktatur bringt.

Wir Ukrainer wollen Frieden in unserem Land und in Europa. Wir verteidigen unser Land, unsere Souveränität und unsere territoriale Integrität. Unsere Zukunft sehen wir in der europäischen Familie. Deswegen ist deren Unterstützung für uns wichtig. In Schwierigkeiten erkennt man wahre Freunde, und wir sehen, dass die Ukraine viele echte Freunde hat. Ich verstehe, dass viele Leute hier eine andere Meinung haben. Ich bin einer derjenigen, die die Sowjetzeit miterlebt haben und die wissen, welche Wirkung Propaganda hat. Und leider hat Propaganda auch heute noch eine riesige Wirkung; Millionen von Menschen sind davon betroffen. Heute aber ist unser gemeinsames Ziel, die Situation zu verändern und eine friedliche Lösung für den Konflikt zu finden.

Hans-Gert Pöttering: Vor drei Jahren kämpften in Kiew die Fußball-Nationalmannschaften von Italien und Spanien in einem spannenden Finale um den Titel des Europameisters. Die Halbfinalrunde zwischen Deutschland und Italien hatte einige Tage zuvor im Stadion von Donezk stattgefunden. Seit fast zwölf Monaten wird nun erneut in der Ukraine gekämpft, dieses Mal jedoch mit militärischen Mitteln. Im Osten des Landes sterben Menschen in einem bewaffneten Konflikt, in dem es um nichts Geringeres geht als die territoriale Integrität des ukrainischen Staates. Diese Integrität wird derzeit andauernd verletzt. Die Annexion der Krim durch Russland war ein Bruch des Völkerrechts. Sie ist ein Unrecht, und sie ist auch nicht durch die Bemühung historischer Argumente zu rechtfertigen. Genauso verhält es sich mit der Unterstützung sogenannter prorussischer Separatisten in der Ostukraine. Diese Unterstützung, sei sie logistisch oder militärisch, ist ein Gewaltakt gegen die ukrainische Souveränität.

Die Ukraine ist ein europäisches Land. Auch Russland ist übrigens ein europäisches Land, das dürfen wir nicht vergessen. Deutschland unterstützt die Integration des ukrainischen Staates in das westliche Wertesystem. Dessen Kern machen die Würde des Menschen, die Menschenrechte, die Demokratie, die Rechtsstaatlichkeit sowie Frieden und Freiheit aus. Deswegen bleibt das Handeln des russischen Präsidenten nicht ohne Folgen. Die Europäische Union – das sind 28 Länder mit über 500 Millionen Menschen – hat gemeinsam auf diese Völkerrechtsverstöße reagiert und wirtschaftliche Sanktionen beschlossen. Gleichzeitig ist es wichtig, dass wir das Gespräch mit der russischen Führung aufrechterhalten. Ich habe hohen Respekt davor, wie sich Bundeskanzlerin Merkel zusammen mit Außenminister Steinmeier bis zur physischen Erschöpfung für den Frieden in der Ukraine eingesetzt haben und weiter einsetzen. Wenn wir Europäer diese Gespräche mit Erfolg führen wollen, müssen wir als Europäische Union geschlossen sprechen und handeln. Eine deutsche Sonderrolle, einen deutschen Sonderweg, darf und wird es nicht geben. Denn das wäre fatal für die europäische Verhandlungsposition und für unser Land. Die Bundesrepublik Deutschland muss sich als verlässlicher Partner erweisen und das tut sie auch: solidarisch in der Europäischen Union und gesprächsbereit in Richtung Moskau – aber an der Seite derjenigen in der Ukraine, die ein freies, demokratisches Land aufbauen wollen.

Deutschland hat hierbei ein starkes Augenmerk auf Frankreich. Es war ein großartiges Zeichen, dass François Hollande und Angela Merkel gemeinsam nach Minsk reisten, um mit *Wladimir Putin* und *Petro Poroschenko* zu sprechen. Das zeigte die Einheit der Europäischen Union und gleichzeitig unsere Dialog- und Gesprächsbereitschaft. Verlässlichkeit schafft Vertrauen. Mangelnde Glaubwürdigkeit aber zerstört das in internationalen Beziehungen so wichtige Vertrauen. Russlands Präsident hat bedauerlicherweise dieses Vertrauen sehr stark beeinträchtigt. Gleichwohl sagen wir: Es ist immer Zeit zur Umkehr. Anfangs behauptete Putin, es gebe keine russischen Truppen auf der Krim. Vehement leugnete Moskau, dass es sich bei den Truppen ohne Hoheitsabzeichen, die Ende Februar 2014 strategische Orte auf der Halbinsel besetzten, um russische Soldaten handelte. Im März 2015 gab Präsident Putin dann in einer russischen Fernsehdokumentation unumwunden zu, den Befehl, »die Krim zurück zu Russland zu holen«, selbst gegeben zu haben. Er gestand, dabei russische Truppen eingesetzt zu haben. Als jemand, der den Dialog vor jede militärische Aktion stellt, muss ich klar sagen, dass Leugnen und Lügen keine Basis für Gespräche sind, die den Frieden bringen sollen.

Die Bedeutung des Ukraine-Russland-Konflikts geht weit über den europäischen Kontinent hinaus. Die Vorstellung des russischen Präsidenten, Grenzen nach ethnischen Kriterien ziehen zu wollen, könnte auch in vielen afrikanischen Staaten als Vorbild herangezogen werden. In Afrika gibt es viele Grenzen, die quer durch die Siedlungsräume ethnischer Gruppen verlaufen. Würden afrikanische Machthaber ebenfalls auf die Idee kommen, ethnische Gruppen unter einem nationalen Dach zusammenzuführen und dafür Staatsgrenzen mit Gewalt infrage zu stellen, würde das weite Teile des afrikanischen Kontinents in Krieg und Chaos stürzen. In diesen Ländern könnten außenpolitische Aggressionen mit innenpolitischen Repressalien einhergehen. Insbesondere politisch schwache Machthaber könnten diese außenpolitischen Umstände dazu nutzen, ihre Position innerhalb des eigenen Landes zu stärken. Der Weg dahin führt über die Einschränkung der Meinungs- und Pressefreiheit, die Unterdrückung der Opposition und ein grundsätzliches Misstrauen gegenüber dem eigenen Volk, falls dies nicht ohnehin bereits Realität sein sollte.

In Russland haben wir Ähnliches erlebt. Im Oktober vergangenen Jahres hat das russische Justizministerium die Auflösung der Menschenrechtsorganisation *Memorial* beantragt. Das Moskauer Verfassungsgericht lehnte den Antrag zwar ab. Dieser reiht sich aber in eine lange Kette von Einschüchterungsversuchen gegenüber Memorial und anderen Nichtregierungsorganisationen (NGOs) ein. So wurde 2013 das NGO-Gesetz verschärft. NGOs, die vom Ausland finanziell unterstützt werden und politisch aktiv sind, werden seitdem als »ausländische Agenten« registriert. Damals wurden 2.000 Büros von NGOs durchsucht, darunter das Moskauer Büro von *Amnesty International* sowie die Büros der Friedrich-Ebert-Stiftung und der Konrad-Adenauer-Stiftung. Im Dezember 2011 gingen bei Massenprotesten gegen den Ausgang der russischen Präsidentschaftswahlen Spezialeinheiten des Innenministeriums gegen die Demonstranten vor. Die eingesetzte Division, die hunderte Protestierende festnahm, war nach *Felix Dserschinski* benannt, dem Begründer der sowjetischen Geheimpolizei *Tscheka* und – bis zu seinem Tod 1926 – engen Verbündeten des Diktators *Stalin*. Die weitere Einschränkung der Freiheiten von Bürgern, Medien und der Opposition sowie die Anlehnung an sowjetische Persönlichkeiten zeigen, dass die Bestrebungen der russischen Außenpolitik mit einer innenpolitischen Rückwärtsbewegung einhergehen. Die Orientierung an sowjetischen Großmachtzeiten erscheint hier offenkundig.

Der »Schutz der russischen Minderheiten«, den Präsident Putin als Begründung für seine Aggression gegenüber der Ukraine vorschiebt, lässt sich nur durch eine wirksame Rechtsordnung gewährleisten. Unser europäisches Modell, das durch seine Gesetze Minderheiten schützt, dient dabei als Vorbild. Um es deutlich zu sagen: Nicht territoriale Angliederung ist der richtige Weg, sondern die Gewährleistung gesetzlichen Schutzes für alle Einwohner eines Staates. Meine Forderung an den Präsidenten und an das Parlament in der Ukraine ist, dass die russischstämmigen Menschen in der Ostukraine ihre eigene Identität und ihre eigene Kultur leben können. Dazu braucht man eine klare Verfassung, die das innerhalb des Staatsverbandes der Ukraine garantiert.

Das vermeintliche Recht der russischstämmigen Bevölkerung, die Ukraine zu verlassen und ihr dortiges Siedlungsgebiet Russland anzuschließen, wird in umgekehrter Weise dem tschetschenischen Volk verweigert. Die Unabhängigkeitsbestrebungen der Tschetschenen, die russische Föderation zu verlassen, wurden mit zwei Kriegen beantwortet. Das zeigt die Unglaubwürdigkeit der gegenwärtigen russischen Politik. Auch der Vergleich der Krim-Annexion mit der Abspaltung des Kosovo von Serbien führt in die Irre. Denn es war der ethnische Säuberungskrieg von *Slobodan Milošević*, der zu einem Eingreifen der NATO-Truppen führte. Zuvor wurde – unter Beteiligung Russlands – versucht, mittels Sanktionen und Verhandlungen Lösungen zu finden. Wenn die Menschenrechte großer Bevölkerungsteile nicht *massiv* bedroht oder verletzt werden, fehlt eine gesetzliche und moralische Grundlage für einen militärischen Eingriff von außen. Das war auf der Krim nicht gegeben. Und es ist von besonderer Ironie, dass Russland bis heute die Republik Kosovo nicht anerkannt hat, aber genau diesen Fall zur Rechtfertigung der Krim-Annexion immer wieder ins Gespräch bringt.

Ich habe schon betont, dass die Ukraine ein europäisches Land ist. Es ist in seiner Kulturtradition tief im europäischen Kontinent verankert. Dasselbe gilt aber auch für die russische Lebensform. Die westliche Kritik richtet sich gegen das Verhalten der russischen Führung, nicht gegen das russische Volk. Die russische Bevölkerung soll wissen, dass wir wollen, dass man Russland immer zu Europa rechnet. Wenn auch in deutschen Medien immer wieder ›Europa‹ und Russland als getrennt dargestellt werden, schließt man Russland gedanklich aus Europa aus. Korrekt müsste es heißen: die *Europäische Union* und Russland. Ein fehlerhafter Sprachgebrauch kann am Ende auch zu falschen Handlungen führen.

Es bleibt zu hoffen – und daran müssen wir mit aller Kraft arbeiten –, dass Russland zur Wahrung des internationalen Völkerrechts zurückkehrt. Die Donbas-Arena in Donezk, wo im Juni 2012 die deutsche und die italienische Fußball-Nationalmannschaft aufeinandertrafen, ist heute von Beschuss und Zerstörung gezeichnet. Sie ist ein Symbol der Eskalation des Krieges zwischen der Ukraine und den von Russland unterstützten Separatisten, einer Eskalation, die vor wenigen Jahren noch undenkbar schien. Es ist aufrichtig zu wünschen, dass in der Ukraine schnellstmöglich Frieden einkehrt und die Ukrainerinnen und Ukrainer wieder ohne Angst um ihr Leben und mit Zuversicht in die Zukunft sehen können. Ich bin der Meinung, dass Persönlichkeiten wie Vitali Klitschko allen Respekt dafür verdienen, dass sie unter ungeheuer schwierigen Bedingungen daran mitwirken, der Ukraine eine freiheitliche und friedliche Zukunft zu ermöglichen. Wir sollten als Deutsche und Europäer in der Europäischen Union alles tun, dieses Bemühen für Freiheit, Demokratie und Recht zu unterstützen.

Reinhard Lauterbach: Die Leitfrage der heutigen Veranstaltung lautet: Ist die Ukraine in der Zerreißprobe? Das Fragezeichen am Ende dieses Satzes kann man getrost streichen. Die Ukraine *ist* tatsächlich in einer Zerreißprobe, sie ist heute *de facto* gespalten. Das wird auch in internen Studien westlicher *think tanks* offen gesagt. Das Beharren auf ihrer territorialen Integrität in der bis 2013 geltenden Form ist bloße politische Rhetorik. Ich halte eine Wiederherstellung der ukrainischen Grenzen in dieser Form aus mehreren Gründen für sehr unwahrscheinlich.

Der erste Grund dafür ist, dass der sogenannte Euromajdan eben nur zu einem Teil, zu einem im Verlauf immer geringer werdenden Anteil, ein ›proeuropäischer Aufstand der Zivilgesellschaft‹ war. Dieser Aufstand wurde von Tag zu Tag immer mehr nationalistisch aufgeladen. Organisationen, wie der ›Rechte Sektor‹, gründeten sich drei Tage nach Beginn der Pro-EU-Proteste auf dem Majdan in Kiew. Diese rechten Kräfte haben sehr schnell dafür gesorgt, dass eine erstaunlich gute materielle Infrastruktur dort vorhanden war. Sie prägten auch die Rituale dieses Majdan. Es gab z.B. im Winter wiederkehrende Hüpfrituale, bei denen die Leute auf und ab hüpften, um sich die Füße zu wärmen. Dazu wurde skandiert: Wer nicht hüpft, ist Moskal! – Moskal ist eine abfällige, beleidigende Bezeichnung für Russen.

Auf dem Majdan fand von Anfang an eine Polarisierung zwischen den Protestierenden einerseits und den ›anderen‹ statt. Wer dort war, musste sich dazu verhalten. Stand man mit Mikrofon oder Kamera in der Hand da, wurde man gefragt, warum man nicht mithüpft. Ich habe dann erklärt, ich sei Ausländer und möchte mich nicht in die inneren Angelegenheiten der Ukraine einmischen. Das wurde respektiert. Allerdings musste ich feststellen, dass andere deutsche Staatsbürger und Vertreter westeuropäischer Länder keine solche Zurückhaltung übten. Im Gegenteil, westliche Vertreter – von *Lech Wałęsa* bis hin zu deutschen Parlamentariern – traten sehr schnell als Unterstützer dieser Bewegung auf und engagierten sich politisch in der Ukraine. Damit haben sie zu einer Eskalation beigetragen, die sich für den Zusammenhalt dieses Landes fatal ausgewirkt hat.

Die Ukrainische Sowjetrepublik, so wie sie 1991 in die Unabhängigkeit ging, war und ist ein in hohem Maße politisch heterogenes Gebilde. Aus historischen Gründen waren dabei Gebiete mit unterschiedlichen Kulturen, Mentalitäten und Geschichtsbildern zusammengefügt worden und gingen in dieser Konstellation in die Unabhängigkeit. Ein Zusammenhalt des Landes war nur um den Preis zu haben, dass die unterschiedlichen Geschichtsbilder und -konzeptionen einander zumindest in Ruhe lassen mussten. Man kann *Viktor Janukowytsch* vieles vorwerfen, insbesondere maßlose Korruption. Aber er hat in der Westukraine nicht ein einziges Standbild von *Stepan Bandera*, dem Idol der Nationalisten, abreißen lassen. Die Majdan-Aktivisten, die Janukowytsch stürzten, machen das aber reihenweise mit den *Lenin*-Statuen in der Ostukraine. Ich bin nicht der Ansicht, dass ein ordentliches Lenin-Standbild zu jeder schönen ukrainischen Stadt gehört. Aber diese Lenin-Stürze waren eine Demonstration gegenüber den Leuten in der Ostukraine, die an diesen Dingen festhalten, mit der Ankündigung, dass sie jetzt nichts mehr zu melden haben. Es gab Vergleichbares in der deutschen Geschichte: Die Münchner Räterepublik 1918/19 beging den gleichen Fehler, als sie glaubte, als erste Amtshandlung in Bayern die dort typischen ›Marterl‹, christ-katholische Bildstöcke an den Landstraßen, umstürzen zu müssen. Dies brachte die Landbevölkerung noch mehr gegen sie auf, als es ihr Programm ohnehin tat. Die Attacken gegen Lenin-Denkmäler sind nur eine von vielen konfrontativen Maßnahmen. Es gab auch Überfälle des Rechten Sektors auf Leute, die bei Kundgebungen ihre Unterstützung für Janukowytsch demonstriert hatten. Busse, in denen sie auf dem Rückweg ins Donbas oder auf die Krim unterwegs waren, wurden auf freiem Feld angehalten, die Demonstranten wurden gedemütigt und misshandelt. Man zog ihnen die Schuhe aus und zwang sie, auf Strümpfen durch den Schnee zu laufen und die ukrainische Nationalhymne zu singen. Danach wurde den Leuten mitgegeben: Zu euch auf die Krim kommen wir auch noch!

Solche Ereignisse sprachen sich herum und sorgten mit dafür, dass bei den Referenden auf der Krim im März 2014 die Mehrheiten so ausfielen, wie sie ausgefallen sind; Mehrheiten übrigens, die auch von späteren, von der Ukraine in Auftrag gegebenen Umfragen bestätigt wurden. So ergab eine von der ukrainischen Tochtergesellschaft der deutschen Gesellschaft für Konsumforschung (GfK) veröffentlichte Umfrage über die Stimmungen auf der Krim, dass die Zustimmung zum aktuellen Status in der Generation der unter Dreißigjährigen bei 75% lag, und in der Generation der über Sechzigjährigen etwa bei 95%. Das pro-ukrainische Element ist auf der Krim in einer absoluten Minderheitenposition.

Man kann natürlich sagen, dass neue Grenzziehungen nach ethnischen Kriterien nicht das sind, was wir uns heute in Europa wünschen. Es geht mir nicht darum, die Politik Putins zu rechtfertigen. Man muss aber feststellen, dass es zuvor Versuche gab, die kulturellen Rechte der russischsprachigen Bevölkerung in der Ukraine einzuschränken. Nachdem Übergangspräsident *Olexandr Turtschynow* sah, was diese Maßnahme anrichten würde, entschied er, das entsprechende Gesetz nicht zu unterschreiben, um nicht noch mehr Öl ins Feuer zu gießen. Das ändert nichts daran, dass seine eigenen Leute im Überschwang des Machtwechsels am Tag Eins ihrer Machtergreifung das vorherige Sprachengesetz aufhoben.

Ebenso hatte die russische Übernahme der Krim ihren Vorlauf darin, dass am Tag Drei oder Vier des Machtwechsels der Antrag ins Parlament in Kiew eingebracht wurde, sämtliche Verträge über die Stationierung der russischen Schwarzmeerflotte auf der Krim fristlos zu kündigen. Russland hätte in dieser Situation zwei Alternativen gehabt: entweder seine Marine aus Sewastopol durch den Bosporus nach Murmansk zu evakuieren und damit seine Schwarzmeerküste ohne Verteidigung zu lassen – während diese gleichzeitig von der NATO von Sewastopol aus blockiert worden wäre – oder zu eben jener Politik des Handstreichs zu greifen, die es dann ergriff. Es passierte also nichts ganz ohne Grund und Anlass.

Mit den Auseinandersetzungen und dem faktischen Zerfall des staatlichen Zusammenhangs in der Ukraine sehen wir die Folgen eines Machtwechsels, in dessen Verlauf versucht wurde, genau jene kulturellen und politischen Ambivalenzen, die das Land 25 Jahre lang prägten und zusammenhielten, in einer eindeutigen Art und Weise aufzulösen. Das ging in tragischer Weise schief. Das muss man berücksichtigen, wenn man heute über die Ukraine redet und überlegt, wie es weitergehen kann.

Es gibt einen weiteren Grund, warum das Land kaum zu seinen alten Grenzen zurückkehren wird: Von Herrn Klitschko hörten wir, die Ukraine wolle den Frieden. Daran aber gibt es begründete Zweifel. Das Minsker Abkommen sieht vor, dass man sich mit den Vertretern der ostukrainischen Volksrepubliken zunächst über deren Status einigt und danach Regionalwahlen abhält. Die *Werchowna Rada* hat aber zwischenzeitlich das genaue Gegenteil beschlossen, nämlich Wahlen erst stattfinden zu lassen, wenn die Volksrepubliken kapituliert haben. Man will die Volksrepubliken zur Kapitulation zwingen, und das geht nicht anders, als mit einem neuen Waffengang. Man kann davon ausgehen, dass diese Volksrepubliken, die mittlerweile aus Beutewaffen militärisch einiges aufbieten können, sich einem solchen Angriff nicht wehrlos geschlagen geben werden.

Meine These ist, dass die einzige Lösung, in der der Zusammenhalt der Ukraine gewährleistet wäre, ein Föderalismus sein müsste, der die kulturellen Rechte der russischsprachigen Bevölkerung in vollem Umfang respektiert. Ob das unter den Leuten, die jetzt in Donezk und Lugansk das Wort führen, Zustimmung findet, wird sich zeigen. Die Vorstellung, man könne in der Ukraine einen nationalistischen Durchmarsch unter Bandera-Bildern veranstalten, hat nach dem Ende des Euromajdan ihre politische Haltlosigkeit und ihren verhängnisvollen Charakter hinreichend bewiesen. Deswegen meine ich, dass ernsthafte Verhandlungen über eine tiefgreifende Föderalisierung der Ukraine im Moment die wichtigste Reform wären, die das Land nötig hätte, um seinen Bestand zu erhalten.

Auch das Zähmen der Oligarchenmacht, wie es jetzt möglicherweise an der Person *Igor Kolomojskyj* versucht wird, ist gut und wichtig. Es wäre sehr zu begrüßen, wenn dort rechtsstaatliche Verhältnisse einziehen würden. Es ist aber fraglich, ob hinter der Zähmung des einen Oligarchen, der es mit dem Wirtschaften in die eigene Tasche aufgrund seiner staatlichen Funktion zu weit getrieben hat, nicht nur das Bemühen steht, die Ressourcen innerhalb der ukrainischen Oligarchie anders zu verteilen. Die Dinge sind noch unentschieden; meine Erfahrungen mit den Äußerungen ukrainischer Politiker lassen mich solche Ankündigungen mit Skepsis begegnen.

Das Wichtigste ist, dass für die Ukraine Frieden kommt, dass die Leute nicht mehr fürchten müssen, von der einen oder anderen Seite beschossen zu werden, und dass dieses Land, befreit von den Kriegslasten, endlich wieder in der Lage sein wird, auf die Beine zu kommen. Die Ukraine wäre dann nicht mehr das, was sie derzeit absehbar sein wird: ein dauerhafter Alimentationskandidat für die Europäische Union und ein Land, das seinen Bürgern dauerhaft schlechter werdende Lebensbedingungen anzubieten hat und somit den Migrationsdruck aus der Ukraine in die EU verstärken würde.

Reinhold Mokrosch: Herr Klitschko, ist die Föderalisierung der Ukraine die dringendste Reform? Welchen Status ist das Parlament bereit, dem Donbas zu geben? Könnte es eine eigene föderale Provinz werden neben anderen Provinzen?

Vitali Klitschko: Viele Menschen stellen sich diese Fragen: Wofür kämpfen die Leute? Wofür sterben sie? Welches Ziel und welche Gründe gibt es dafür? – Als der ›Eiserne Vorhang‹ fiel, wurde der gesamte Ostblock mit Ländern wie Polen, Ungarn, Tschechoslowakei frei und auch die ehemaligen Republiken der Sowjetunion wurden unabhängig. Die Länder entfernten sich vom Kommunismus und gingen über zum Kapitalismus, zur Marktwirtschaft. Damals war ich 19 Jahre alt und wir alle träumten davon, ein demokratisches Land aufzubauen, und wir wünschten uns, dass alle Bewohner eine gute Zukunft haben würden.

Seither, seit 24 Jahren, hat sich in der Ukraine nicht viel geändert. Damals war das Bruttoinlandsprodukt in der Ukraine dreimal so hoch wie in Polen. Jetzt ist die Situation umgekehrt.

Fährt man heute von der Ukraine durch Polen nach Deutschland,

Vitali Klitschko

bemerkt man den Übergang zwischen Polen und Deutschland nicht. Die Infrastruktur ist in Polen fast ebenso gut wie in Deutschland. Als Sportler habe ich viel Zeit in anderen Ländern verbracht und gesehen, wie diese Länder sich entwickelten. In der Ukraine aber hören wir seit einem Vierteljahrhundert das Märchen, dass alles besser werden wird, dass es eine andere Regierung geben wird und die Reformen bald kommen werden. Besser wurde es in Wirklichkeit nur für ein paar Leute, die der jeweiligen Regierung nahestanden. Für alle übrigen änderte sich nichts. Die Leute wurden richtig böse, weil einige alles bekommen und es keine Gerechtigkeit, keine Demokratie und keine Freiheit gibt. Es gibt nur einen Wert und eine Regel: Wenn du Geld hast, bist du König. Hast du Geld, kannst du alles und jeden und die teuersten Autos kaufen. Aber heute kann man mit

Geld auch jede Gerichtsentscheidung, jeden Richter und jede öffentliche Position kaufen.

Als Viktor Janukowytsch Präsident wurde, versprach er, die Ukraine nach Europa zu bringen. Er versprach Reformen und den Kampf gegen die Korruption. Aber sein Kampf gegen die Korruption sah aus, als ob Bienen gegen Honig kämpfen. Jeder wusste, dass er selbst viele Grundstücke, Gebäude und Unternehmen kaufte. Er wurde immer reicher, aber den übrigen Menschen ging es nicht besser, die Leute sahen kein Licht am Ende des Tunnels. Jugendliche und Studenten, 17, 18, 19 Jahre alt, gingen auf den Majdan, um zu demonstrieren. Janukowytsch fand keine andere Antwort, als Spezialeinheiten zu schicken, die brutal auf die Jugendlichen einschlugen. Am nächsten Tag gingen unerwartet Millionen von Menschen in Kiew auf die Straße, um gegen ihre Lebensbedingungen zu demonstrieren. Janukowytsch hat sich nicht entschuldigt, sondern sie bekämpft. So kam es zum Aufstand.

Das nächste Märchen, das uns erzählt wird, ist dies: Durch den Aufstand wären Nationalisten, Faschisten, Russlandhasser und eine ›Junta‹ an die Macht gekommen. Ich selbst war auf der Straße, vorn, auf den Barrikaden. Und zu der Geschichte um das Verbot der russischen Sprache möchte ich sagen, dass in der Ukraine mehr als 70 Nationen leben. Und alle verstehen sich sehr gut. Wir haben niemals die Frage gehabt, wer welche Sprache spricht, wir haben uns immer gut verstanden. Wir haben niemals die Frage nach der Zugehörigkeit zu einer Nation oder einer Kirche gestellt. Ich habe schon oft gesagt: Wie kann ich die Russen hassen, wenn meine Mutter Russin ist? Ich selber habe viele Verwandte in Russland. Das russische und das ukrainische Volk sind eng miteinander verbunden, aber es gibt jetzt einen Propagandakrieg und Gehirnwäsche. Alles, was in der Ostukraine passiert, würde ohne Waffenlieferungen aus Russland, ohne Geldunterstützung und Propagandakrieg niemals stattfinden. Das ist leider die Wahrheit.

Reinhold Mokrosch: Bedeutet das, dass gegenwärtig noch nicht die Zeit für eine föderale Struktur der Ukraine gegeben ist?

Vitali Klitschko: Wir müssen den Regionen mehr Rechte geben. Es muss eine Dezentralisierung der Macht und des Finanzhaushaltes geben. Das ist als ein Teil der Reformen geplant.

Reinhard Lauterbach: Herr Klitschko hat zu Recht betont, dass sich in der Ukraine immer alle verstanden haben – dies allerdings in russischer Sprache. Wenn aber Anfang 2014 auf dem Majdan Dutzende Plakate mit der

Aufschrift: Geh weg von der Sprache des Okkupanten! zu sehen waren, dann heißt das, dass nicht mehr Russisch, sondern Ukrainisch gesprochen werden soll. Dann ist das der Versuch, die Ebene der Verständigung zu untergraben. Der damalige Koalitionspartner von Herrn Klitschko, die *Swoboda*-Partei, ging darin voran, die bürgerliche Spaltung der Ukraine zu akzentuieren. Als sie diese Hauptleistung erbracht hatte, wurde sie von anderen Leuten etwas zur Seite gedrängt. Momentan ist sie nur noch mit sechs direkt gewählten Abgeordneten im Parlament vertreten. Aber viele Leute ihres Schlages sind mittlerweile in der ›Volksfront‹ von *Arseni Jazenjuk* vertreten. Die Konzentration auf die Swoboda bei der Einschätzung dessen, was in der Ukraine passiert und welches politische Klima dort gerade herrscht, ist nicht repräsentativ, man muss auch über Jazenjuks Volksfront reden.

Reinhold Mokrosch: Herr Klitschko, darf man in Schulen im Donbas auch russisch sprechen?

Vitali Klitschko: Ich habe viel Zeit auf dem Majdan verbracht und auf dem Majdan wurden alle Sprachen gesprochen. Plakate, wie eben beschrieben, habe ich nie gesehen. Ich selber spreche russisch, das ist meine erste Sprache. Mein Ukrainisch ist nicht so gut. Ich spreche russisch in der Familie und mit meinen Freunden. Mindestens die Hälfte der Einwohner von Kiew spricht russisch. Die Frage, welche Sprache man spricht, wurde auf dem Majdan nie gestellt. Fälle von Nationalismus gibt es im Übrigen in allen Regionen. Man soll aber nicht aus einer Mücke einen Elefanten machen. Das macht die russische Propaganda. Die Kinder bei uns gehen in die Schule und sprechen jede Sprache. Aber was die Regierungssprache betrifft, ist diese natürlich Ukrainisch, weil wir in der Ukraine sind. In den Regionen kann man jede Sprache sprechen, aber die Amtssprache muss Ukrainisch sein.

Reinhold Mokrosch: Gibt es nationalistische Bewegungen oder Gruppierungen in der Ukraine, die überhaupt nicht zu einer universell ausgerichteten Europäischen Union passen würden?

Vitali Klitschko: Die gibt es bestimmt, aber im Parlament gibt es sie zurzeit nicht. Es mag einzelne Abgeordnete mit solchen Vorstellungen geben, aber es gibt keine nationalistischen Parteien, die die Regierungskoalition repräsentieren.

Reinhold Mokrosch: Herr Pöttering, welche Reformen erwarten Sie von der Ukraine in wirtschaftlicher, zivilrechtlicher oder juristischer Hinsicht?

Hans-Gert Pöttering: Ich verabscheue jeden Extremismus – egal, ob er von rechts oder links kommt. In Deutschland hatten wir den Nationalsozialismus. Auch wenn immer noch etwas zu tun bleibt, ist uns doch die Aufarbeitung der verbrecherischen Vergangenheit der Nazis zwischen 1933 und 1945 im Großen und Ganzen gelungen. Die Würde eines Russen ist natürlich keine geringere als die eines Ukrainers, eines Deutschen oder eines Franzosen. Das ist auch in der Ukraine anzuerkennen. Leider ist es in Russland bisher nicht gelungen, den totalitären Kommunismus und die Verbrechen Stalins so aufzuarbeiten, wie wir in Deutschland die Verbrechen Hitlers aufgearbeitet haben. In welche Richtung Russland geht, ist von größter Bedeutung für die Zukunft.

Ich möchte, dass wir ein Russland zum Nachbarn haben, das demokratisch, rechtsstaatlich und ein starker und fairer Partner der Europäischen Union ist. Aber man sollte Fehler in der eigenen Geschichte selbstkritisch ein-

Hans-Gert Pöttering

räumen können und sich nicht auf Terroristen berufen wie *Felix Dserschinski*, den Organisator der Geheimpolizei *Tscheka*. Wenn der Name dieses Verbrechers heute in Moskau ein gutes Renommee hat, und dies im Sinne positiver Rückbesinnung auf die Sowjetunion, zeigt das keine gute Seite der gegenwärtigen russischen Politik. Auch mir sind die Rechtsbewegungen in der Ukraine ein Gräuel. Aber zur Wahrheit gehört, dass der russische Staatspräsident die Rechtsbewegungen in Europa wie den *Front National* in Frankreich, die Rechtsextremen in Griechenland und andere unterstützt. Putin nutzt die Zusammenarbeit mit Rechtsradikalen, um sein Spiel zu machen.

Im Hinblick auf notwendige Reformen sind in der Ukraine viele Fehler gemacht worden. Auch die Vorgänger von Janukowytsch in der Regierung haben die Chance für Reformen nicht genutzt, ganz anders als z.B. in Polen. Die polnische Wirtschaft ist heute vorbildlich, und wir können von den Polen viel lernen. Diese Chance ist in der Ukraine leider nicht wahrgenommen worden. Dort hat man zehn und mehr Jahre verloren.

Die Frage, ob für die Ukraine eine Föderalisierung oder Dezentralisierung anzustreben ist, ist auch eine Frage der Sprache. Ähnlich wie bei den Briten hat das Wort ›Föderation‹ auch in der Ukraine keinen guten Klang. Aber in die Richtung sollte man gehen. Man kann das auch ›Dezentralisierung‹ nennen. Dazu gehört selbstverständlich, dass es der russischstämmigen Bevölkerung in der Ostukraine erlaubt sein muss, ihre Sprache zu sprechen, ähnlich wie in der Türkei, wo nach einem langen politischen Prozess die Kurden die Genehmigung bekamen, ihre Sprache zu sprechen. Minderheiten schützen, damit sie ihre kulturelle Identität leben können: das muss in der Ukraine und überall in Europa gelten. Dazu gehört im Übrigen die Ausstattung von Kommunen, Städten, Gemeinden oder Landkreisen mit eigenen finanziellen Mitteln.

Lösen wir uns von der Meinung, dass die einen alles richtig machen und die anderen alles falsch. Es gibt Grautöne. Die Aufgabe der Politik ist, durch Dialog und nicht durch militärische Mittel den Weg in eine gute Zukunft zu finden. Die Europäische Union ist sich bezüglich der Unterstützung der Ukraine einig. Die Menschen in Polen, Estland, Lettland und Litauen haben aber große Besorgnisse angesichts der Entwicklung in der Ukraine und Russland. In Portugal, Spanien, Griechenland oder Italien rangieren derzeit andere Sorgen höher. Ich habe Respekt vor denjenigen, die dennoch die Europäische Union zusammenhalten. Es ist der Mühe wert. Nur wenn wir die Europäische Union zusammenhalten, können wir unsere Werte vertreten.

Reinhard Lauterbach: Mir scheint, Polen und Russland haben gegenüber der Ukraine dasselbe Interesse, nur in entgegengesetzter Richtung: Die Polen wünschen sich in Gestalt der Ukraine einen Pufferstaat gegenüber Russland, und Russland möchte in Gestalt der Ukraine einen neutralen Staat gegenüber der NATO haben. Derzeit schließen sich diese beiden Interessen aus, und das ist bestimmend für die gegenwärtige Situation in der Ukraine.

Noch ein Wort zu der Rede von den ›pro-russischen Separatisten‹: Ich halte diese Kennzeichnung für gefährlich. Umfrageergebnisse aus dem

Donbas vom Frühjahr 2014 zeigen, dass zu dieser Zeit etwa 30% der Bevölkerung einen Anschluss an Russland befürworteten. Gleichzeitig sprachen sich 70% für eine größere Autonomie des Gebietes und etwa 25% für den Status Quo innerhalb der Ukraine aus. Die ukrainische Parlamentswahl vom Oktober 2014 hat dieses Meinungsbild in jenen Teilen des Donbas bestätigt, die noch von Kiew kontrolliert werden. Dort erhielten die Majdanparteien zusammen nur etwa 20-25% der Stimmen. Die Partei des Status Quo ist im Donbas weiterhin die Minderheit. Untersuchungen des amerikanischen Senders *Radio Liberty* besagen, dass inzwischen 80% der Menschen in den Volksrepubliken im Donbas mit der Ukraine nichts mehr zu tun haben wollen. Das heißt, die militärische Form der Konfliktlösung, nämlich der im Sommer 2014 unternommene Versuch Kiews, das Donbas mit Gewalt zurückzuerobern, hat dazu geführt, dass sich Stimmungen in extremer Weise verhärtet haben. Die Polarisierung, mit der wir es jetzt zu tun haben, ist nicht nur auf russische Propaganda zurückzuführen, sondern auch darauf, dass die Kiewer Seite zu einem Zeitpunkt, als man noch hätte verhandeln können, glaubte, sich das nicht leisten zu müssen und das Donbas mit militärischer Gewalt zurückerobern zu können. Das ist gescheitert.

Reinhold Mokrosch: Welches Interesse hat Russland eigentlich an der Ostukraine?

Reinhard Lauterbach: Es hat sicher nicht das Interesse, die Ostukraine zu annektieren, weil es diese Gebiete weder wirtschaftlich noch demografisch braucht. Im Gegenteil, Russland ist daran interessiert, dass die russischsprachigen Gebiete als eine Lobby auf den Willensbildungsprozess in der Ukraine einwirken und in erster Linie verhindern, dass die Ukraine der NATO beitritt. Mit der EU-Assoziierung der Ukraine hat sich Russland abgefunden. Aber es will keinen NATO-Mitgliedstaat an seiner Südwestflanke hinnehmen, ebenso wie die USA mit Kuba jahrzehntelang keinen Bündnispartner der damaligen Sowjetunion wenige Kilometer vor der Küste Floridas dulden wollten.

Reinhold Mokrosch: Herr Klitschko, welche Reformen sind für die Justiz und die Energiepolitik der Ukraine vorgesehen? Und welche Maßnahmen werden zur Bekämpfung der Korruption ergriffen?

Vitali Klitschko: Seit zwanzig Jahren grassiert die Korruption bei uns im ganzen Land. Es gibt keinen Bereich, in dem es keine Korruption gibt. Das betrifft auch die Polizei, die Medizin, die Justiz. Manche sagen, ein Drittel unseres Haushaltes, andere sagen, die Hälfte unseres Haushaltes stehe im Schatten. Das bedeutet, dass das Land nicht funktioniert, dass keine Steuern gezahlt werden und keine Entwicklung stattfindet. Ohne einen Sieg gegen die Korruption können wir keine einzige Reform machen.

Wie bekämpfe ich die Korruption zum Beispiel in Kiew? Nun, die Korruption arbeitet im Dunkeln, deswegen ist das wichtigste Mittel gegen sie, alles durchsichtig zu machen und offenzulegen. Darum haben wir den gesamten Dokumentenkreislauf für alle offengelegt. Journalisten können sehen, was in welche Richtung läuft. Wir werden auch unseren Haushalt präsentieren und alle Einkommen und Ausgaben der Öffentlichkeit mitteilen. Früher wurde dabei sehr viel manipuliert, niemand wusste, wie viel Geld eingenommen wurde und wohin das Geld geht.

Sogar unsere Staatsanwaltschaft hat sich als ein Hindernis im Kampf gegen Korruption gezeigt. Als wir im August 2014 an die Macht kamen, stellten wir fest, dass gerade 70 Millionen *Griwna* gestohlen worden waren. Wir übergaben die Dokumente der Staatsanwaltschaft. Später stellten wir fest, dass 300 Millionen *Griwna* fehlten, und schließlich mussten wir feststellen, dass in den letzten 11 Jahren insgesamt 3 Milliarden *Griwna* gestohlen wurden. Diese Summe würde reichen, um 300 Straßenbahnen zu kaufen oder fünf U-Bahn Stationen zu eröffnen. Bis jetzt hat die Staatsanwaltschaft darauf noch nicht reagiert. In Kürze kommt ein neuer Staatsanwalt, und ich hoffe, dass er effektiver arbeiten wird.

In Deutschland gelten die Gesetze für alle. Es spielt keine Rolle, wie reich jemand ist oder welche gesellschaftliche Position er hat. Ob Tennisprofi, Konzernchef oder Bundespräsident – wer das Gesetz bricht, muss die Verantwortung dafür tragen und wird bestraft. In Kiew wird gesagt: Gut, dass ihr so viel entdeckt habt, aber wer ist schuldig? Es ist nicht unsere Aufgabe, das herauszubekommen, das ist eine Aufgabe für den Staatspräsidenten. – Ich hoffe trotzdem, dass wir in den nächsten Monaten zu Ergebnissen kommen.

Was kann man noch gegen Korruption tun? Stellen Sie sich vor, dass ein Beamter durchschnittlich ein Gehalt von 200 Euro pro Monat bekommt. Mit diesem Geld kann man *über*leben, aber nicht leben. Wenn dann jemand kommt und dem Beamten unter dem Tisch eine Summe anbietet, die er in vierzig Jahren verdienen würde, ist es schwer, Nein zu sagen. Dagegen muss es Gesetze geben, die auch durchgesetzt werden. Wird das Gesetz gebrochen, wird man bestraft – ohne Ausnahme. Das ist unser großes Ziel, in diese Richtung arbeiten wir. Außerdem haben wir in der Stadt Kiew mit einer Gesundheits- und einer Polizeireform begonnen.

Reinhold Mokrosch: Solche offenen Worte verdienen Anerkennung. Es ist zu hoffen, dass sich das Kiewer Modell in der Ukraine durchsetzt.

Hans-Gert Pöttering: Weil hier die NATO und die Europäische Union angesprochen wurden, möchte ich etwas Grundsätzliches bemerken: Deutschland war bis zum 3. Oktober 1990 geteilt. Wir Deutsche haben immer gesagt: Das Selbstbestimmungsrecht gilt für das gesamte Deutschland, nicht nur für die alte Bundesrepublik. Ebenso wie die Deutschen haben auch die Menschen in der Ukraine das Recht, von ihrem Selbstbestimmungsrecht Gebrauch zu machen. Selbst die Regierung Janukowytsch wollte ein Assoziierungsabkommen mit der Europäischen Union. Das ist von Moskau verhindert worden, schon bevor Putin sich die Krim geholt hat. Niemand aber – ob Russland oder die Europäische Union – hat das Recht, der Ukraine zu sagen, was sie darf und was nicht.

Eine ganz andere Frage ist, ob wir die Wünsche der Ukraine erfüllen, etwa wenn das Land der NATO beitreten wollte. In diesem Punkt müssen die NATO-Mitglieder die Entscheidungsfreiheit behalten. Kein NATO-Mitglied, das gegen den Beitritt der Ukraine zur NATO ist, muss befürchten, dass die Ukraine in absehbarer Zeit ebenfalls Mitglied wird. Davon unabhängig ist die Frage, ob wir den Prozess der Annäherung der Ukraine an die Europäische Union verstärken. Wir wissen von anderen Ländern, die der Europäischen Union beigetreten sind, dass sie durch ihre Hinwendung zur Europäischen Union, durch einen Assoziierungsvertrag, ihre Reformen beschleunigt durchgeführt haben. Dazu gehörten auch ehemalige kommunistische Länder und eigenständige Nationen in der Sowjetunion wie Estland, Lettland und Litauen. Ich würde auch der Ukraine wünschen, dass wir als Europäische Union, mit Deutschland als einem starken Partner, der Ukraine helfen, politisch, demokratisch, wirtschaftlich und finanziell auf die Beine zu kommen. Hierbei sollte die EU eine wichtige, partnerschaftliche Rolle spielen. Die Ukraine hat das Recht, diesen Weg zu gehen, und ich meine, die Europäische Union sollte mit ihr diesen Weg gehen, mit dem Ziel einer EU-Mitgliedschaft. Man muss diesen Weg einschlagen, damit die Reformen in der Ukraine erleichtert werden.

Vitali Klitschko: 70% der Ukrainer sehen ihr Land als Mitglied der europäischen Familie.

Reinhold Mokrosch: Herr Pöttering, haben Sie Verständnis für die Angst breiter Teile der Bevölkerung in Russland vor der NATO und davor, dass die Europäische Union direkt bis an ihre Grenze reicht?

Hans-Gert Pöttering: Ich nehme diese Sorge wahr. Man muss auch Russlands Handlungsweise verstehen, insofern bin ich ein ›Russlandversteher‹, komme aber zu einer anderen Konsequenz. Während der drei Tage des Putsches gegen *Michail Gorbatschow*, als man ihn beseitigen wollte, war ich in Moskau. Damals kämpfte *Boris Jelzin* dafür, dass Gorbatschow dem Land erhalten blieb. Ein solches Russland, das sich auf Freiheit, Demokratie und Rechtsordnung gründet, wünsche ich mir.

Reinhard Lauterbach: Über eine EU-Assoziation der Ukraine hat Janukowytsch lange Zeit verhandelt. Er ist letztlich daran gescheitert, eine Forderung wegzuverhandeln, die die EU gestellt hat, nämlich die Bedingung, dass die Ukraine sich entscheiden müsse, ob sie sich mit Brüssel *oder* mit Moskau assoziiert. Die Gründe dafür sind nachvollziehbar. Sie liegen darin, dass die Ukraine ihre *hightech*-Erzeugnisse, also alle Produkte mit hoher Wertschöpfung, bisher auf den russischen Markt exportiert hat. In die EU dagegen exportiert sie Rohstoffe und Vorprodukte. Janukowytsch hätte mit dem Verzicht auf den russischen Markt den entwickelten Teil der ukrainischen Wirtschaft ruiniert. Damit hätte er überdies eine Wirtschaftskrise in den Teilen des Landes ausgelöst, in denen er seine Wählerhochburgen hatte. Brüssel mutete ihm damit einen kontrollierten politischen Selbstmord zu. Inzwischen sagt man auch in der Europäischen Union, dass die Alternative ›Brüssel oder Moskau‹ nicht so hart hätte formuliert werden müssen. Aber die Europäische Union hat das Assoziierungsabkommen als Mittel zur Abgrenzung und zur Etablierung einer eigenen Einflusszone, im Gegensatz zu den russischen Einflüssen in der Ukraine, definiert. Diese harte Verhandlungshaltung hat dazu beigetragen, dass der Konflikt in der Ukraine so eskaliert ist. Und damit ist die EU im ersten Schritt gescheitert.

Reinhold Mokrosch: Herr Lauterbach, Sie sagen, ein Grund für die Annexion der Krim war, dass das ukrainische Parlament drei Tage zuvor die Verträge mit der Schwarzmeerflotte gekündigt hat. Nun sagt allerdings Putin, er habe schon zehn Tage vorher den Beschluss zur Annexion gefasst.

Reinhard Lauterbach: Als Historiker kann ich nur feststellen, was vor aller Augen passiert, und die Interessenlagen analysieren. Die russischen Stützpunkte auf der Krim sind für die maritime Verteidigung Russlands von großer Bedeutung. Unter Präsident *Wiktor Juschtschenko* wurde die Vertragslaufzeit bis 2017 verlängert, unter Janukowytsch bis zum Jahr 2042. Nach dem Machtwechsel in Kiew war die Perspektive für Russland, dort sang- und klanglos rausgeworfen zu werden, ohne auf rechtlicher Ebene dagegen vorgehen zu können. Denn diese Verträge hatten keine Kündi-

gungsklausel. Es waren in erster Linie die Abgeordneten der Vaterlands-
partei, die im ukrainischen Parlament forderten, einen bestehenden, von
der Ukraine ratifizierten Vertrag zu zerreißen, weil ihnen der Inhalt nicht
passte. Solchen Rechtsvoluntarismus wünscht man sich in Europa nicht.
Darauf haben die Russen ebenfalls voluntaristisch reagiert. Nur muss man
feststellen, dass das eine nach dem anderen kam.

Reinhold Mokrosch: War die Annexion der Krim völkerrechtswidrig?

Reinhard Lauterbach: Die meisten Juristen sind dieser Auffassung. Der
Hamburger Staatsrechtler *Reinhard Merkel* sagt dagegen, sie fand ›in einer
Lücke des Völkerrechts‹ statt. Er argumentiert, das erste Referendum auf
der Krim habe nicht gegen das Völkerrecht verstoßen, da die Krim zu
diesem Zeitpunkt kein Subjekt des Völkerrechts gewesen sei, da kein
international anerkannter Staat. Wohl habe die Annexion gegen die ukrainische Verfassung verstoßen, die aber nicht für Russland bindend sei.
Somit sei Russland frei gewesen, ein Beitrittsgesuch der Krim, die sich
selbst von der Ukraine abgetrennt habe, anzunehmen oder nicht.

Persönlich denke ich, dass Putin weiß, dass er auf dünnem Eis argumentiert, und die Berufung auf den Präzedenzfall Kosovo, wo Russland dem
Westen den Bruch des Völkerrechts vorgeworfen hat, begründet keine
juristisch haltbare Position.

Reinhold Mokrosch: Herr Klitschko und Herr Lauterbach: Können Sie
sich vorstellen, dass es trotz der schlimmen wirtschaftlichen Situation der
Ukraine – gegenwärtig in einem Krieg, der täglich viel Geld kostet – wieder eine steigende Wertschöpfung geben kann, ähnlich wie in Polen?

Vitali Klitschko: Die Ukraine hat ein riesiges Potenzial, nicht nur in der
Landwirtschaft. Die Ukraine nimmt 0,5% der gesamten Erdoberfläche ein
und besitzt 36% der Weltreserven an Schwarzerdegebieten. Wenn man
dann die Armut in unserem Land sieht, merkt man, dass das nicht zusam-
menpasst.

Zu nennen ist auch das Stichwort ›Energie‹. Die Ukraine hat große
Gasvorkommen. Heute ist der durchschnittliche Gasverbrauch bei uns
allerdings fünfmal höher als in anderen Ländern Europas. Warum? Weil
wir keine Thermostatventile an den Heizungen haben. Wenn es drinnen zu
warm ist, wird das Fenster aufgemacht. Energieeffizienz zu erreichen, ist
also ein sehr wichtiges Ziel. Wenn wir auf eine europäische Art und Weise
Reformen realisieren, können wir unser Potenzial ausschöpfen und den
gleichen Weg wie Polen gehen. Daran glaube ich.

Reinhard Lauterbach: Unter den jetzigen Umständen wird die Ukraine ihre Wirtschaftskraft kurz- und mittelfristig kaum wesentlich steigern können. Das Thema ›Schwarzerde‹ ist ein Mythos. Die Schwarzerdeböden sind erstens durch jahrzehntelange falsche Bewirtschaftung in den Kolchosen, nämlich durch Befahren mit viel zu schweren Landmaschinen, extrem verdichtet. Zweitens sind sie durch alle möglichen Chemikalien, die die Industrie emittiert hat, so belastet, dass die Agrarprodukte nicht mehr einwandfrei sind. Und drittens hält sich das Interesse der Europäischen Union, die ukrainische Landwirtschaft zu entwickeln, in engen Grenzen. Der Botschafter der EU in der Ukraine hat einmal auf meine Frage, warum Europa nicht stärker die

Reinhard Lauterbach

Modernisierung der ukrainischen Landwirtschaft unterstützt, auf die europäische Überproduktion im Agrarbereich verwiesen und erklärt, dass man sich nicht noch einen weiteren Konkurrenten heranziehen wolle. Man sollte nicht meinen, dass Europa willens wäre, sich in der Ukraine eine starke Konkurrenz heranzuziehen. Ebenso erfolglos blieb der Versuch der Firma Antonov, ein modernes Militärtransportflugzeug zu bauen und es der Europäischen Union anzubieten. Stattdessen wurde der Airbus A400M in Auftrag gegeben, der allerdings wesentlich teurer wurde und erst viele Jahre später kam. Warum lief es so und nicht anders? Weil in der Antonov-Maschine russische Teile verbaut wurden und die Europäische Union nicht von russischen Zulieferungen abhängig sein wollte. Das sind zwei Schlaglichter auf die Realität wirtschaftlicher Zusammenarbeit zwischen der Europäischen Union und der Ukraine.

35

Publikum: Das Thema ›Faschismus in der Ukraine‹ kam bisher kaum zur Sprache. Dabei ist es eine Tatsache, dass in der Ukraine faschistische Bataillone mit Nazi-Abzeichen unterwegs sind. Oligarchen fahren mit ihren Privatarmeen durch Kiew und besetzen staatliche Unternehmen.

Vitali Klitschko: Sie haben recht, es ist eine schwierige Zeit. Vor wenigen Tagen wurden diese Leute in den besetzten Gebäuden festgenommen, ihre Waffen beschlagnahmt. Die Oligarchen sind nicht mehr im Amt, und jetzt läuft die polizeiliche Untersuchung. Es gibt diese Fälle, und wir kämpfen dagegen. Wir kämpfen für europäische Werte. Das ist kein einfacher Kampf, und es gibt viele Hindernisse. Es mag auch sein, dass in Kiew ein paar Verrückte Plakate hochgehalten haben, um gegen die russische Sprache oder gegen andere Nationen zu protestieren. Auf dem Euromajdan aber wurde mit europäischen Fahnen für europäische Werte demonstriert, und das ist die Hauptsache.

Publikum: Der Euromajdan war beherrscht von faschistischen Kräften, die einen Antisemiten und Massenmörder wie Stepan Bandera verehren. Herr Klitschko, Sie sagen, Sie wollen eine demokratische Ukraine. Wie können Sie da mit Leuten von der Swoboda-Partei zusammenarbeiten?

Herr Pöttering, Sie treten für die Werte eines demokratischen Europa ein. Wie stehen Sie zu der Zusammenarbeit der Europäischen Union mit einer Regierung, zu deren Mitgliedern offen faschistische Kräfte gehören? Sogar der ehemalige EU-Kommissar *Günter Verheugen* hat dies als »Sündenfall« bezeichnet.

Publikum: Ich bin Musiker aus Odessa und war im Mai 2014 dort im brennenden Gewerkschaftshaus. Ein Funktionär Ihrer Partei, Herr Klitschko, organisierte dort Kolonnen von Nationalisten, um das Zeltdorf der Anti-Majdan-Bewegung zu verbrennen.

Herr Pöttering, Sie möchte ich fragen: Welche Demokratie empfehlen Sie der Ukraine?

Vitali Klitschko: Unsere Partei ist eine liberale Partei, die europäische Werte teilt. Es klingt merkwürdig, dass ein Mitglied unserer Partei Faschisten und Nationalisten organisiert haben soll. Jedenfalls passt ein solches Handeln nicht zu unserer Partei.

Hans-Gert Pöttering: Wenn ich es mir hätte aussuchen können, hätte es keine Zusammenarbeit mit der Swoboda-Partei gegeben. Hut ab vor den Demokraten in der Ukraine, dass sie es geschafft haben, dass der Stimmenanteil dieser Rechtspartei bei der letzten Parlamentswahl in der Ukraine von 4,7% auf 1,2% abgesunken ist. – Zur Frage der Demokratie: Ich vertraue Vitali Klitschko, dass er als Demokrat das Beste für sein Land will. Die Ukraine muss selber wissen, welche Form der Demokratie sie jetzt anstrebt. Ich wünsche mir eine Ukraine, die eines Tages Mitglied der Europäischen Union ist. Und ich wünsche mir, dass es im 21. Jahrhundert in der Politik nicht mehr um Einflusssphären geht, sondern um gemeinsame Werte. Die Europäische Union gründet sich auf Werte wie Menschenwürde, Menschenrechte, Freiheit, Frieden, Rechtsordnung und darauf, dass wir solidarisch zusammenstehen.

Publikum: Sind die bisherigen Maßnahmen des Westens gegenüber Russland nicht sehr einseitig? Müsste nicht Druck auf *beide* Kriegsparteien gemacht werden, also auch auf die Partei des ukrainischen Ministerpräsidenten Jazenjuk, der sehr bellizistisch auftritt? Und müsste Europa sich nicht von den USA distanzieren, die sich in den Konflikt eindeutiger eingemischt haben als Europa und mittlerweile in der Ukraine Soldaten ausbilden? Ist ökonomischer und politischer Druck überhaupt geeignet, diesen Konflikt zu beenden?

Publikum: Herr Klitschko, ist Ihre Forderung und die Forderung der USA, Waffen in die Ukraine zu liefern, nicht der direkte und beste Weg in einen Dritten Weltkrieg?

Publikum: Menschen im Süden und Osten der Ukraine werden als Terroristen diffamiert, weil sie als Teil einer Anti-Majdan-Bewegung in vielen Städten öffentliche Gebäude besetzen. Die viel militanteren Aktivisten des Majdan werden jedoch als Freiheitskämpfer bezeichnet. Herr Pöttering, teilen Sie diese Sicht?

Hans-Gert Pöttering: Die gesamte Europäische Union und die große Mehrheit der Vereinten Nationen qualifizieren das Vorgehen der russischen Führung im Verhältnis zur Krim eindeutig als Völkerrechtsbruch. Allerdings sind die Europäische Union und die USA nicht in allen Fragen immer einer Meinung. Die USA haben große Fehler im Irak gemacht, und wir als Europäische Union – und hier hat Angela Merkel zusammen mit Frank-Walter Steinmeier eine sehr beachtliche Position in der Europäischen Union durchgesetzt – wollen keine militärische Auseinandersetzung mit Russland. Aber der ökonomische und politische Druck auf Russland ist richtig. Es darf kein Zweifel daran bestehen, dass die Ursache für die Situation in der Ukraine im Handeln von Präsident Putin liegt. Er erklärte inzwischen selbst, dass die Aktion auf der Krim lange vorbereitet war. Mit dem Wort ›Terrorist‹ darf man sicher nicht leichtfertig umgehen. Wo es Gewalt gibt, muss man einen Weg suchen, auf dem man wieder miteinander redet und trotz bleibender unterschiedlicher Meinungen eine gewaltfreie politische Diskussion führt.

Reinhard Lauterbach: Der CDU-Europaparlamentarier *Elmar Brok* erklärte im Mai 2014 vor ukrainischen Journalisten, er könne nicht erkennen, dass die Sanktionen gegenüber Russland dessen Politik geändert hätten. Das war allerdings vor dem jüngsten Kursverfall des Rubel. Inzwischen räumt Russland ein, dass die Sanktionen lästig sind. Aber da die Sache für Putin eine prestigeträchtige Frage und symbolhaft aufgeladen ist, wird er seinen Landsleuten wohl eher noch mehr Einschränkungen zumuten, als den Sanktionen nachzugeben. Man muss wissen, dass die Rede von der ›belagerten Festung Russland‹ in der Bevölkerung großen Rückhalt gefunden hat. Die russische Bevölkerung ist in der Tradition des Sowjetpatriotismus bereit, die Zähne zusammenzubeißen und den Gürtel enger zu schnallen. Trotz der Sanktionen gehen die Zustimmungswerte für Putin nicht erkennbar zurück.

Die Person Bandera wurde bereits angesprochen: Dieser Mann, der im Polen der Zwischenkriegszeit ein Terrorist war und später ein Nazikollaborateur, wurde auf der Bühne des Majdan mit einem Porträt in Form eines großen Posters geehrt. Seine Ideen sind offensichtlich *en vogue*, was auch die auf Büchertischen in großer Auflage angebotenen Schriften von ihm und anderen aus seiner Organisation unterstreichen. Das Erbe dieses Mannes ist im Verlauf des Majdan massiv propagiert worden.

Reinhold Mokrosch: Herr Klitschko, in Deutschland befürchten viele Menschen, dass Waffenlieferungen der Amerikaner in die Ukraine zu einem Dritten Weltkrieg führen könnten.

Vitali Klitschko: Im Jahr 1994 hat die Ukraine in Budapest ein Memorandum unterschrieben, wonach sie auf Atomwaffen verzichten muss. Im Gegenzug haben die daran beteiligten Länder USA, Großbritannien und Russland eine Garantieerklärung für die Einheit und Unabhängigkeit der Ukraine abgegeben. Deswegen wurde anschließend in die ukrainische Armee nicht viel investiert. Als nun im aktuellen Konflikt modernste russische Panzer und Waffen auftauchten und diesen eskalierten, fragte die ukrainische Regierung nach Waffen. Allein mit Mut und Patriotismus kann man kein Land verteidigen. Wir sind sehr froh darüber, dass mit dem Minsker Abkommen eine friedliche Lösung gefunden wurde. Der Prozess wird weitergehen, und es wird zu einer politischen Lösung des Konfliktes kommen.

Publikum: Der ukrainische Innenminister *Awakow* ernannte vor einigen Monaten *Wadim Trojan*, der als bekennender Rassist und Rechtsextremist bezeichnet und dem ›Rechten Sektor‹ zugerechnet wird, außerdem Kommandant im *Asow*-Bataillon war, zum Polizeichef des Kiewer Gebietes. Herr Lauterbach, wie beurteilen Sie die Zusammensetzung und Rolle der Sicherheitsorgane nach dem *regime change*?

Publikum: Die Konrad-Adenauer-Stiftung unterstützt die Partei von Herrn Klitschko und seine Person. Wenn aber die CDU über die ihr nahestehende Stiftung versucht, Politik in der Ukraine, einem souveränen Staat, zu gestalten und den *regime change* dort aktiv mitbefördert hat, so steht das für mich klar im Widerspruch zu Ihrer Aussage, Herr Pöttering, die Ukraine solle ihren Weg selbst bestimmen.

Publikum: Herr Lauterbach, Sie beklagten eine angebliche Verletzung der Rechte der russischsprachigen Bevölkerung im Donbas. Ich stamme selbst von dort und kann das nicht bestätigen. Wo haben Sie diese Menschenrechtsverletzungen festgestellt?

Publikum: Die aktuelle Situation ist eine große Chance für die Europäische Union, ihr Profil zu schärfen und unabhängig von den USA zu handeln. Leider lässt sich die EU aus Washington beeinflussen. Ich befürchte, dass eine Aufnahme der Ukraine in die EU nur eine Vorstufe zu einer NATO-Mitgliedschaft sein könnte. Die jüngsten NATO-Manöver in den baltischen Staaten tragen zur Eskalation bei. Sicherlich hat jeder Staat, der sich zu demokratischen Reformen bekennt, das Recht, sich um Aufnahme in die EU zu bemühen. Eine Aufnahme der Ukraine in die EU oder die NATO aber darf es nicht geben. Das wird Russland nie akzeptieren.
Herr Klitschko, halten Sie selbst eine EU-Mitgliedschaft der Ukraine für realistisch oder sollte man sich nicht besser bemühen, die Ukraine als Pufferstaat zu etablieren?

Vitali Klitschko: Als Vorsitzender meiner Partei, der Ukrainischen Demokratischen Allianz für Reformen, UDAR, möchte ich betonen, dass wir keine Finanzierung durch die Adenauer-Stiftung erhalten. Ich finanziere unsere Partei vielmehr mit eigenen Geldmitteln. Mit der Adenauer-Stiftung kooperieren wir, organisieren Seminare und lernen, wie man eine Partei aufbauen und ein Land gut gestalten kann.

Ich bin zur Politik in der Ukraine gekommen, weil ich von dort stamme und meine Wurzeln dort sind. Ich liebe dieses einmalige Land. Während meiner Karriere als Sportler habe ich viel Zeit in anderen Ländern verbracht, auch in Deutschland und in den USA. Ich bin nicht von einem politischen Amt abhängig; ich könnte in jedem Teil der Welt ein gutes Leben führen. Aber ich liebe mein Land und bin davon überzeugt, dass wir die Ukraine verändern müssen. Es ist traurig, dass dort viele Menschen unter der Armutsgrenze leben. Es ist schade, wenn ein ganzes Land schon seit einer Generation in Korruption lebt. Das müssen wir ändern, und dafür arbeite hart ich. Es gibt viele Schwierigkeiten und sehr unterschiedliche Meinungen darüber. Deutschland und andere europäische Länder sind gute Beispiele für uns. Wir tun alles dafür, dass es in der Ukraine so wird wie in Deutschland oder Polen. Ich verspreche, dass wir ein Teil der europäischen Familie werden.

Reinhard Lauterbach: Menschenrechtsverletzungen wurden im Donbas befürchtet, nachdem die Leute dort durch Nationalisten und Bandera-Anhänger bedrängt wurden. Auch die Rolle der Sicherheitskräfte in der Ukraine ist problematisch. Dort gab es noch nie eine rechtsstaatlich organisierte Polizei. Die Polizei war immer der ausführende Arm der jeweiligen Machthaber. Die Polizei, die von den Majdan-Leuten auseinandergejagt worden ist, war die des Präsidenten Janukowytsch. Ihre Auflösung geschah womöglich vorschnell, ohne besondere Prüfung der Frage, wer sich individuell schuldig gemacht hat. Viele dieser Leute sind so in die Arme der Volksmilizen im Osten gedrängt worden.

Hans-Gert Pöttering: Die Arbeit der Konrad-Adenauer-Stiftung wird von manchen wohl für wirkungsvoller gehalten, als sie ist. Wir machen international das Gleiche wie die Friedrich-Ebert-Stiftung, die Friedrich-Naumann-Stiftung und die Heinrich-Böll-Stiftung, mit der wir im Hinblick auf die Ukraine zu nahezu gleichen Ergebnissen kommen.

Im Verlauf unserer Diskussion kamen viele Beispiele politischen Fehlverhaltens der Konfliktparteien zur Sprache. Wenn die ukrainische Armee im Osten des Landes scharf geschossen hat und die OSZE das feststellt, kritisiere ich das ebenso, wie wenn es sich um einen Waffengebrauch der russischen Armee oder russischer Verbündeter handelt, denn beides sind Verstöße gegen das Minsker Abkommen. Wir müssen einfach alles daran setzen, dass das Minsker Abkommen eingehalten wird. Es ist die einzige Chance auf Frieden.

Verhärtete Fronten zwischen Israel und Palästina: Was kommt nach den Wahlen?

Podiumsveranstaltung in der Aula der Universität
am 29. April 2015

Dr. Avi Primor	Botschafter Israels in Deutschland a.D., Tel Aviv
Abdallah Frangi	Gouverneur von Gaza, Palästinensischer Gesandter a.D. in Deutschland
Dr. Muriel Asseburg	Stiftung Wissenschaft und Politik (SWP), Berlin
Prof. Dr. Ulrich Schneckener	Universität Osnabrück – Gesprächsleitung

Ulrich Schneckener: Der israelisch-palästinensische Konflikt ist seit 1947, seit dem UN-Teilungsplan für das britische Mandatsgebiet Palästina, ein ständiger Begleiter der Weltpolitik. Er ist Kern des größeren Nahost-Konfliktes, der seine regionalen Weiterungen durch die diversen israelisch-arabischen Krisen und Konfliktkonstellationen hat. Einige Schlaglichter zur gegenwärtigen Lage: Aus den jüngsten Wahlen zum israelischen Parlament, der Knesset, gingen der amtierende Ministerpräsident *Benjamin Netanjahu* und seine Likud-Partei als Sieger hervor, ohne jedoch eine eigene Mehrheit zu erringen. Netanjahu, der im Wahlkampf und schon früher die Bildung eines souveränen Palästinenser-Staates ausgeschlossen hatte, verhandelt nun mit mehreren kleinen israelischen Parteien der Rechten und Ultraorthodoxen, um eine Koalition zu bilden, die dann über eine knappe Mehrheit der 120 Sitze in der Knesset verfügen würde. Für den Friedensprozess verheißt der Wahlausgang wenig Gutes, denn Netanjahu regiert seit 2009, ohne dass es von ihm Anzeichen für Kompromisse oder ernsthafte Verhandlungen mit den Palästinensern gegeben hätte. Stattdessen wurde der international kritisierte Siedlungsbau im Westjordanland und in Ost-Jerusalem fortgesetzt.

Auf der palästinensischen Seite gibt es zwar seit Juni 2014 eine ›Regierung des nationalen Konsenses‹ – auch als ›Regierung der Technokraten‹ bezeichnet –, die nominell von den beiden dort maßgeblichen Parteien Fatah und Hamas unterstützt wird. Faktisch wirkt aber die politischideologische und territoriale Spaltung fort, sodass diese Regierung nur in der Westbank agieren kann. Letztlich liegt die Macht bei den sich befehdenden Parteien. Dies ist eine Situation, die nicht zur Stärkung der palästinensischen Seite und der Autorität von Präsident *Mahmud Abbas* beiträgt.

Den bisher letzten Anlauf zu einem neuen Friedensprozess unternahm der amerikanische Außenminister *John Kerry*. Er scheiterte im Frühjahr 2014. Deutlich zeigte sich, dass die Positionen beider Seiten weiter auseinanderliegen denn je. Von einem Friedensprozess ist man himmelweit entfernt. Bei keiner der bekannten Fragen nach einem künftigen Endstatus – Jerusalem, Siedlungen, Flüchtlinge, Sicherheitsgarantien – kam es zu Fortschritten. Stattdessen wurden neue Forderungen erhoben, unter anderem die Forderung der Anerkennung Israels als ›jüdischer Staat‹. Mittelbares Resultat war eine erneute Drehung der Gewaltspirale. Zum wiederholten Male gab es im Sommer 2014 einen Gazakrieg, der neues Leid und Elend für die Bevölkerung verursachte. Zwei Jahrzehnte nach Unterzeichnung des Friedensabkommens von Oslo stehen die Beteiligten vor einem Scherbenhaufen. Und auch die internationale Diplomatie ist offenbar ratlos.

Wie kann und wie soll es weitergehen? Wir wollen uns dieser schwierigen Frage stellen, indem wir fragen, was eigentlich zu dieser Situation geführt hat. Und was sind denkbare Optionen und Alternativen zum Status quo? Und welche Rolle soll und kann hier die internationale Politik und nicht zuletzt Deutschland und Europa spielen?

Mit *Avi Primor* und *Abdallah Frangi* begrüßen wir zwei Persönlichkeiten, deren gesamtes Leben stark von diesem Konflikt geprägt ist. Ihre veröffentlichten Autobiographien bieten nicht nur interessante Einblicke in die israelisch-palästinensische Politik. Man wird auch die Parallelen erkennen, die im Leben beider Männern bestehen, die 1935 bzw. 1943 im gleichen Land, nämlich Palästina, geboren wurden. Beide stammen aus einem religiös geprägten Elternhaus. Doch beide hielten ihren jüdischen bzw. muslimischen Glauben in ihren Leben und in der Politik eher auf Distanz. Beide wurden keineswegs mit moderaten Positionen geboren, im Gegenteil. Hier der überzeugte Zionist Primor, dessen Ziel darin bestand, »den Staat zu verteidigen, ihn aufzubauen und ihm zu dienen«. Dort das junge Fatah-Mitglied Frangi, der sich aktiv für den Befreiungskampf der Palästinenser einsetzte. Beide machten auf ihre Art Erfahrungen mit Militanz und militanter Ideologie. Und beide wurden zeitweise zu Renegaten im eigenen Lager, was im Falle von Abdallah Frangi lebensgefährlich werden konnte.

Mit ihren auf Verständigung ausgehenden Positionen setzten sich beide mehrfach zwischen alle Stühle, und sie gehören heute wohl eher einer

Minderheit im politischen Spektrum an. Beide eint schließlich ein großes Thema: Sie haben ihr Berufsleben in den Dienst der internationalen Anerkennung ihres jeweiligen Volkes und Landes gestellt.

Bei Primor zieht sich dieser Aspekt wie ein roter Faden durch sein gesamtes Diplomatenleben; von den frühen Posten in Afrika über Paris und Brüssel bis hin nach Berlin. Es galt, den neuen Staat Israel gegen diverse Widerstände auf der Weltbühne zu etablieren. Bei Frangi hält dieser Kampf bis heute an. Seit Ende der 1960er Jahre organisierte er Netzwerke und internationale Kontakte in Deutschland und Europa, seit 1974 als offizieller PLO-Vertreter in Deutschland, um die Welt von einem unabhängigen Staat Palästina zu überzeugen. Er schreibt in seiner Autobiographie:

> »Ich wurde in diesen Konflikt hineingeboren. Ich schlug die Augen auf und befand mich im Krieg mit Israel. Nichts hat sich bis heute daran geändert. Nach wie vor sind wir Palästinenser hinter Mauern, Kontrollpunkten und Stacheldraht gefangen. Ich fühle mich immer noch nicht frei. Deshalb sehe ich meine Aufgabe nicht als erfüllt an. Deshalb werde ich auch künftig auf ein unabhängiges Palästina hinarbeiten.«

Ob und wann sich dieser Wunsch erfüllt, wird auch Thema unserer Diskussion sein, zu der ich als Dritte *Muriel Asseburg* begrüßen darf. Sie beobachtet und analysiert seit fast zwanzig Jahren die Entwicklung in der Region und berät seit mehreren Jahren die Bundesregierung in ihrer Nahost-Politik. – Ich bitte zunächst Herrn Primor um sein Statement, bevor dann Herr Frangi und Frau Asseburg zu Wort kommen.

Avi Primor: Wir werden in Israel tatsächlich in Kürze eine neue Regierung haben, denn das Gesetz schreibt vor, dass man nach den Wahlen maximal 42 Tage lang um eine Koalition feilschen darf. Was für eine Regierung werden wir bekommen? Es gibt zwei Möglichkeiten, die aber keinen großen Unterschied machen. Die wahrscheinlichste ist, dass Netanjahu mit dem rechten und extrem rechten Lager und dem orthodoxen und ultraorthodoxen Lager eine Koalition bildet. Die andere Möglichkeit, dass er doch noch eine große Koalition mit der Arbeitspartei bildet, wäre aus meiner Sicht die schlechtere Lösung. Denn selbst wenn die Arbeitspartei sich überreden bzw. mit Posten und Ressorts bestechen lässt, wird das rechte Lager die Politik bestimmen. Denn es kann auch ohne die Arbeitspartei regieren. Die Arbeitspartei wäre allenfalls als Feigenblatt gegenüber der Außenwelt nützlich. Wenn es aber schon so ist, wie es ist, würde ich Offenheit vorziehen. Dann ist es eben eine rechte Regierung mit einer rechten Politik – ohne Feigenblätter, ohne Schminke, ohne Maske – und wir wissen, womit wir es zu tun haben. Aber so oder so wird die Politik dieselbe sein. Netanjahu hat zwar mal von der Zweistaatenlösung gesprochen, das waren Lippenbekenntnisse unter amerikanischem Druck. In Wahrheit war er immer gegen eine Zweistaatenlösung. Die Verhandlungen, die geführt wurden, waren Scheinverhandlungen und von vornherein nicht als echte Verhandlungen gemeint. Die Situation sieht also düster aus. Wir werden weiter dieselbe Politik haben, es werden weiter Siedlungen gebaut werden, die Besatzung wird vorangetrieben werden – alles wird so bleiben, wie wir es heute kennen, oder noch schlimmer werden.

Kann es überhaupt noch Hoffnung auf eine Lösung geben? Eingangs hieß es, dass die Situation in den letzten zwanzig Jahren noch nie so aussichtslos war wie heute. Dem stimme ich *nicht* zu. Es gab über Jahrzehnte eine Periode im Nahen Osten, in der Frieden objektiv wirklich nicht möglich war. Denn jahrzehntelang *wünschte* sich die arabische Welt nicht nur einen Nahen Osten ohne einen Staat Israel, sondern sie ging davon aus, dass dieses auch *möglich* war. Die arabische Welt war davon überzeugt, dass man den Staat Israel aus dem Nahen Osten wegfegen kann. Wenn man denkt, dass es möglich ist und man es kann, gibt es keinen Grund, warum man sich mit diesem Staat arrangieren und mit ihm einen Frieden schließen sollte. Vorübergehende Verträge wie Waffenstillstände wurden mit Israel geschlossen, weil das zur Erholung der Streitkräfte und der Wirtschaft gebraucht wurde. Aber einen Frieden wollte man mit Israel nicht schließen, weil man sich mit der Existenz des Staates Israel nicht abfinden wollte.

Später wurde für die *Israelis* ein Friedensschluss mit der Gegenseite ›unmöglich‹. Bis 1967 waren die meisten Israelis davon überzeugt und hatten sich damit abgefunden, dass das Westjordanland ihnen nicht gehört und nie gehören wird. In der öffentlichen Meinung, in der Propaganda, in der Erziehung war das Thema erledigt. Nach dem Sechstagekrieg im Sommer 1967 kam es zu einer Wende in der israelischen Psychologie. Nun sagte man, dass das Westjordanland doch zu Israel gehöre und dass es schon immer dazu gehört habe. Schon die Bibel lehrt ja, dass die jüdischen Königreiche nicht in Tel Aviv, nicht an der Küste bestanden und sich entwickelt haben, sondern im Westjordanland. Nachdem dieses Land nun erobert worden war, würde man nie mehr darauf verzichten. So dachten fast alle Israelis. Wenn aber die Israelis davon überzeugt sind, dass sie auf das Westjordanland nie verzichten werden – wie und mit wem kann man dann Frieden schließen? Mit welchem Palästinenserstaat? Wo sollte denn ein Palästinenserstaat entstehen, wenn nicht im Westjordanland? Frieden war also auf beiden Seiten jahrzehntelang objektiv unmöglich.

Doch diese Situation wandelte sich, zunächst auf der arabischen Seite mit dem damaligen ägyptischen Präsidenten *Sadat*. Schon 1965 hatte der tunesische Präsident *Bourguiba* sich für eine Anerkennung eines Staates Israel ausgesprochen, eine damals ziemlich isolierte Meinung. Der Grund war, dass man in der arabischen Welt zu der Schlussfolgerung gekommen war, dass ein Naher Osten ohne Israel leider nicht zu haben war. Zu der Schlussfolgerung, dass man sich mit der Realität abfinden muss, kam zunächst Sadat und dann alle anderen. Ich gehe davon aus, dass auch die Mehrheit der arabischen Bevölkerung und auf jeden Fall die Mehrheit der Palästinenser zu dieser Schlussfolgerung gekommen ist: Nicht, dass man sich freut, dass man Israel zum Nachbarn hat, aber dass man sich mit einer Realität abfindet.

Auf israelischer Seite gab es eine ähnliche Entwicklung. Aktuelle Meinungsumfragen in Israel besagen, dass es in Israel seit mindestens 25 Jahren eine beachtliche und beständige Mehrheit gibt, die nicht nur bereit ist, auf das Westjordanland zu verzichten, sondern es für wünschenswert und für Israel *unvermeidlich* hält, sich von dort zurückzuziehen. Es ist eine Tatsache, dass die Mehrheiten auf beiden Seiten bereit sind, willig oder widerwillig, sich mit der Realität abzufinden. Israel braucht das Ende der Besatzung zwar nicht so sehr wie die Palästinenser, aber wir brauchen es auch. Wir brauchen einen Palästinenserstaat, wir brauchen den Frieden mit den Palästinensern. Wir wissen, dass wir die Palästinenser nicht besiegen werden und dass die Palästinenser uns nicht besiegen werden. Es gibt also nur eine Möglichkeit: Miteinander leben und kooperieren!

Dem stehen viele Hindernisse entgegen. Auf israelischer Seite sind das die Gedanken von Netanjahu, der Siedler und des gesamten extrem rechten Lagers. Dies sind Minderheitenpositionen, wie es sie auch aufseiten der Palästinenser gibt, z.B. bei der Hamas. Aber die Mehrheiten sind heute unsicher und wissen nicht, was sie wirklich tun können. Die Umfragen zeigen, dass sich eine beachtliche Mehrheit in Israel die Trennung vom Westjordanland wünscht. Im gleichen Atemzug sagen sie, dass das nicht machbar sei. Warum ist das nicht machbar? Antwort: Weil es eine Frage der Sicherheit ist. Die Israelis denken: Wenn wir das Westjordanland räumen, wird dort das passieren, was im Gazastreifen passiert ist. Der Gazastreifen wurde geräumt und wir haben dafür nicht mehr Sicherheit bekommen. Sicherheit ist das einzige, was wirklich jedem Israeli am Herzen liegt. Nicht Frieden, sondern Sicherheit. Denn in Israel weiß man gar nicht, was Frieden bedeutet, da die Menschen dort nie im Frieden gelebt haben. Sicherheit ist ein Problem, mit dem sich die Israelis immer auseinandersetzen mussten. Solange keine Sicherheit garantiert ist, kann nicht auf Territorien verzichtet werden.

Israel hat auf eroberte ägyptische Gebiete verzichtet, weil Präsident Sadat Sicherheit versprach und die Möglichkeit hatte, Sicherheit auch zu gewährleisten. Das gleiche geschah mit König *Hussein* von Jordanien. Die palästinensische Regierung hat diese Möglichkeit leider nicht. Sie hat keine Mittel zur Verfügung, um Israels Sicherheit zu gewährleisten. So kann der palästinensischen Regierung in Ramallah das passieren, was im Gazastreifen geschah: Die Extremisten übernehmen die Macht und beschießen Israel mit Raketen, und zwar aus dem geografisch in der Mitte von Israel liegenden Westjordanland. Das ist für uns völlig inakzeptabel!

Ich glaube nicht, dass man so viel Druck auf die Regierung Israels ausüben kann, dass sie wirklich nachgibt. Politisch und wirtschaftlich wäre das zwar möglich, es wird aber nicht geschehen. Alle diejenigen, die sagen, man müsse nur Druck auf Israel ausüben, sonst werde es sich nicht in Bewegung setzen, haben recht – aber es wird nicht passieren. Weder die Amerikaner noch die Europäer werden echten Druck auf die Israelis ausüben. Warum? Sagen wir offen und ehrlich, dass, nachdem der Holocaust geschehen ist, niemand wirklich Druck auf Israel ausüben will. Man kann schelten und unzufrieden sein, aber man wird nichts tun, was den Juden schadet. Außerdem genießen unsere Gegner nicht immer das beste Ansehen. Damit meine ich gar nicht die palästinensische Regierung in Ramallah, die zweifellos ein gutes Ansehen hat. Aber die Menschen in Europa und Amerika reden zumeist von ›der arabischen Welt‹. Und was sehen sie da? Sie sehen den ›Islamischen Staat‹, die Terroristen in Europa, die Hamas, die Hisbollah, die Bürgerkriege in Syrien, Libyen, Irak. Und dann sagen sie, dass sie solche Leute nicht unterstützen wollen. Das hat natürlich nichts mit der Realität Israels zu tun, aber das ist *vox populi*. Und die Regierungen in Amerika und Europa werden gegen die Mehrheitsmeinung ihrer Bevölkerung keinen Druck auf Israel ausüben können. Was kann und soll man also tun? Man muss die israelische Bevölkerung davon überzeugen, dass sie, wenn sie sich aus dem Westjordanland zurückzieht, dafür Sicherheit bekommt. Dann wird die israelische Bevölkerung Druck auf die eigene Regierung ausüben.

Als Sadat zu uns kam, hatten wir ebenfalls eine Likud-Regierung, die auf besetzte ägyptische Gebiete nicht verzichten wollte. Aber der ägyptische Präsident überzeugte die Israelis. Und sie haben dann Druck auf die eigene Regierung ausgeübt, sodass Präsident Sadat alles so bekam, wie er es gewünscht hatte. Genauso war es mit König Hussein von Jordanien. Wir sind aller-

Avi Primor

dings nicht davon überzeugt, dass die palästinensische Regierung mächtig genug ist, um uns wirklich Sicherheit zu gewährleisten. Nicht, dass sie es nicht wollte oder nicht ehrlich wäre – Sie hat einfach nicht die Mittel dazu zur Verfügung. Deshalb brauchen wir dazu die internationale Gemeinschaft und die Amerikaner, und wir brauchen die Europäische Union, weil sich ohne diese die Amerikaner nicht bewegen werden.

Abdallah Frangi: Ich möchte den Konflikt, den wir haben, ganz offen ansprechen. Palästina unterzeichnete 1993 das *Osloer Abkommen.* Wir haben damit einer Zweistaatenlösung zugestimmt. Wir haben Israel anerkannt und Israel hat die PLO anerkannt, damit wir in Frieden leben können. Wir haben festgelegt, dass wir einige der Probleme, die wir dabei nicht lösen konnten – darunter die Frage der Rechte der Flüchtlinge, der Grenzen, der Sicherheit und der Wasserversorgung – innerhalb von fünf Jahren lösen wollten. Damals hatten wir mit Israels Ministerpräsident *Jitzchak Rabin* einen Partner gefunden, auch er hat unterschrieben. Ich erinnere mich, dass Netanjahu ihn als Verräter bezeichnete, weil er Frieden mit den Palästinensern schließen wollte. Rabin wurde ermordet, und jeder weiß, dass das kein Zufall war. Mit seinem Tod haben wir einen Partner verloren, der bereit war, mit uns Frieden zu schließen. Das ist bis heute das Problem, und es bleibt das Problem. Ich habe immer gehofft und ich lebe weiterhin mit der Hoffnung, dass wir Frieden miteinander haben können. Aber ich habe große Zweifel, ob wir es schaffen werden, eines Tages Frieden miteinander zu haben.

Ich komme aus einem Land, von dem wir Palästinenser sagen, es gehörte uns bereits zu Zeiten der Kanaaniter und bevor Juden überhaupt nach Palästina kamen. In unserer Geschichte gab es immer wieder Auseinandersetzungen und Kämpfe mit Juden oder auch Israelis. Diese Geschichte ist lang und nicht zu Ende. Wir haben versucht, viele Palästinenser davon zu überzeugen, einem Kompromiss zuzustimmen. Ein solcher Kompromiss hätte das Osloer Abkommen werden können. Aber seit der Ermordung Rabins haben wir keine Nachfolgeregierung und keinen Präsidenten in Israel erlebt, der bereit gewesen wäre, mit uns Frieden zu schließen.

Sicherheit ist auch für uns ein Thema: Im Juli 2014, fünf Tage vor Beginn des Gazakriegs, wurde ich angesprochen, ob ich bereit wäre, Gouverneur von Gaza zu werden. Ich wusste zunächst nicht, welche Aufgaben mit diesem Amt verbunden sind, erklärte mich aber dazu bereit, obwohl ich ahnte, dass es Krieg geben wird. Am 8. Juli fuhr ich mit dem Auto nach Gaza. Am Grenzübergang Erez hielt mich ein israelischer Soldat an und fragte: Es ist doch Krieg, wo willst du hin? Ich gehe in meine Heimat, antwortete ich. Er forderte mich auf, mit ihm in einen Bunker zu kommen, denn von der Hamas würden Raketen abgeschossen. Der Weg, den du nehmen willst, ist unsicher, sagte er. Ich dankte ihm und sagte, dass ich trotzdem gerne losfahren würde. Da sagte er: Auf deine Verantwortung. Ich bin dann nach Gaza gefahren, auf eigene Verantwortung. Was ich dort sah, wünsche ich niemandem zu erleben. Gaza ist eine der ältesten Städte der Welt. Dort bin ich groß geworden. Ich kannte die Straßen, deren Häuser bis vor dreißig Jahren noch aus Lehm bestanden. In den letzten zehn Jahren wurde dort viel gebaut. Als Kind lebte ich im Stadtteil Schedschaija, das heißt ›die Mutigen‹. Die Häuser dort waren aus Lehm und aus Zement.

Nun bin ich Gouverneur für über 620.000 Menschen, und eine meiner Aufgaben bestand darin, nach jedem Angriff dort hinzugehen, um mit den Leuten zu reden. Einmal war ich auf dem Weg zu einer Familie, aber noch bevor ich mit den Leuten reden konnte, schrie mich ein Mann aggressiv an: Was hast du hier zu suchen? Geh weg, geh zu deinem Präsidenten! Aber schau dir vorher hier noch die Leichen an! Willst du mit den Leuten, die dafür verantwortlich sind, verhandeln? – Ich schaute Leichen an und sah Jungen, die Körperteile einsammelten und in Decken hüllten. Weil sie die sterblichen Überreste von fünf Frauen

Abdallah Frangi

diesen nicht eindeutig zuordnen konnten, beschlossen sie, sie in einen Karton zu legen, die fünf Namen darauf zu schreiben und gemeinsam in einem Grab beizusetzen. Ich sah Kinder, auf die Raketen abgeschossen worden waren, mit voller Absicht, wie ich glaube. Ich war bei einer Familie, in der sechs Kinder getroffen worden waren. Darüber habe ich kaum mit meiner Frau reden können, einen Satz vielleicht – aber dann konnte ich nicht weiterreden. Ich möchte davon nicht weiter erzählen, weil ich immer noch die Hoffnung habe, dass wir einmal einen Frieden haben können. Aber das geht nicht, ohne dass politischer Druck auf die Regierung in Israel und auf Personen wie deren Chef Netanjahu ausgeübt wird, um sie zu einer vernünftigen und anständigen Politik zu bewegen, eine Politik, die das Leben von Palästinensern, Israelis und vielen anderen Menschen schützt, statt es zu gefährden.

Israel ist heute das *sicherste* Land in der Region. Die politischen Grenzen in der arabischen Welt, wie wir sie heute kennen, sind 1916 durch das *Sykes-Picot*-Abkommen geschaffen worden. In diesem Abkommen wurde die Region in Einflusszonen der Kolonialmächte England und Frankreich aufgeteilt. Teil des Abkommens war auch Palästina, das als ein Staat vorgesehen war, der Juden aufnimmt, die in Europa verfolgt wurden. Nicht die Palästinenser haben die Juden verfolgt, das darf man nicht vergessen!

Die arabischen Führer, die 1945 die Arabische Liga gründeten, wurden von den Engländern, den Franzosen und später von den Amerikanern bestimmt und ernannt. Sie waren sämtlich Diktatoren, und niemand protestierte. Dann gab es den Krieg im Jahr 1948. Darüber wird immer behauptet, die Araber hätten eine Armee nach Palästina geschickt, um die Juden ins Meer zu werfen – leider haben auch manche Araber das so gesagt. Aber alles, was die arabische Welt aufbot, waren 700 Soldaten aus Saudi-Arabien, 20.000 aus Jordanien, 25.000 aus Ägypten und 5.000 aus dem Irak. Das heißt, es wurde nicht wirklich entschlossen gekämpft, und am Ende wurden die Palästinenser entwaffnet. Betrachtet man heute die arabische Welt, so stellt sich die Frage, was für eine Art Demokratie insbesondere die Amerikaner hier angestrebt haben. Was für eine Art Demokratie gibt es im Irak? Jeden Tag sind dort 50 Todesopfer und 800 Verletzte zu beklagen, 6 Millionen Binnenflüchtlinge gibt es im Irak, nicht anders ist es in Syrien und im Jemen. In Ägypten wäre es fast ebenso gekommen. Das ist eine arabische Welt, die leider weiterhin unter der Kontrolle alter und neuer Kolonialmächte steht.

Als wir Palästinenser das Osloer Abkommen unterschrieben, war ich als Mitglied des Zentralkomitees der *Al Fatah* dabei. Im Vorfeld hatten neun Mitglieder dafür gestimmt und neun dagegen. Ich selber habe dafür gestimmt, weil ich die Hoffnung hatte, wir könnten endlich einen Palästinenserstaat gründen, und ich bekäme damit einen palästinensischen Pass. Als ich in Frankfurt einmal nach meiner Nationalität gefragt wurde, antwortete ich, ich sei Palästinenser. Da musste ich meinen Pass zeigen und bekam zu hören, ich wäre ein ›Staatenloser‹ – das tat mir weh. Aber das ist mein Gefühl seit dem Scheitern des Osloer Abkommens. Die Behörden in Israel sprechen bis heute nicht von Palästina oder von palästinensischen

Gebieten. Sie erheben weiterhin Anspruch auf das Land, das sie völkerrechtswidrig besetzt halten. Statt der Palästinenser dürfen Einwanderer, die z.B. aus Russland gekommen sind, palästinensisches Land beanspruchen. Die israelische Armee schützt und unterstützt diese aggressiven Siedler, indem sie Wasser und Elektrizität in die umzäunten Landstücke bringt.

Die Menschen in Gaza halten dennoch zusammen. Gerade die jungen Leute wollen nicht aufgeben. Sie haben mich darin bestärkt, weiterhin an den Frieden zu glauben. Krieg ist dabei keine Alternative, weder für Israel noch für die Palästinenser. Aber wir müssen den Mut haben zu sagen, dass die Juden, die von Nazi-Deutschland verfolgt und vergast worden sind, die Verpflichtung haben, uns nicht das anzutun, was die Nazis ihnen getan haben. Ich bin stolz, sagen zu dürfen, dass ich viele Juden als Freunde habe, die sich für die Palästinenser eingesetzt haben, auch in diesem letzten, hässlichen Krieg. Wir werden miteinander weiter diskutieren.

Muriel Asseburg: Ich möchte den Blick auf die aktuelle Situation lenken, auf das, was uns erwartet, und fragen: Was bedeutet das für Deutschland? Wie ist es zur heutigen Situation gekommen, mit den verhärteten Fronten, so wie sie sich heute darstellen? Man muss feststellen, dass die Verhandlungen der letzten 20 Jahre, im sogenannten Oslo-Prozess, im Wesentlichen Scheinverhandlungen waren. Und man muss erkennen, dass die jüngste, von US-Außenminister *Kerry* angestoßene Verhandlungsrunde im April 2014 gescheitert ist, weil die Positionen der Konfliktparteien zu weit auseinanderlagen. Hinzu kam, dass die USA, wie schon in der Vergangenheit, wiederum nicht bereit waren, eine Moderatorenrolle einzunehmen, in der sie versucht hätten, die Positionen zu überbrücken und Kompromisse zu finden, die die Rechte und Sicherheit beider Seiten hätten gewährleisten können. Stattdessen haben sich die Amerikaner viel stärker auf der Seite Israels positioniert als auf der palästinensischen. Seit dem Abbruch dieser Verhandlungen befindet sich das Verhältnis beider Seiten in einer Abwärtsspirale. Beide Seiten – das gilt für die politischen Führungen, aber auch für die Bevölkerungen – teilen die Ansicht, dass Verhandlungen nicht zu einer Konfliktregelung führen werden.

Ich stimme Herrn Primor darin zu, dass das Paradigma der Zweistaatenlösung in beiden Gesellschaften durchaus mehrheitsfähig ist. Aber beide Seiten haben sich auf ihre Ansprüche zurückgezogen und sind nicht bereit, Kompromisse einzugehen. Es ist leicht gesagt, auf die Westbank, auf »Judäa und Samaria«, verzichten zu können. In Wirklichkeit besteht diese Bereitschaft auf israelischer Seite auch in großen Teilen der Bevölkerung nicht. Beide Seiten haben unilaterale Schritte ergriffen, die von der jeweils anderen Seite als Provokation gesehen werden. Wir befinden uns in einem

Ping-Pong-Spiel der Eskalation. Auf der einen steht das Bemühen der Palästinenser, Unabhängigkeit und Anerkennung durch eine Internationalisierung des Konflikts zu erreichen. Dieses geschieht über Anträge auf Mitgliedschaft in den Unterorganisationen der Vereinten Nationen sowie zuletzt über den Weg zum Internationalen Strafgerichtshof. Auf der anderen Seite stehen der fortgesetzte Siedlungsbau und das Zurückhalten der Steuereinnahmen, die Israel an die Palästinenser zu überweisen hat, sowie Militäroperationen.

Das Scheitern des Osloer Ansatzes: Verhandlungen mit dem Ziel der Bildung zweier Staaten in Israel-Palästina, hat zwei Entwicklungen in Gang gesetzt. Die erste ist, dass es in immer kürzeren Abständen zu kriegerischen Auseinandersetzungen kommt, die vor allem im Gazastreifen ausgetragen werden, wie zuletzt im Sommer 2014. Es war das erste Mal, dass auch die Zivilbevölkerung in Israel unter einem solchen Krieg so massiv gelitten hat. Das wird weniger durch die Zahl der Opfer belegt, als vielmehr dadurch, dass die Bedrohung durch Raketen nun *ganz* Israel betroffen hat.

Die andere Tendenz ist die, dass sich in Israel und den palästinensischen Gebieten, also im gesamten ehemaligen Mandatsgebiet Palästina, verfestigt hat, was ich als *Einstaatenrealität* bezeichnen würde. Die israelische Kontrolle hat sich über dieses gesamte Gebiet verfestigt. Auch wenn nur ein kleiner Teil dieses Gebietes von Israel annektiert worden ist und die palästinensische Autorität in einem anderen Teil dieses Gebietes für die innere Ordnung zuständig ist und Hamas einen weiteren Teil dieses Gebietes regiert, übt Israel die übergeordnete Kontrolle über dieses Gebiet aus. Es ist Israel, das festlegt, wer in diesem Gesamtgebiet, abhängig von Staatsbürgerschaft, Wohnort und Religionszugehörigkeit, welche Rechte hat.

Hinzu kommt eine massive politische Destabilisierung in der ganzen Region des Nahen Ostens, die auch diesen Konflikt berührt. Denn sie führt dazu, dass sich in Israel das Wagenburgdenken sehr verstärkt hat. Weggefallen sind wichtige stabilisierende Elemente, die zur Sicherheit und zum Gefühl von Sicherheit beitragen: Die strategische Allianz zwischen der Türkei und Israel existiert nicht mehr, und Ägypten ist als Vermittler völlig weggefallen, um nur zwei Beispiele zu nennen. Das führt dazu, dass in Israel noch weniger Bereitschaft vorhanden ist, Kompromisse einzugehen und auf die andere Seite zuzugehen. Und das führt auch dazu, dass es nicht gelingt, die Kluft innerhalb des palästinensischen Hauses zu überwinden.

Was sind die weiteren Perspektiven? Es ist sehr unwahrscheinlich, dass es in absehbarer Zeit zu Verhandlungen über ein Friedensabkommen kommt. Selbst wenn es dazu käme, weil ein Akteur aus der internationalen Gemeinschaft Druck ausüben würde, halte ich es für unwahrscheinlich, dass es zwischen der nächsten israelischen Regierung und der palästinensische Autonomiebehörde zu einer Übereinkunft kommen kann. Dazu liegen die Positionen einfach zu weit auseinander. Auch gibt es in der internationalen Gemeinschaft zurzeit kein übergeordnetes Interesse, keine Priorität, sich überhaupt um diese Frage zu kümmern. Aus den USA hören wir zwar Warnungen und Drohungen, dass das eigene Verhältnis zu Israel überprüft werden solle. Was aber bestenfalls zu erwarten ist, wäre, dass die USA eine Resolution des UN-Sicherheitsrates, die die Parameter einer Konfliktregelung vorgibt, nicht blockieren, sondern passieren lassen würden. Auf den Text einer solchen Resolution werden die USA vorab Einfluss nehmen. Klar ist, dass diese Resolution keine bindende Wirkung haben dürfte, d.h. keine konkreten Maßnahmen beinhaltet, keine Kapitel-VII-Resolution sein wird, die »Maßnahmen bei Bedrohung oder Bruch des Friedens und bei Angriffshandlungen« regelt, und keinen verbindlichen Zeitplan haben wird. Das Ganze wäre allenfalls eine durchaus sinnvolle neue Referenz, weil die einzige Referenz, die wir bis jetzt haben, die UN-Resolution 242 von 1967 ist, die sehr wenig über die Umrisse einer genauen Regelung aussagt.

Ich fürchte, wir werden nahezu unvermeidlich mit einer weiteren Zuspitzung zwischen Israel und den Palästinensern zu rechnen haben, und zwar selbst dann, wenn die kommende israelische Regierung bereit wäre, einzelne vertrauensbildende Maßnahmen zu treffen. So dürfte Israel insbesondere hinsichtlich der Blockade des Gazastreifens wohl kulanter sein. Die nächste israelische Regierung wird auch wieder Transferzahlungen an die palästinensische Autonomiebehörde leisten, wenn auch nicht auf eine Art und Weise, die einen tatsächlichen Fortschritt bedeuten würde. Das alles bewirkt, dass die Legitimität der palästinensischen Autorität an sich immer stärker infrage gestellt wird. Denn deren Aufgabe ist nicht die Verwaltung der palästinensischen Gebiete bis zum Sankt-Nimmerleins-Tag, sondern nur für eine Übergangsperiode, in der eine endgültige Regelung erarbeitet wird.

Es ginge also darum, über das ›Wie‹ eines Endes der Besatzung zu sprechen und die genauen Konturen eines Friedensschlusses auszuarbeiten. Solange es diese Perspektive nicht gibt, ist es sehr fraglich, wie die Kooperation zwischen der palästinensischen Autonomiebehörde und Israel weiter entwickelt werden kann. Eine Kooperation ist für die palästinensische Autorität zwingend notwendig, aber eine Kooperation, die sie in den Augen vieler Palästinenser nicht nur als Handlangerin der Besatzung erscheinen lässt. Ohne eine funktionierende Kooperation besteht kurz- bis mittelfristig die Gefahr, dass die palästinensische Autonomiebehörde zusammenbricht. Das kann sehr rasch geschehen, sei es im Rahmen einer finanziellen Notsituation, über einen erneuten Gewaltausbruch oder über die Nachfolgefrage bezüglich des Präsidenten.

Derzeit kann keine der Parteien Interesse an einer erneuten gewalttätigen Auseinandersetzung haben. Das gilt auch für die Hamas. Und dennoch: Wenn es in Bezug auf die Art, wie der Gazastreifen regiert und versorgt wird, keine Änderung gibt, und wenn die katastrophale humanitäre Lage dort nicht verbessert wird und es schließlich nicht gelingt, eine Perspektive und Entwicklung für die Menschen im Gazastreifen zu schaffen, sind neue Gewaltaktionen wahrscheinlich. Und die nächste Runde der Auseinandersetzung, der nächste Krieg, wäre programmiert.

Was heißt das für uns, wenn wir von Deutschland aus auf den Konflikt schauen? Es ist allerhöchste Zeit, dass Deutschland, dass Europa, die eigene Politik überdenkt. Offenkundig haben die in den letzten zwanzig Jahren unternommenen Versuche, eine Zweistaatenlösung als Friedensregelung zu unterstützen und dafür den Aufbau staatlicher Institutionen in den palästinensischen Gebieten zu fördern, nicht zur Überwindung der Besatzung geführt. Wir haben nicht dazu beitragen können, dass sich der Prozess in Richtung einer Zweistaatenlösung bewegt. Tatsächlich haben wir eher dazu beigetragen, dass sich die Einstaatenrealität und damit die Unrechtssituation verfestigt haben. Ein »Weiter so!« darf für uns keine Option sein, und das gilt insbesondere vor dem Hintergrund der besonderen Verantwortung Deutschlands gegenüber Israel. Die Europäer müssen das erbringen, was Herr Primor gerade infrage gestellt hat: die Bereitschaft, sich tatsächlich so aktiv für eine Zweistaatenlösung zu engagieren, wie es notwendig ist. Wenn wir dazu nicht bereit sind, wäre es an der Zeit zu überlegen, was wir stattdessen tun können. Was ist die Alternative, damit wir nicht weiter eine Unrechtssituation unterstützen, sondern damit alle Bewohner des ehemaligen Mandatsgebiets Palästina ihre Rechte und Sicherheit genießen können? Sollten wir ein Kehrtwende vollziehen und eine völlige Abkehr vom Paradigma der Zweistaatenlösung einleiten? Damit würde allerdings weder den nationalen Ambitionen der Israelis noch denen der Palästinenser entsprochen. Aber einfach so zu tun, als wären wir auf dem richtigen Weg, darf nicht die einzige Option sein. Ich plädiere dafür, ernsthafter darüber nachzudenken, was wir tun müssen und tun können.

Ulrich Schneckener: Herr Primor, hat man in Israel überhaupt ein Interesse an der Veränderung des Status quo? Lebt man in Israel mit dem gegenwärtigen Zustand womöglich gar nicht so schlecht? Man hat die Kontrolle über die Palästinenser. Hamas und Fatah sind untereinander zerstritten. Den Druck der Amerikaner kann man aushalten – das ist doch eine sehr bequeme Situation. Warum sollte man deshalb überhaupt Kompromisse machen: Gibt es diese Haltung in Israel?

Avi Primor: Da würde Herr Netanjahu Ihnen zustimmen. Aber er strebt in Wahrheit nicht die Aufrechterhaltung des Status quo an, denn das hieße ja, die Situation genauso aufrechtzuerhalten, wie sie heute ist. Er baut jedoch Siedlungen, um den Status quo zu ändern. Siedlungen braucht man nur aus einem Grund: um die Entstehung eines Palästinenserstaates zu verhindern. Was aber soll dann daraus werden? Offenbar ein binationaler Staat, und das beinhaltet die Annektierung der besetzten Gebiete. Das ist es, was die rechte Koalition um Netanjahu anstrebt, wenn auch vielleicht nicht alle ihre Teile. Eine Minderheit in der Bevölkerung und der Hauptteil der Regierung streben dieses jedenfalls an. Netanjahu fürchtet fast gar nichts, aber Probleme liebt er nicht. Er möchte vermeiden, dass die Amerikaner uns nicht mehr im Weltsicherheitsrat verteidigen. Mit ihrem Vetorecht dort geben sie uns Schutz. Sollte das nicht mehr geschehen, bekämen wir Probleme mit dem Sicherheitsrat. Uns würden Druck und Sanktionen drohen. Dies wäre unangenehm, unbequem und würde auch in Israel Unzufriedenheit schaffen. Doch die Hauptfrage für das extrem rechte Lager ist, was mit den besetzten Gebieten geschieht. Denn diese Gebiete müssen demnach irgendwann annektiert werden.

Ulrich Schneckener: Was bedeutet das für den Staat Israel, wenn die Option, die Siedlungspolitik und die Annexionen fortzusetzen, ergriffen wird?

Avi Primor: Im rechten Lager gibt es da unterschiedliche Ansichten. Es gibt Leute, die klipp und klar sagen, man muss alles annektieren. Dann würde den Palästinensern die israelische Staatsangehörigkeit gewährt. Und man wird dann mehr Juden nach Israel bringen, um den wachsenden Bevölkerungsanteil der Palästinenser zu kompensieren. Es gibt viele fantastische Ideen im rechten Lager, die ein Netanjahu nicht offen aussprechen würde. Er selbst will nur teilweise besetztes Land annektieren und den Palästinensern eine teilweise Autonomie zugestehen, aber keine Unabhängigkeit und internationale Souveränität akzeptieren. Netanjahu erklärt auch, es sei ganz in Ordnung, wenn die Palästinenser eigene Behörden hätten und ihre Alltagsprobleme selbst bewältigten. Eine Annexion palästinensischer Gebiete bleibe auch noch in einer späteren Phase möglich. Solche Ideen kursieren in seinem Lager. Aber wer wird sich damit abfinden? Die Mehrheit der Israelis versteht, dass solche Vorstellungen nicht realitätsgerecht sind. Denn bei einer vollständigen Annexion palästinensischer Gebiete wäre die Folge eine Art juristischer Apartheid. Das würde nicht funktionieren: Schon heute sind 22% der israelischen Bevölkerung Palästinenser, die die israelische Staatsbürgerschaft haben und somit auch wählen und gewählt werden können. Das ist keine kleine Minderheit, und da diese Gruppe eine schnellere demografische Zunahme verzeichnet als die der jüdischen Israelis, werden sie in nicht allzu ferner Zukunft die Mehrheit bilden. Wenn heute die palästinensischen Gebiete annektiert würden und die dort lebenden Palästinenser morgen die israelische Staatsangehörigkeit erhielten, kämen sie schon auf einen Bevölkerungsanteil von 45% aller Staatsbürger Israels. Es würde nicht lange dauern, bis sie im Parlament die Mehrheit hätten und ganz legal und legitim den Judenstaat abschaffen könnten. Damit wäre die Annexionsfantasie *ad absurdum* geführt, aber jene Fanatiker, die behaupten, das Westjordanland sei für Israel eine unverzichtbare göttliche Verheißung, sind vernünftigen Argumenten nicht zugänglich.

Abdallah Frangi: Netanjahu war vor Kurzem eingeladen, eine Rede vor den Abgeordneten beider Häuser des amerikanischen Parlaments zu halten. Die Zuhörer standen 42-mal auf und applaudierten. Der amerikanische Präsident aber entschied sich, Netanjahus Rede nicht anzuhören, und das hat mich gefreut.

Es darf nicht so weit kommen, dass wir, wenn über diesen Konflikt gesprochen wird, nur Israel auf der Landkarte und nur die Wünsche der Juden sehen. Nein! Sie sind auch nur Menschen wie andere. Die Siedler in den palästinensischen Gebieten leben dort *auf Kosten* der Palästinenser *und* der Israelis. Den Israelis bringen sie neue Kriege. Wer glaubt, die Palästinenser verzichten auf einen eigenen Staat, irrt sich. Für uns Palästinenser ist die Zweistaatenlösung die einzig akzeptable Lösung. Dafür haben wir auf zwei Drittel unseres Landes verzichtet. Unser Staat ist heute anerkannt von den meisten Völkern der Welt und vielleicht von 40% der Israelis. Sollen wir bei Netanjahu oder einem anderen Ministerpräsidenten Israels auf *good will* warten? Oder auf einen Multimilliardär wie Außenminister *Lieberman*, der selbst Geschäfte mit dem Siedlungsbau macht? Sie leben auf Kosten der Palästinenser und nehmen uns das Land weg. Die Welt schaut dabei zu, und andere Israelis sagen, dass sie das nicht ändern können. Warum eigentlich nicht? – Wir alle haben aus der Geschichte des Nationalsozialismus gelernt. Wir werden uns für die Menschenrechte einsetzen und ihre Missachtung nicht zulassen. Aber vor allen anderen müssen sich die Menschen in Deutschland dafür einsetzen, dass ein Palästinenserstaat entsteht.

Wer glaubt, dass irgendwann mit palästinensischer Mehrheit die Gesetze in Israel geändert werden könnten, täuscht sich. Israel ist ein Staat mit einem Rechtssystem, gegen das niemand etwas ausrichten kann. Ich bin mit einem von Israel ausgestellten Ausweis hierher gereist. Damit kostete es vier Stunden, um aus dem Gazastreifen herauszukommen, vier Stunden bis Ramallah, vier Stunden von Ramallah bis Jericho und eine Übernachtung in Amman, um von dort mit dem Flugzeug nach Frankfurt zu kommen. Ich bin gegenüber jedem, der mich an den Checkpoints kontrolliert, vollkommen machtlos. In einem Einheitsstaat die Mehrheit bekommen zu können, ist eine Illusion. Wir schaffen es, wenn wir frei sind. Israel muss darauf verzichten, die Rechte anderer zu missachten, aber diese für sich selbst in Anspruch zu nehmen, um besser leben zu können.

Ulrich Schneckener: Die Bildung eines palästinensischen Staates ist sicherlich auch eine Frage der innerpalästinensischen Aussöhnung.

Herr Frangi, wie sehen Sie den Prozess zwischen Hamas und Fatah, der innerhalb der palästinensischen Autonomiebehörde läuft? Gibt es dort Entwicklungen oder eher Stillstand?

Ulrich Schneckener

Abdallah Frangi: Die Tatsache, dass Gaza von der Westbank abgeschnitten ist, erschwert die Verständigung zwischen den Menschen. Die PLO war die einzige demokratische Organisation im arabischen Raum seit 1974, wir haben alle Parteien integrieren können. Nur können wir es nicht schaffen, wenn 2 Millionen Menschen in Gaza einfach eingezäunt werden und die anderen durch 300 Checkpoints voneinander getrennt sind. Das Problem ist nicht, dass wir untereinander nicht reden oder uns verständigen könnten. Im Gegenteil, Hamas und Al Fatah haben weniger Probleme miteinander als *Naftali Bennett* mit der neuen Linken in Israel. Wir wollen miteinander reden, aber es fehlen wichtige Voraussetzungen dafür.

Wer kann ernsthaft glauben, Israel könne in seinen Grenzen sicher leben, wenn wir als seine Nachbarn es nicht können? Heute erleben wir eine Entwicklung, die ich mir nie hätte vorstellen können: In den arabischen

Ländern, in denen aktuell gekämpft wird, beteiligen sich an diesen Kämpfen fast 12.000 junge Europäer. Wie konnten alle Geheimdienste diese Entwicklung verschlafen? Es gibt eine gefährliche Entwicklung in Syrien, die viel radikalere Kräfte hervorbringt, als Assad es je war. Wir Palästinenser haben eine Einheitsregierung gebildet, die nicht nur von Hamas und Fatah getragen wird, sondern von allen Palästinensern mit Zustimmung bedacht wird. Natürlich haben wir Konflikte. Die Hamas ist z.B. der Ansicht, dass sie in Gaza allein regieren kann. Das aber geht nicht. Dem steht nicht nur Al Fatah entgegen, sondern auch alle anderen palästinensischen Organisationen. Dieser Konflikt ist nur intern zu lösen. In der Bundesrepublik habe ich erlebt, unter welch komplizierten Diskussionsprozessen die Grünen entstanden sind, und es hat auch lange gedauert, bis SPD und CDU zusammen eine Regierung bilden konnten.

Avi Primor: Frau Asseburg sagte, bei den letzten Nahost-Verhandlungen hätten die USA eindeutig Position gegen die Palästinenser bezogen. Das trifft zu, aber am Ende war es US-Außenminister Kerry, der offen sagte, dass es an Israel lag, dass die Verhandlungen gescheitert sind.

Herr Frangi hat die besonders drückenden, weltweit einzigartigen Bedingungen kritisiert, unter denen sein Volk, die Palästinenser, leben muss. Dem stimme ich zu. Aber es gibt auch einen Staat im Nahen Osten mit einem einzigartigen Merkmal: Kein Staat der Welt außer Israel wird offen mit Vernichtung bedroht. Im Nahen Osten aber wird die Existenz Israels vielfach bedroht und uns wird die Vernichtung versprochen. Der oberste Rechtsgelehrte des Iran *Ali Chamene'i* und die Revolutionsgarde *Pasdaran* hinter diesem, die die Macht im Iran in Händen halten, wiederholen stets, dass sie Israel vernichten werden. Man kann sagen, dass sei populistisch und demagogisch oder Ausdruck eines internen Machtkampfes in der islamischen Welt – für den Mann auf der Straße in Israel ist das sehr ernst. Das macht Angst, und die Extremisten bei uns können diese Angst schüren. Das tun sie auch. Sie nutzen das für den Machtkampf innerhalb Israels. Aber die Drohungen sind Tatsache, der israelische Bürger hört regelmäßig, dass man ihn physisch vernichten will, und das erzeugt eine entsprechende psychische Verfassung.

Sicherheit ist für Israel etwas sehr Bedeutungsvolles. Dazu eine Geschichte: *Marwan al-Muasher*, von 2002 bis 2004 jordanischer Außenminister, sollte 1995 auf Empfehlung seines Königs erster Botschafter Jordaniens in Israel werden. Er hasste Israel und war empört, dass der König ihn für diesen Posten empfohlen hatte. Später berichtete er in einem Buch, dass er in Israel ganz selbstverständlich wie ein Ehrengast empfangen worden sei. Alle wollten ihn einladen, alle erwiesen ihm Ehre. Seine Meinung über

Israel wollte er dennoch nicht ändern. Er blieb so anti-israelisch, wie er war. Er schrieb, die Israelis redeten immer nur von ihren ›Sicherheitsproblemen‹, was er als Frechheit und Heuchelei empfand. Er war der Meinung, dass – im Gegenteil – die Jordanier und die Palästinenser Sicherheit bräuchten und Israel seine Sicherheit immer als Vorwand nehme, beide anzugreifen und zu unterdrücken. Nach seinen Jahren in Israel hatte al-Muasher verstanden, dass die Israelis fest von der Bedrohung überzeugt sind und dass ihre ständige Rede darüber keine Heuchelei ist. Er riet den Jordaniern und Palästinensern, dies ernst zu nehmen, wenn sie mit den Israelis zurechtkommen wollen. Das ist für mich wahrhaftig der Schlüssel zu einer Lösung: Man muss die israelische Bevölkerung in Sachen Sicherheit überzeugen können – ob man ihre Sorge für gerechtfertigt hält oder nicht. Erst dann wird die israelische Bevölkerung Druck auf die eigene Regierung ausüben. Als wir mit Ägypten verhandelten, erfuhren wir dafür bereits ein Beispiel. Was die Regierung nicht wollte, wünschte sich aber die Bevölkerung: nämlich den *Frieden*, und so ist es schließlich auch gekommen.

Wir müssen uns darauf konzentrieren, aus der Klemme herauszukommen. Wie finden wir aber eine Lösung, wenn zugleich Unrecht und Verbrechen geschehen? Ich sage, es gibt nur eine Möglichkeit, die israelische Bevölkerung zu überzeugen. Und das liegt leider nicht in den Händen der palästinensischen Regierung in Ramallah, da sie zu schwach ist. Zusätzlich gibt es das Problem der Hamas. Nicht nur wegen Israel, sondern auch wegen Ägypten sind die Verhältnisse im Gazastreifen heute so, wie sie sind. Nicht nur die Israelis blockieren den Gazastreifen. Die Hamas gilt heute als Feind Nr. 1 des ägyptischen Regimes. An der Grenze zwischen Ägypten und dem Gazastreifen bewegt sich gar nichts. Wenn überhaupt Ware bzw. Nahrungsmittel in den Gazastreifen kommen, kommen sie aus Israel. Ich glaube, dass das, was wir brauchen, auch die Palästinenser akzeptieren, nämlich eine internationale Truppe, die die israelische Besatzungstruppe nach ihrem Abzug aus dem Westjordanland im Rahmen eines Friedensvertrages ersetzt; eine internationale Truppe, die in das Westjordanland geht, um Sicherheit nicht nur zu beobachten oder zu bewachen, sondern, wenn nötig, zu erzwingen. Sicherheit für Israelis *und* für die Palästinenser, z.B. auch gegenüber extremistischen israelischen Elementen; eine internationale Truppe, die gegen extremistische Elemente zu kämpfen bereit ist, im Einklang mit den israelischen und palästinensischen Streitkräften und Behörden. Damit diese Truppe nicht selbst zu einer Besatzungstruppe wird, muss ihr Mandat zeitlich begrenzt werden. Ich glaube, dass die Palästinenser dazu bereit sind.

Ulrich Schneckener: Frau Asseburg, wie schätzen Sie den Vorschlag von Avi Primor ein, die Sicherheitsgarantien zu internationalisieren? Könnten das Europäer und Amerikaner leisten? Und wo sehen Sie auf beiden Seiten gesellschaftliche Potenziale und politische Kräfte, einen Friedensprozess einzufordern und konstruktive Beiträge dazu zu leisten?

Muriel Asseburg: Ich stimme Herrn Primor zu: Sicherheit wird es nicht ohne eine internationale Implementierung geben, die durch Truppen begleitet wird, Truppen, die bereit sind, Frieden zu erzwingen, wenn es notwendig ist, und nicht nur als Puffer zwischen den Konfliktparteien da zu sein.

Das wird auch deshalb notwendig sein, weil es eine relativ lange Übergangsphase geben wird, in der bis zu 300.000 Menschen evakuiert werden müssen. Der UN-Sicherheitsrat muss die Umrisse einer solchen Regelung vorgeben.

Zwei Probleme sehe ich dabei: erstens sagen israelische Ansprechpartner aus dem gesamten politischen Spektrum und aus

Muriel Asseburg

dem Sicherheits-Establishment, dass es keine externen Sicherheitskräfte gebe, denen Israel für die Gewährleistung der eigenen Sicherheit vertrauen würde. Die Europäer könnten nicht einmal die Konflikte in Europa lösen, heißt es, und auch andere hätten sich als ungeeignet erwiesen. Das Vertrauen, dass internationale Truppen so etwas umsetzen können, ist in Israel sehr gering. Das zweite Problem ist, dass weder in Europa noch bei den Amerikanern eine Bereitschaft zu erkennen ist, ein solches Mandat zu übernehmen.

Zur zweiten Frage: Wir werden in nächster Zeit aus beiden Gesellschaften heraus keine Bewegung sehen, die einen Friedensprozess einfordert. Das ist Wunschdenken. Es braucht wirklich eine internationale Regelung, aus der sich dann neue Hoffnungen und neue Bewegungen in beiden Gesellschaften ergeben könnten, und zwar Bewegungen, die Zutrauen in eine gangbare und umsetzbare Zweistaatenlösung haben, die sie unterstützen. Allerdings sehe ich nicht, dass diese Option von internationaler Seite vorangebracht wird, nicht zuletzt deshalb, weil dieser Konflikt auf der internationalen Prioritätenskala weit nach hinten gerückt ist.

Avi Primor: Sie haben recht, Frau Asseburg, wenn Sie an die Erfahrungen mit den UN-Truppen von 1949 bis heute erinnern. Seit damals war es die Mission der verschiedenen internationalen Truppen im Nahen Osten, zu beobachten und Berichte zu schreiben, nicht aber etwas in Bewegung zu setzen, etwas zu verhindern, sich einzumischen. Heute brauchen wir eine Truppe, die Sicherheit *erzwingen* müsste. Eine solche Truppe hätte verhindert, dass die Hamas die Fatah aus dem Gazastreifen vertreibt. Aber so eine Truppe muss mit beiden Seiten im Einvernehmen sein.

Ein Beispiel: Die ganze Welt hat doch gehört, wie oft Netanjahu von einem ›Angriff‹ gegen den Iran gesprochen hat. In Israel hieß es, er habe etwa 4 Milliarden Euro in diesen Plan gesteckt. Der Plan wurde aber nicht ausgeführt, denn die Sicherheitsbehörden, die Generäle und die Geheimdienste waren dagegen. Alle sagten, das sei nicht machbar und führe in die Katastrophe. Das hat die israelische Öffentlichkeit beeinflusst. Netanjahu fand sich ohne Rückendeckung seitens der Bevölkerung wieder. Wenn Sicherheitsbehörden, Generäle und Geheimdienste in Israel ihrer Bevölkerung sagen würden, dass eine internationale Truppe ins Land kommt, der man vertrauen kann, wird das die Mehrheit der Israelis akzeptieren. Wir brauchen eine entschlossene, kämpferische Truppe, die mit beiden Seiten im Einklang arbeitet. Wer soll das machen? Für die Israelis käme nur eine Truppe in Betracht, die US-Amerikaner. Die werden es aber aus innenpolitischen Erwägungen nicht machen. Die USA werden auf keinen Fall etwas tun, wenn sie es alleine machen müssen. Aber Truppen kann man finden, es gibt weltweit Truppen, die bereit sind, so ein Mandat zu übernehmen. Die Frage ist nicht, wer diese Truppen sind, sondern wer die Politik, die Mission und die Finanzierung der Truppe bestimmt. Das ist das Entscheidende. Aber auch das werden die Amerikaner nicht alleine machen wollen, weil sie unsicher sind und Unterstützung brauchen. Die einzige Unterstützung, die sie bekommen könnten, ist eine europäische Unterstützung, die der Europäischen Union. Ich glaube, dass es in der EU eine große Bereitschaft gibt, sich wirklich zu engagieren, um Frieden im Nahen Osten durchzusetzen, denn das liegt im Interesse Europas.

Allerdings werden sich die Europäer aus einem einzigen Grund nicht bewegen, weil nämlich die Deutschen nicht mitmachen werden. Die meisten Europäer wären bereit, sich in Zusammenarbeit mit den Amerikanern für eine echte Frieden in Nahost in Bewegung zu setzen. Die Deutschen sind allerdings, wenn es um Israel geht, immer noch befangen und gehemmt. Darin sehe ich das Hauptproblem.

Ulrich Schneckener: Im Zusammenhang mit dem Oslo-Friedensprozess entstanden zahlreiche zivilgesellschaftliche Projekte zwischen Israel und Palästina. Es gibt sogar die These, dass ›Oslo‹ nur möglich war, weil es vorher sehr viele Bemühungen gab, über solche Projekte, an denen beide Seiten beteiligt sind, eine Art ›Frieden von unten‹ zu stiften. Was ist aus dieser Perspektive geworden? Man hört sehr wenig davon, und es verbreitet sich der Eindruck, dass die Sprachlosigkeit zwischen Israelis und Palästinensern zugenommen hat. Ist das richtig? Falls ja: Brauchen wir nicht eine Erneuerung dieser Perspektive und wie ließe sich dies stärker fördern?

Abdallah Frangi: Ja, direkt nach dem Osloer Abkommen haben wir viele gemeinsame Projekte gemacht. Sogar ein Flughafen wurde im Gazastreifen gemeinsam gebaut, den auch viele Israelis nutzten. Und es gab viele Anhänger der israelisch-arabischen Parteien, die mit jüdischen israelischen Freunden nach Gaza kamen. Das ist 20 Jahre her, und wir mussten seitdem vier oder fünf brutale Kriege erleben. Natürlich kann man dann nicht mehr über derartige Projekte reden.

Ich möchte zur Frage nach einer internationalen Friedenstruppe zurückkehren. Als die Israelis 1956 zusammen mit den Franzosen und Engländern Ägypten überfallen und den Gazastreifen besetzt hatten, gab es einen Beschluss des Weltsicherheitsrates, der die Besatzungstruppen dazu verpflichtete, sich zurückzuziehen. Es ist eben eine Frage des politischen Willens. Heute sollte man die Amerikaner vielleicht aus dem Sicherheitsrat entlassen, weil sie nicht mehr bereit sind, sich in Konflikte involvieren zu lassen, die zu militärischen Auseinandersetzungen führen könnten. Ich meine, die Europäer müssen das machen. Die Deutschen haben eine Führungsrolle in Europa, die allerdings zum Stillstand kommt, wenn etwas gegenüber Israel unternommen werden soll. In fast allen europäischen Parlamenten wurde über die Anerkennung eines palästinensischen Staates beraten. Nur in Deutschland war man zurückhaltend und konnte das nicht einmal diskutieren. Im Gegensatz dazu nahm die deutsche Regierung an den Atom-Verhandlungen mit dem Iran, an denen sich auch die USA, Russland, China, Großbritannien und Frankreich beteiligten, engagiert teil. Auf diese Weise könnte man also auch bei uns etwas mit den Deutschen machen. Es fehlt eine Führung im Weltsicherheitsrat, in Europa und den USA. Man kann in diesem Konflikt nur etwas bewegen, wenn man ein Konzept hat. Wenn Soldaten entsandt werden, muss klar sein, woher sie kommen, wer sie finanziert und welches Ziel sie verfolgen. Das Ziel ist klar: 1947 wurde Palästina in einen jüdischen und einen arabischen Staat geteilt. Der jüdische Staat existiert, der arabische Staat noch nicht. Die Weltgemeinschaft muss dahin kommen, diesen Staat zu *erzwingen*.

Es gibt auch andere Mittel, als Soldaten zu schicken, z.B. politischen und wirtschaftlichen Druck auszuüben. Wenn Israel und die israelische Bevölkerung merken, dass auch die Weltgemeinschaft nicht mehr bereit ist, die unverantwortliche Politik der Israelis zu verteidigen, werden sie nachgeben. Israel ist eine offene Gesellschaft mit sehr vielen Zeitungen. Die Bevölkerung wird es schnell bemerken, wenn die Regierung sich stur stellt, wie es Netanjahu jetzt tut. Er hat mit der Angst gespielt, um gewählt zu werden. Vor den Wahlen schien es, als ob er es nicht mehr schaffen wird. Dann behauptete er, die Araber würden die Existenz Israels infrage stellen und die Amerikaner machten gemeinsame Sache mit dem Iran. Er hat auf eine Politik der Angstmache gesetzt. Israel ist aber eine der stärksten Atommächte in der Welt. Kein Land wird es wagen, mit Israel Krieg zu führen. Wenn die Bevölkerung darüber Klarheit hätte, bräuchte sie keine Angst zu haben.

Avi Primor: Zu Beginn des Osloer Prozesses hatten wir große Hoffnungen, dass wir nicht nur einen Frieden schließen, sondern diesen auch ausbauen werden, damit er hält. Es wurden Projekte auf Regierungsebene beschlossen, nationale Projekte mit Beteiligung beider Seiten, aber das Ganze scheiterte und zerfiel. Bis die Regierungen wieder so weit sind, einen Frieden zu schließen – denn nur Regierungen können das –, brauchen wir eine Zusammenarbeit oder zumindest Kontakte zwischen den Menschen auf beiden Seiten. Wir müssen zwischenmenschliche Beziehungen entwickeln. Selbst wenn die Regierungen Frieden schließen, ist unsicher, ob dieser Frieden auch halten wird. Er wird halten, wenn es dann Menschen auf beiden Seiten gibt, die gemeinsam arbeiten, Projekte entwerfen, die Region gemeinsam entwickeln und so gemeinsame Interessen entwickeln.

Es gibt auf beiden Seiten Personen, die sich um diese Dinge bemühen. Zu denen zähle auch ich. Ich habe an meiner Universität ein Zentrum für europäische Studien gegründet, um zu vermitteln, wie wichtig die Europäische Union für Israel ist. Daraus ist ein trilaterales Zentrum entstanden, das ich nun zusammen mit einer palästinensischen und einer jordanischen Universität betreibe. Wir unterrichten in allen drei Universitäten. Nach einem Jahr schicken wir die Studierenden – Israelis, Jordanier und Palästinenser – gemeinsam nach Deutschland, wo sie ein Jahr lang zusammen an der Heinrich-Heine-Universität in Düsseldorf studieren und gemeinsam in einem Studentenwohnheim leben. Anfänglich sind sie immer sehr zurückhaltend, haben Hemmungen und Vorbehalte. Aber mit der Zeit lernen sie sich kennen, und dann sieht alles anders aus. Am Ende ist es einer ihrer größten Wünsche, den Kontakt untereinander aufrechtzuerhalten. Dazu habe ich einen Alumnikreis gegründet, der sich regelmäßig in Jerusalem und Jordanien trifft. Die Studierenden lernen, miteinander zu leben, auch wenn Meinungsverschiedenheiten bestehen bleiben. Vor allem haben sie gelernt, dass sie Menschen gegenüberstehen, mit denen sie sprechen und sich sogar anfreunden können. Das ist die Grundarbeit, die wir heute betreiben können, und ich bin nicht der einzige, der so etwas macht. Damit wir den Frieden, den die Regierungen vielleicht einmal unter internationalem Druck schließen werden, auf- und ausbauen können.

Publikum: Herr Primor hat einmal gesagt: Israel braucht für einen dauerhaften Frieden auch eine gute Nachbarschaft mit den Palästinensern. Solange die Palästinenser nicht in Würde leben können und ein palästinensisches Kind nicht die gleichen Chancen hat wie ein israelisches Kind, wird Israel keinen Frieden haben. – Nun gibt es in Israel eine Reihe von Gruppen, die in diesem Sinne mit Palästinensern zusammenarbeiten. Neben *Daniel Barenboim* gibt es die *Ärzte für Menschenrechte*, die *Rabbiner für Menschenrechte*, die Checkpoint-Beobachter von *Machsom Watch* und einige andere. Leider wurde bisher nicht über die psychologische Seite gesprochen. Ich muss immer wieder feststellen, dass die Kinder in Israel vom Kindergarten an eine ideologische Erziehung erhalten, die sie mit 18 bereitwillig zum Militärdienst gehen lässt. Was später an Brutalität und Gewalttätigkeit an den Checkpoints und im Gazastreifen geschieht, ist auch eine Folge dieser Erziehung.

Publikum: Herr Primor, wie erklären Sie sich die außerordentliche Schwäche der israelischen Linken? Sie haben von Mehrheiten in Israel gesprochen, die gegen die Besatzung seien. – Wo sind die Politiker und die Organisationen, die dies in politische Mehrheiten umsetzen?

Publikum: Herr Primor, Ihr Vorschlag, eine internationale Friedenstruppe einzusetzen, ist sehr bedenkenswert. Aber heißt das nicht, dass dann alle Siedlungen aufgelöst werden müssten?

Publikum: Ist für eine friedliche Lösung eigentlich eine Zweistaatenlösung unbedingt erforderlich? Welche Folgen hat eine neue Staatengründung? Europa musste erleben, dass nach Staatengründungen zwei Weltkriege entstanden. Gibt es eine andere mögliche Lösung? Wäre vielleicht eine säkulare Ausrichtung des israelischen Staates mit gleichen Rechten für *alle* Menschen eine bessere Option?

Avi Primor: Die binationalen Staaten, die es in Europa gab, bestanden nicht aus Feinden. Für uns in Israel ist ein binationaler Staat utopisch. Nationen brauchen ihre eigene Identität, nur so können sie in Würde leben. Das ist auch die Grundlage der zionistischen Bewegung. Ihr Gründer sagte einmal: solange die Juden nicht ein normales Volk werden, mit einem eigenen Staat und eigener internationaler Souveränität, werden sie nicht in Würde leben. – Warum sollten die Palästinenser nicht das Gleiche beanspruchen? Warum sollten sie nur gleichberechtigte Bürger in einem israelischen Staat sein? Sie brauchen ihren eigenen Staat. Wenn wir zwei gleichberechtigte Staaten haben, wenn wir dann wirklich auf Augenhöhe miteinander sprechen und jeder in seinem Staat in Würde lebt, wäre es eine ganz andere Überlegung, eine Föderation anzustreben. Aber zuerst müssen die Palästinenser ihren eigenen Staat haben. Alles andere kann man nicht im Voraus diktieren.

Die Schwäche der israelischen Linken, besser: der Gemäßigten, resultiert hauptsächlich aus Angst. Eine Mehrheit der Israelis wäre bereit, sich vom Westjordanland zu trennen. Aber aus Angst wählen viele von ihnen Parteien des rechten Lagers. Sie teilen wohl die Ansicht, dass die Trennung vom Westjordanland notwendig ist, befürchten aber, dass dort niemand sein wird, der die Sicherheit Israels gewährleisten kann. Diese Position kann man bestreiten, aber so denken die Leute. Netanjahu gewann bei den letzten Wahlen 25 Mandate, die Arbeitspartei 24. Die Kluft zwischen beiden Lagern ist nicht groß. Wenn man eine Antwort auf die Angst der Leute hätte, könnte man sie überzeugen, die Gemäßigten zu wählen.

Die Frage nach der Zukunft der Siedlungen ist eine Hauptfrage. Als Obama 2009 an die Macht kam, befasste er sich gleich mit dem Nahen Osten. Er war und ist darauf erpicht, hier einen Frieden zu erzielen. In seinem 2005 erschienen Buch *Die Kühnheit der Hoffnung* schreibt er, dass Frieden im Nahen Osten ein dringendes amerikanisches Interesse ist und die Amerikaner sich deshalb darum bemühen müssten. Er hat allerdings den Fehler gemacht, mit der Siedlungsfrage zu beginnen und damit viel Zeit verloren. Natürlich darf man keine Siedlungen bauen, sondern man muss sie räumen. Aber das hat keine Priorität. Der *erste* Punkt muss die Frage der Grenzen sein. Die Palästinenser wollen einen eigenen Staat; Netanjahu sagt – ehrlich oder nicht –, dass er für eine Zweistaatenlösung ist. Also bitte, meine Herren, wo verläuft die Grenze zwischen den beiden Staaten? Zu einer Antwort auf diese Frage hätte uns Obama drängen sollen. Denn wenn wir eine Grenze haben, gibt es keine Siedlungen mehr. Jenseits der Grenze will niemand Siedlungen bauen. Jahrelang haben wir gesagt, wie wichtig es sei, Siedlungen im Gazastreifen zu haben. Heute gibt es keinen Israeli, der dafür wäre, dort Siedlungen zu bauen, weil wir mit dem Gazastreifen eine international anerkannte Grenze haben.

Ohne Siedlungen zu räumen, wird es keinen Frieden geben. Wie aber kann man Siedlungen räumen? Es leben immerhin 300.000 Siedler im Westjordanland. Es geht aber nicht darum, alle 300.000 zu evakuieren, da die Mehrheit der Siedler in zwei großen Blöcken direkt hinter der israelischen Grenze von 1967 lebt. Die Frage ist, ob Israel diese Gebiete annektieren darf und die Palästinenser dafür Land aus dem Kernland Israels bekommen. Es geht um Landaustausch. Ich weiß, dass die Palästinenser dem zustimmen werden, wenn sie genauso viel Territorium bekommen. Wenn wir das machen, haben wir das Problem der Mehrheit der Siedler gelöst. Dann bleibt noch das Problem der verstreuten Siedlungen überall im Westjordanland. Das betrifft 50.000 bis 60.000 Leute, die man räumen muss. Aber wie kann man 50.000 fanatische Siedler räumen, ohne dass es zu einem Bürgerkrieg kommt? Nicht alle der verstreuten Siedler sind Fanatiker und ideologisch motiviert. Ein Großteil davon ist nur aus wirtschaftlichen Gründen dorthin gegangen. Man hat ihnen eine Villa versprochen und gute Lebensbedingungen. Die Villa haben sie bekommen, aber die Lebensbedingungen sind im Westjordanland nicht immer gut. Diese Leute würden gern gegen eine Entschädigung in das Kernland Israel zurückkehren. Das ist also eine Geldfrage und damit machbar. Und wenn wir es dann mit 20.000 oder 30.000 Fanatikern zu tun haben, ist das sicherlich nicht angenehm, aber machbar. Das haben wir bereits in der Vergangenheit auf ägyptischem Boden oder im Gazastreifen geschafft. Man kann das Problem lösen. Die Frage ist, ob man den politischen Willen dazu hat. Und unsere heutige Regierung hat diesen Willen offensichtlich nicht.

Abdallah Frangi: In der Frage der Siedlungen gibt es unterschiedliche Ansichten. So beträgt nach israelischen Angaben die Zahl der Siedler in der Westbank und Ostjerusalem nicht 300.000, sondern 550.000. Würde

Netanjahus Siedlungspolitik fortgesetzt, würde die Westbank so zerstückelt, dass dort kein lebensfähiger Staat bestehen kann. Grundsätzlich ist zu fordern, dass die Siedler das Land verlassen müssen und entschädigt werden. Anfangs wollte auch kein Siedler aus Gaza weggehen. Aber mit Ägypten ist unsere Lage nicht zu vergleichen. Ägypten hat eine anerkannte Grenze, eine starke Armee und konnte 1973 einen Krieg führen – all das besitzen und können die Palästinenser nicht. Wir sind in einer Situation, in der wir uns nur auf das Recht stützen können, mit Unterstützung der internationalen Gemeinschaft. Je länger wir warten, desto mehr Siedlungen werden in den palästinensischen Gebieten gebaut und umso schwieriger wird es, einen Kompromiss in diesem Punkt zu finden.

Auch unter den Palästinensern gibt es radikale, gemäßigte und vernünftige Kräfte. Gerade jetzt nimmt in der Region um Israel die Zahl der Radikalen zu und ihre Aktionen werden intensiver; sie werden auch künftig eine große Gefahr darstellen. Im Irak entstehen neue Grenzen: Die Kurden haben schon erklärt, dass die Grenzen ihres Staates ›mit ihrem Blut gezeichnet‹ werden. Die Sunniten in Syrien sagen das Gleiche. Wenn die jetzige Politik fortgesetzt wird, werden bald im gesamten Nahen Osten neue Grenzen entstanden sein, und auch Israel und die Palästinenser werden davon betroffen sein. Wenn wir jetzt miteinander erfolgreich über einen Palästinenserstaat verhandeln, können wir über die Grenzen, die Siedlungen, die Entschädigungen, das Wasser und alles andere reden. Zwischen zwei Staaten besteht immer die Möglichkeit für einen Kompromiss. Später könnten wir tatsächlich auch über eine Föderation oder Konföderation reden. Aber man kann nicht von den Palästinensern, die ihre Identität suchen, verlangen, dass sie sich mit einer Einstaatenlösung zufrieden geben können. Und wenn die Siedler sich weigern, das Land zu verlassen, muss man eine Lösung finden. Im Moment haben wir eine Lösung in Form einer *de-facto*-Politik der radikalen Rechten Israels. In den besetzten Gebieten wachsen Siedlungen wie Pilze. Ich hoffe, dass auch die Kräfte in Israel und Palästina wachsen, die, mit Unterstützung der Europäischen Gemeinschaft, zusammenarbeiten, um diejenigen zu unterstützen, die vernünftig und zu einem Kompromiss bereit sind. Vielleicht brauchen wir dann keine Armee.

Muriel Asseburg: Die Räumung der Siedlungen ist tatsächlich vor allem eine Frage des politischen Willens. Der aber ist nicht vorhanden. Seit 1967 haben *alle* israelischen Regierungen Siedlungen ausgebaut. Es gibt, abgesehen vom Abzug aus dem Gazastreifen und den vier isolierten Gebieten in der Westbank, keine Gegenbewegung. Schwer wiegt auch die Frage der Siedlungen in Ostjerusalem. Es ist nicht als gegeben hinzunehmen, dass israelische Siedler in Ostjerusalem, wo sie jetzt siedeln, bleiben können. Denn so kann es keine palästinensische Hauptstadt und kein zusammenhängendes palästinensisches Siedlungsgebiet in Ostjerusalem geben. Wichtig wäre ein sofortiges Siedlungsmoratorium, während man über die künftigen Grenzen verhandelt. Jerusalem wird als Knotenpunkt eines palästinensischen Staates jeden Tag unbrauchbarer gemacht. Ich habe große Zweifel, ob das noch funktionieren kann, wenn die Siedlungstätigkeit weiter voranschreitet.

Herr Primor und Herr Frangi stimmen überein, dass die Zweistaatenlösung die einzige Option ist, um beiden Völkern ihre Würde zu gewährleisten. Aber dazu bedarf es keiner Eigenstaatlichkeit. Nötig ist dafür vielmehr, dass Fremdherrschaft abgebaut wird und Bürgerinnen und Bürger selbst entscheiden können, wie sie regiert werden. In vielen arabischen Staaten haben die Menschen einen eigenen Staat, können aber nicht in Würde leben. Der Staat an sich garantiert noch nicht Würde, erfolgreiche Konfliktregelungen und Augenhöhe zwischen zwei Gesellschaften. Da wir aber international das anerkannte Paradigma einer Zweistaatenlösung für Israel/Palästina haben und auch die Bevölkerungen dem mehrheitlich zustimmen, ist es sinnvoll, an diesem Weg festzuhalten. Momentan ist dies allerdings eine Utopie, niemand arbeitet wirklich aktiv in diese Richtung.

Solange das so ist, sollte man sich darauf konzentrieren, eine Situation zu schaffen, in der die Rechte und die Würde aller auf andere Weise gewährleistet werden können, auch wenn es nur eine Zwischenregelung ist.

Ulrich Schneckener: Es ist wichtig, immer wieder neu über den Nahost-Konflikt nachzudenken. Er begleitet uns schon lange, erhält aber unterschiedliche Aufmerksamkeit. Sowohl die USA als auch das deutsche Außenministerium dürften diesen Konflikt derzeit nicht zu den fünf Top-Prioritäten in der Welt zählen. Insofern ist festzustellen, dass die Geduld der internationalen Öffentlichkeit und Staatengemeinschaft nicht grenzenlos ist. Lösungen können von außen, unter anderem durch Druck, gefördert werden. Und es kann ein Rahmen für eine Lösung entwickelt werden.

Letztendlich muss aber der Frieden zwischen den beiden Völkern und Regierungen geschlossen werden. Diese harte Arbeit kann beiden Seiten wohl niemand abnehmen.

Massentierhaltung – Ist unsere Tierproduktion noch zu verantworten?

Podiumsveranstaltung in der Aula der Universität am 28. Mai 2015

Christian Meyer	Minister für Ernährung, Landwirtschaft und Verbraucherschutz des Landes Niedersachsen
Dr. Heinrich Bottermann	Generalsekretär der Deutschen Bundesstiftung Umwelt, Osnabrück
Dipl.-Ing. agr. Bernhard Krüsken	Generalsekretär des Deutschen Bauernverbandes, Berlin
Prof. Dr. Susanne Menzel	Universität Osnabrück – Gesprächsleitung

Susanne Menzel: Das Thema ›Massentierhaltung‹ birgt hohe Brisanz. Schon der Begriff wird keineswegs als neutral wahrgenommen, und sein Gebrauch wird kritisch diskutiert. Ich bin selbst auf dem Land aufgewachsen, in einer Gegend, die traditionell durch die Landwirtschaft geprägt war. Bis in die 1960er Jahre betrieben viele Familien Landwirtschaft. Das Bild der Dörfer und die Landschaft sind bis heute davon geprägt. Die Menschen sind immer noch eng verbunden mit der Landwirtschaft, die dort eher kleinteilig und familiär strukturiert war. Ich erinnere mich an eine Szene am familiären, festlich gedeckten Weihnachtstisch, auf dem das Essen aufgetischt wurde. Man lobte die Speisen, und es wurde betont: Heute gibt es Kalbsschnitzel, etwas Besonderes, die seien auch nicht billig gewesen. Als das meine Cousinen, damals 13 und 14 Jahre alt, hörten, warf eines der Mädchen das Besteck auf den Tisch, die Gläser flogen, und sie rief anklagend meiner Mutter zu: Wie könne sie so etwas servieren? Die armen Tiere, die kleinen Kälbchen, unmöglich, das dürfe man doch gerade an Weihnachten nicht tun. Zunächst überrascht, diskutierten bald alle am Tisch lebhaft das Pro und Contra. Es fielen die klassischen Argumente: Es war doch immer so. Menschen haben immer Tiere genutzt und Fleisch gegessen, und außerdem, wenn man so argumentieren würde, könne man aufhören, Tiere überhaupt zu nutzen, dann dürfe man keine Milch mehr trinken und keine Eier mehr essen. Diese Vorstellung – *Veganismus* – wäre vor einigen Jahren bei uns auf dem Land völlig absurd erschienen, für sich genommen und erst recht als gesellschaftlicher Trend. Immer wieder fiel die Aufforderung: Also mal ehrlich, bei aller Liebe, aber es sind doch am Ende *Tiere* – als sei das ein Argument, das für sich selbst stünde.

Diese Debatte lebt auch unter Studierenden, mit denen wir bioethische Themen diskutieren, immer wieder auf, und ebenso in Gesprächen mit Bekannten über das Thema *Tierwohl*.

Warum ist das so? Ich denke, der Grund ist ein bisher ungelöstes ethisches Dilemma. Deshalb ist es so schwierig, diese Diskussion auf eine sachliche Basis zu stellen. Es gibt Zahlen und Fakten, mit denen argumentiert werden kann. Aber diese Daten sind schwer zu über-

Susanne Menzel

prüfen und lassen keine eindeutigen Schlüsse zu. Kern des ethischen Dilemmas, das der Frage um Tierwohl und Tierschutz zugrunde liegt, ist die Frage: Welchen moralischen Status haben Tiere? Sind Tiere Menschen gleichgestellt oder nicht? In der Ethik wird einerseits die Argumentation vertreten, dass Tiere und Menschen nicht gleichgestellt seien, weil Menschen in der Lage sind, sich ihres Intellekts zu bedienen. Sie verfügen über eine Intelligenz, über die Tiere nicht verfügen, sie können reflektieren, sie sind vernunftbegabt, und somit stünden Tiere und Menschen nicht auf einer Ebene. Damit wäre legitimiert, dass Menschen Tiere nutzen und über ihr Schicksal bestimmen dürfen. Wenn aber das Vorhandensein von Intellekt einziger Maßstab dafür sein soll, ob Menschen oder Tieren Rechte zugesprochen werden, eröffnet sich z.B. das schwierige Problem, zwischen einem Tier und einem neugeborenen Kind zu differenzieren. Dies ist ein heiß umstrittener Punkt in der ethischen Debatte, der immer wieder zu schmerzhaften Diskussionen führt. Wenn aber das Argument des Intellekts *nicht* ausschlaggebend sein soll, welches Kriterium legen wir dann an? Wir müssen ein Kriterium finden, das eindeutig alle Menschen von Tieren unterscheidet, und das ist schwer.

Man kann auch mit einer Ethik des Mitleids argumentieren: Menschen haben die Fähigkeit, Mitleid zu empfinden und müssen ihren Mitgeschöpfen gegenüber Mitleid zum Ausdruck bringen. Es entsteht also eine moralische Verpflichtung aus der Frage, ob wir Mitleid empfinden können.

Jeder Diskussion unseres Umgangs mit Tieren liegt dieses ethische Dilemma zugrunde, weil wir uns fragen müssen: Was dürfen wir? Was dürfen wir mit wem? Welche Rechte haben Tiere? Wenn Tiere Rechte haben, gilt das für alle Tiere? Gilt das auch für sogenannte Schädlinge, für Insekten, oder nur für Primaten? Welche Tiere streicheln wir? Welche essen wir? Wen schützen wir? Wen nutzen wir? Und auf welcher Basis können wir hier argumentieren?

Das ethische Dilemma des moralischen Status von Tieren werden wir hier nicht lösen können. Aber wir können versuchen, Positionen zu klären, um am Ende vielleicht doch Anknüpfungspunkte zu finden, die Orientierungen für die Zukunft bieten können.

Bernhard Krüsken: Es ist fast eine *mission impossible*, alle Punkte auch nur anzureißen, die uns im Kontext von Tierhaltung und Tierproduktion beschäftigen. Vielleicht müssen wir uns heute nicht fragen, ob die Tierhaltung so zu *verantworten* ist, wie sie ist, sondern ob die Art und Weise der *Diskussion* über Tierhaltung überhaupt zu verantworten ist. Das ist jedenfalls eine Frage, die sich Landwirte häufig stellen.

Das Thema ist vielschichtig, man kann z.B. beim Begriff ›Massentierhaltung‹ beginnen. Das führt allerdings nicht weit, denn die Definitionshoheit liegt hier allein im Urteil des Einzelnen. Meinungsumfragen haben ergeben, dass für viele Menschen schon 50 Kühe, 500 Schweine, 5.000 Legehennen als ›Massentierhaltung‹ gelten. Mit solchen Größenordnungen kann heute kein bäuerliches Unternehmen bestehen und erst recht nicht die nächsten 20 Jahren überstehen – auch nicht, wenn es ökologisch wirtschaftet, auch nicht, wenn es in die Direktvermarktung geht. Dahinter steht die Frage der Strukturen: Welche Strukturen in der Landwirtschaft wollen wir, welche erwarten die Verbraucher und welche Strukturen sind realistisch umsetzbar?

Der zweite Zugang zu unserem Thema ist grundsätzlicher Art: Ist Tierhaltung *überhaupt* verantwortbar? Dazu hat die Landwirtschaft einen klaren Standpunkt: Natürlich ist Tierhaltung im Grundsatz verantwortbar, sie ist elementarer Bestandteil von Landwirtschaft, von Landnutzung, von Stoffkreisläufen in der Landwirtschaft, im ökologischen ebenso wie im konventionellen Landbau. Das System Landwirtschaft produziert nicht nur Brotweizen oder Rapsöl für Biodiesel oder nur Filetspitzen, sondern es produziert immer im System, im Verbund. Es ist multifunktional, und dabei spielt die Tierhaltung eine Schlüsselrolle. In der Ökonomie des ländlichen Raums betreiben 200.000 Betriebe Tierhaltung, nicht etwa nur eine Handvoll finsterer Agrarindustrieller. Die Landwirtschaft erzielt damit über die Hälfte ihrer Wertschöpfung. Das kennzeichnet unsere ländlichen Räume und deren Ökonomie.

Ich möchte zwei Punkte in den Vordergrund stellen:

Einmal ist dies die *Frage der Maßstäbe.* Wir haben eine gesellschaftliche Diskussion um Landwirtschaft, insbesondere um Tierhaltung, und teilen die Einschätzung, dass ein wesentlicher Teil dieser Diskussion nicht etwa dadurch veranlasst wäre, dass die Verhältnisse sich verschlimmert hätten, sondern dass sich die Wahrnehmung und die angelegten Beurteilungsmaßstäbe verändert haben. Auch ich bin in anderen, kleineren bäuerlichen Strukturen aufgewachsen. Kindheitserinnerungen helfen aber nicht weiter. Wir brauchen angemessene und objektivierbare Maßstäbe. Wenn weite Kreise der Verbraucherschaft heute ein emotionales Verhältnis zu Nutztieren haben, das dem immer ähnlicher wird, das sie zu Heim- und Gesellschaftstieren pflegen, dann können weder technische Spezifikationen noch rechtliche Vorschriften allein das Verhältnis zum Tier regeln. Das ist dann wirklich eine Frage der persönlichen Ethik.

Zum Zweiten möchte ich die Mechanismen unserer gesellschaftlichen Diskussion ansprechen, insbesondere die Art und Weise, wie diese abläuft. Wir erleben eine zunehmende *Polarisierung*, wir sehen in der öffentlichen Diskussion vermehrt Zerrbilder der Landwirtschaft. Das hat auch mit Funktionsweisen der Medien zu tun, mit Zuspitzung, mit *campaigning*. So entstehen Zerrbilder, die aus Sicht der Landwirtschaft jeder Realität Hohn sprechen. Da wird z.B. behauptet, die Tierproduktion in Deutschland verursache unmittelbar einen Kahlschlag auf dem südamerikanischen Kontinent, setze Todesschwadronen im Marsch, die Flächen für Sojafelder freischießen, und sorge mit ihrer Fleischproduktion für Dumpingpreise am anderen Ende der Welt. Hinzu kommt eine Thematisierung der Tiergesundheit, die den Eindruck erweckt, als ob Landwirte ständig darauf aus seien, den Antibiotika-Einsatz zu steigern. Ein solcher Stil in der öffentlichen Diskussion macht einen vernünftigen Diskurs und eine konstruktive gesellschaftliche Debatte unmöglich. Dadurch werden sogar Kritikpunkte überlagert, über die man wirklich reden kann und muss.

Die technische Sicht, die die Landwirtschaft einnimmt und aus der heraus sie in den letzten 20 Jahren erfolgreich war, findet nicht immer und überall Verständnis. Aber sie ist auch verbunden mit Werten, mit Wertabwägung, mit Nachhaltigkeitsaspekten. Es gibt nicht gleich Beifall, wenn man erklärt, dass in Sachen Tierhaltung in den zurückliegenden 20 Jahren in Deutschland – leider nicht weltweit – erhebliche und messbare Fortschritte erreicht wurden, z.B. in der Tiergesundheit, was die Anzahl der Seuchenzüge angeht,

Bernhard Krüsken

und in der Lebensmittelsicherheit, was die Schwere und Anzahl von Vorfällen betrifft. Auch gibt es Bewegung beim Arzneimitteleinsatz. Wenn Sie die Viehställe der 1980er Jahre mit den heutigen, neuen vergleichen, wird jeder Landwirt bestätigen, dass ein deutlicher Fortschritt erreicht wurde, der ein besseres Management ermöglicht. Sie bieten mehr Platz, sind tiergerechter. So ist mehr Tiergesundheit erreichbar und auch mehr Prozessqualität. Die Tierhaltung wurde effizienter: Mit einem fast unveränderten Schweinebestand erreichen wir eine deutlich höhere Erzeugung. Effizienz heißt nicht, immer mehr Betriebsmittel für die landwirtschaftliche Produktion aufzuwenden, sondern aus immer weniger Einsatz immer mehr zu machen. Hier spielen auch der geringere Flächenverbrauch oder niedrigere Stickstoffüberschüsse eine Rolle. Das sind alles sehr technische Dinge, die nicht leicht nach außen zu kommunizieren sind. Diese Verbesserungen

stärken auch die ökologische Nachhaltigkeit. Landwirte ärgern sich zu
Recht, wenn man ihnen empfiehlt, in die Welt der 1970er Jahre zurückzu-
gehen und dann mit 15 Kühen und 20 Hektar Land ihr Leben zu bestreiten. Auch in anderen Berufen würde heute niemand mit seinem Gehalt von
1990 zufrieden sein. Unsere Betriebe müssen ökonomisch funktionieren,
sie müssen eine Perspektive haben, sie müssen wachsen und sich entwickeln können, damit sie teilhaben an der gesamtwirtschaftlichen Weiterentwicklung und nicht auf einem Niveau eingefroren werden, das ihnen
die Perspektiven nimmt.

Sicherlich gibt es Mischformen der ländlichen Ökonomie, Nebenerwerb
oder Haupterwerb. Die deutsche Landwirtschaft ist strukturell vielfältig.
Sie hat einen Anpassungsprozess hinter sich, ist im Markt erfolgreich.
Leider nimmt die Verbraucherschaft dies nur zum Teil wahr. Die Verbraucher folgen, indem sie konsumieren, die produzierten Waren nachfragen,
auch die günstigen Preise wahrnehmen, aber emotional sind sie nicht
dabei. Das ist auch von Printmedien und von der Werbewelt bestimmt: Da
wird Landwirtschaft gern ein bisschen romantisch und als Projektionsflä-
che für Emotionen und Sehnsüchte gezeichnet. Ein Journalist, der sich mit
Agrarwirtschaft beschäftigt, hat mal gesagt: Ja, ihr könnt euch gern um
Ressourceneffizienz etc. bemühen, aber dem Verbraucher ist vor allem
wichtig, dass das Bild stimmt.

Wie kommt man aus diesem Dilemma heraus?

Erstens brauchen wir einen differenzierten Blick, auch in der politischen
Diskussion. Wir können nicht länger die deutsche Landwirtschaft und die
Tierhaltung als monolithischen Block behandeln, der sich gut für Schuld-
zuweisungen eignet. Es ist eine Frage der Diskussionskultur, wir müssen
von Beschimpfungen der Landwirtschaft, auch wenn sie vielleicht nicht so
ernst gemeint sind, wegkommen.

Zweitens ist es aus Sicht der Landwirtschaft wichtig, einen Weg zu finden, auf dem es möglich wird, die Dinge, die die Leute *wollen*, auch in die
Verkaufstheken zu bringen und so zu testen, ob sie auch wirklich gekauft
werden. Unser Dilemma ist, dass wir eine Verbraucherschaft haben, die
sich A wünscht und B kauft. Wir wollen ja Veränderungsprozesse auf den
Weg bringen. Landwirtschaft hat sich immer verändert, auch die Tierproduktion. Sie kann nicht dauerhaft gegen die übrige Gesellschaft arbeiten.
Wir wehren uns gegen den Eindruck bzw. den Vorwurf, dass dem Verbraucher von der Landwirtschaft irgendetwas vorgesetzt wird. Heute kann
jeder kaufen, was er oder sie möchte. Man kann sich darüber streiten, ob
die Angebote gut genug sind, aber wir kommen nicht weiter, ohne dass
auch Verbraucher und Handel Verantwortung übernehmen.

Dritter Punkt: Wir stehen ein für bäuerliche Betriebe. Sie sind Kern unseres Selbstverständnisses als Landwirte, denn 99% der landwirtschaftlichen Betriebe in Deutschland sind Einzelunternehmen, sind bäuerliche Unternehmen unterschiedlicher Größe, in Familienarbeitsverfassung. Sie sind nicht dafür geeignet, heute in ein Geschäft ein- und morgen wieder auszusteigen, um dann etwas anderes machen, etwa das Land verkaufen und anderes ankaufen. Wir machen in Deutschland kein *corporate farming*. Aber häufig fehlt es einfach an guten Rahmenbedingungen. Das hat nichts mit der Betriebsgröße zu tun, sondern mit der Art des Geschäfts, auch mit der Agrarpolitik. Darin liegt übrigens auch ein Dilemma grüner Politik, wie manche Diskussionen in Niedersachsen, in Schleswig-Holstein und Nordrhein-Westfalen zeigen. Viele rechtliche Auflagen legen es Betrieben nahe zu sagen: Schluss, ich bin raus, ich mache keine Tierhaltung mehr und verpachte. Damit wird der Strukturwandel, den wir in den letzten Jahren einigermaßen kanalisiert haben, immer wieder beschleunigt und die Suche nach Größenvorteilen, den *economies of scale*, wird begünstigt – und damit auch größere Unternehmen, die komplizierte Auflagen leichter umsetzen können. Wir müssen wieder dahin kommen zu sagen: bäuerlich-unternehmerisch, das ist eine Frage der Unternehmenskultur und nicht eine Frage der Größe.

Christian Meyer: Die Debatte um die Nutztierhaltung wird heute breit geführt. Das bietet gute Chancen, sich über eine Produktions- und Ernährungsweise gesellschaftlich zu verständigen. Zur Frage der Tierhaltung gibt übrigens die niedersächsische Landesverfassung eine klare Auskunft. Dort heißt es: »Tiere sind als Lebewesen zu achten und zu schützen«. Im Begriff der Achtung ist eine ethische Würdigung des Tieres zum Ausdruck gebracht. Sie bedeutet zwar keine Gleichstellung mit dem Menschen, aber eines ist klar: Tiere sind keine Sache, nicht irgendein Produktionsmittel. Man hat bei allem Umgang mit Tieren vielmehr immer deren Würde zu berücksichtigen. Man kann Tiere nutzen, aber das verlangt die Vermeidung von Leiden. Auch das Bundestierschutzgesetz formuliert es so: Leid ist zu vermeiden, etwa beim Schlachtvorgang. Aber es geht eben auch um die Haltungsbedingungen.

Richtig ist, dass die Landwirtschaft sich stark verändert hat, und niemand will in die Vergangenheit zurück. Die Landwirtschaft wird aber in 50 Jahren auch nicht mehr die heutige sein. Diese These vertritt auch der Wissenschaftliche Beirat Agrarpolitik (WBA) der Bundesregierung. Viele Wissenschaftler haben aufgrund zahlreicher Studien festgestellt: Große Teile der Tierhaltung, die industrielle Massentierhaltung, sind gesellschaftlich nicht mehr akzeptiert und nicht verantwortbar.

In Teilen der Produktion hat sich inzwischen etwas geändert. Es gibt heute nicht mehr *das* Hähnchen – schließlich werden sowohl männliche als auch weibliche Tiere für eine Verwendung unter diesem Begriff gezüchtet. Es ist nur eben nicht verantwortbar, dass z.B. in Niedersachsen jährlich 30 Millionen männliche Küken nach dem Schlüpfen getötet, vergast werden, weil sie zu wenig Fleisch ansetzen. Es sollte klar sein, dass es moralisch, ethisch und auch aus ökonomischen Gründen nicht zu verantworten ist, Tiere zur Geburt zu bringen und sie dann ungenutzt zu verwerfen, weil ihre Aufzucht angeblich unwirtschaftlich ist.

Schon mein Amtsvorgänger *Gert Lindemann* stellte fest: Wir brauchen eine Tierhaltung, bei der nicht die Tiere den Ställen angepasst werden, sondern die Ställe den Tieren. Er kündigte an, in der Tierhaltung Zustände zu schaffen, die nicht mehr gleichbedeutend mit Tierquälerei sind. Damit ist auch etwas zur aktuellen Gesetzeslage gesagt. Hier geht es z.B. um das Verstümmeln von Tieren, um das Amputieren von Körperteilen. Das ist eigentlich EU-weit verboten, im Tierschutzgesetz nur als Ausnahme erlaubt. Aber in Niedersachsen ist es ebenso wie in anderen Bundesländern Realität, dass 99% der männlichen Küken vergast werden und dass bei den weiblichen, die in die Legehennenhaltung kommen, die Schnabelspitze amputiert wird. Bei den Schweinen wird der Ringelschwanz amputiert. Aus meiner Sicht müssen wir eine Tierhaltung realisieren, die auf solche Eingriffe am Tier verzichten kann und in der Tiere so gehalten werden, wie es ihrer Art am ehesten gerecht wird. Auswüchse in der Tierhaltung dürfen nicht beschönigt werden, indem man darauf verweist, dass mit Tieren schon immer so verfahren wurde. Man muss anerkennen, dass manches gesellschaftlich nicht mehr akzeptiert ist.

Ich bin gegen das Bauern-*bashing*, denn hier haben wir eine *gesamtgesellschaftliche* Verantwortung. Ich habe auch etwas gegen Verbraucher-*bashing*, denn die meisten Verbraucher wissen wenig über landwirtschaftliche Tierhaltung. Landwirte dagegen wissen, dass in einem Maststall 80.000 Hühner stehen können, mit 20 Hühnern respektive 39 Kilo Masthuhn pro Quadratmeter. Das Bundesverfassungsgericht hat in zwei Urteilen befunden, dass die Käfighaltung von Hühnern mit dem Grundgesetz nicht vereinbar ist. Daraufhin hat man über Auslaufdaten für diese Haltungsform diskutiert. Das ist auch eine Chance: Inzwischen werden in Niedersachsen dreimal so viele Hühner in Freilandhaltung aufgezogen (auch konventionell) wie in Käfighaltung.

Den Verbrauchern müssen wir ehrlich sagen: Wir brauchen mehr Wertschätzung für Lebensmittel, und Tierschutz kostet Geld. Wenn die Tiere mehr Platz bekommen, wenn die Haltungsbedingungen verbessert werden, wenn es Beschäftigungsmaterial gibt, kostet das etwas. Unsere Tierhaltung muss sich also verändern. Das sollte ähnlich wie bei der Energiewende geschehen: in einem Dreiklang des Förderns, des Kennzeichnens und notfalls des Verbietens. Käfighaltung, das Amputieren von Schnabelspitzen und auch das Wegwerfen männlicher Küken gehören verboten. Aber – und da stimme ich dem Bauernverband zu – wir müssen aufpassen, dass wir damit nicht die schlechte Tierhaltung ins Ausland exportieren. Dann kämen die gequälten Hühner aus anderen Ländern zu uns. Wir hätten für den Tierschutz nichts erreicht, hätten nur unsere Landwirtschaft und unsere Massentierhaltung vertrieben.

Christian Meyer

Ich möchte, dass die Tierhaltung in Niedersachsen bleibt, ich will sie umbauen und so erhalten. Darum müssen wir auch international für faire Standards kämpfen, etwa mit Blick auf die Freihandelsabkommen der EU mit den USA und Kanada, damit nicht hier Produkte zu verringerten Standards auf den Markt kommt. Es ist bemerkenswert, wenn selbst das IFO-Institut sagt: Der große Verlierer des Freihandelsabkommens TTIP wäre die Landwirtschaft, und vor allem die Geflügelhaltung, wenn wir den Markt einfach öffnen, denn die Produktion ist in den USA um 20% günstiger. Dabei geht es gar nicht um das Chloren der Hühner, sondern um die Produktionsbedingungen. In den USA ist nicht einheitlich geregelt, wie viel Platz ein Huhn, eine Pute, ein Schwein brauchen, und es herrschen dort ganz andere Lohn- und sonstige Bedingungen.

Richtig ist, dass Landwirte fair entlohnt werden und am gesellschaftlichen Fortschritt teilnehmen können. Das bedeutet, dass der Preis für tierische Produkte entsprechend steigen muss. In den letzten zehn Jahren hat sich die Zahl der Schweinehalter und die der Rinderhalter halbiert, aber es werden mehr Schweine und Rinder als vor zehn Jahren gehalten, und dies führt zu immer größeren Beständen. Wir kämpfen aber auch für die Kleinbetriebe. Ein Bauer, der gefragt wird, ob er lieber 50 Kühe bei einem Milchpreis von 30 oder 40 Cent pro Liter halten oder lieber 100 Kühe bei einem Milchpreis von 24 Cent, dem aktuellen Stand, halten würde, wählt natürlich die 50 Kühe bei 40 Cent, sodass er weniger Arbeit, weniger Kosten, weniger Aufwand hat und sich wirklich um die Tiere kümmern kann. Deshalb müssen wir zwischen Landwirtschaft und Verbrauchern zu einem Bündnis kommen.

Ich begrüße die Bereitschaft vieler Bauern, beim Tierschutz mitzumachen. Sie haben akzeptiert, dass sich etwas ändern muss, und haben zusammen mit dem Handel die *Initiative Tierwohl* gestartet. Diese Bauern, die Schweine oder Hühner halten, bekommen eine Entlohnung, wenn sie z.B. den Tieren 10% mehr Platz bieten und auf Eingriffe wie Amputationen verzichten. Dass der Lebensmittelhandel dafür zu wenig Geld aufgebracht hat und dass nun die Hälfte der bereitwilligen Landwirte leer ausgeht, ist bedauerlich. Hier hat der Staat eine Aufgabe. Wenn unsere Gesellschaft mehrheitlich zu der Ansicht kommt, dass die bisherige Nutztierhaltung nicht mehr verantwortbar ist, dann müssen wir den Bauern das Geld für Veränderungen geben. Wir brauchen weder neue Steuern noch eine ›Fleischabgabe‹. Es gibt heute keinen Bereich, der so stark staatlich subventioniert ist wie die Landwirtschaft. 55 Milliarden Euro gehen an die landwirtschaftlichen Betriebe in der EU, entsprechend der bewirtschafteten Fläche. Allein nach Deutschland fließen jährlich sieben Milliarden Euro, für Niedersachsen bedeutet das eine Milliarde Euro an Direktzahlungen für die Landwirte. Die Frage ist nur, wofür diese Zuschüsse gewährt werden. Sollten wir damit nicht lieber unseren Tierhaltern helfen? Das empfehlen auch Wissenschaftler im Agrarbeirat der Bundesregierung.

Wir haben mit der Hochschule Osnabrück und dem Handel ein Modellprojekt gestartet: In einigen Läden gibt es jetzt Eier von Hühnern mit nicht gekürztem Schnabel. Dafür erhält der Bauer drei Cent zusätzlich, denn das entspricht seinem Mehraufwand: ein Cent für mehr Beschäftigungsmaterial, ein Cent für den Stall, ein Cent für den Bauern, der besser aufpassen muss, dass die Hühner sich nicht gegenseitig verletzen. Das ist doch ein guter *deal*! Der durchschnittliche deutsche Eierverbraucher zahlt 6,50 Euro im Jahr mehr dafür, dass die Hühner besser gehalten werden.

Niedersachsen fördert solche Initiativen und wird 28 Mio. Euro für unversehrte Legehennen austeilen, für Schweine mit intaktem Ringelschwanz bekommt der Bauer dann 16,50 Euro. Der Handel will das mit 6 Euro honorieren. Viele Landwirte werden dabei mitmachen, und diese Bereitschaft muss man aufgreifen. Den Bauernverband kann ich nur auffordern: Kämpft mit uns für höhere Erzeugerpreise.

Ein weiterer wichtiger Punkt ist die *Kennzeichnung der Produkte*, z.B. der Eier. Der Verbraucher weiß oft nicht, was er kauft, er kann es nicht erkennen. Von den Verpackungen der Agrarprodukte grüßt meist ein ländliches Idyll. Kühe tragen auf der Milchpackung Hörner, obwohl die Wirklichkeit ganz anders aussieht. Da wird getäuscht und getrickst, dem Verbraucher werden paradiesische Verhältnisse vorgegaukelt. Deshalb sollte die Kennzeichnung der Eier beispielgebend sein. Seit darauf zu ersehen ist, ob sie aus Käfig-, Boden- oder Freilandhaltung stammen, kaufen 90% der Verbraucher keine Käfigeier mehr. Die großen Handelsunternehmen bieten solche Eier nicht mehr an. Wenn derselbe Verbraucher allerdings Nudeln oder Kuchen kauft – und diese Produkte machen die andere Hälfte des Eiermarkts aus –, dann enthalten sie meist Käfigeier, die nicht aus Niedersachsen kommen, oft nicht einmal aus der EU, sondern z.B. aus der Ukraine oder aus anderen Ländern, erzeugt unter ganz schlechten Tierhaltungsbedingungen. Deshalb müssen wir gemeinsam dafür kämpfen, dass Kuchen, Mayonnaise und alle Eiprodukte mit dem Herkunftsland der Eier kennzeichnet werden. Erst dann hat der Verbraucher echte Wahlfreiheit. Wir schreiben ihm nichts vor, wir informieren über die Art der Haltung wie bei den Eiern. Dank solcher Konzepte können die Erzeuger höhere Preise erzielen. Deshalb wollen wir die Tierschutzwende, und die muss es auch mit kleineren Betrieben geben. Nur Größe, Masse, Billig kann nicht die Zukunft sein, ökologisch nicht, ethisch nicht und moralisch erst recht nicht.

Heinrich Bottermann: Das Tierschutzgesetz beruht auf dem ethischen Grundsatz, das Tier als ›Mitgeschöpf‹ zu betrachten. Dieser Grundsatz gilt seit der Verabschiedung des Tierschutzgesetzes in den 1970er Jahre. Kurz nach der Jahrtausendwende gab es dann etwas wirklich Neues: Der Tierschutz wurde als *Staatsziel* ins Grundgesetz aufgenommen, ebenso wie der Umweltschutz. Umweltschutz und Tierschutz sind gemeinsame Staatsziele und deswegen auch ähnlich zu betrachten und zu behandeln. Tiere sind aber nicht etwa Menschen gleichzustellen. Auch als Tierarzt möchte ich unterstreichen, dass Haustiere nicht so vermenschlicht werden dürfen, wie das in vielen Fällen geschieht. Damit wird eine artgerechte Haltung dieser Tiere verfehlt, und auch daraus kann ein Tierschutzproblem entstehen.

Die heutige Situation in der Landwirtschaft, und da sind ein paar Defizite zu benennen, hat ihren Ursprung nicht zuletzt in der Nachkriegszeit. Im Jahr 1955 wurde das *Landwirtschaftsgesetz* verabschiedet. Damit verfolgte man das Ziel, die Menschen auf dem Land an der wachsenden Wirtschaft und am wachsenden Lebensstandard besser zu beteiligen und zugleich möglichst preiswerte Lebensmittel bereitzustellen, damit ein Großteil des Einkommens der Familien für den Kauf von Konsumgütern übrig blieb. Nach den Hungerjahren des Krieges hatten die Menschen das Bedürfnis, Lebensmittel preiswert und unbegrenzt zur Verfügung zu haben. Die Landwirtschaft stellte sich auf diese Bedürfnisse des Marktes ein. In dieser Phase stand oft die bloße Menge der Produkte im Mittelpunkt.

Heinrich Bottermann

Um sie in wachsendem Maß zu produzieren, baute man immer größere Ställe. Seit den 1950er, 1960er Jahren galt als Grundprinzip der Landwirtschaft: Wachsen oder Weichen! Auch die Effizienz der Haltungssysteme wurde weiter gesteigert. Dabei gab es gute, aber auch schlimme Entwicklungen. Schlimm war z.B. die Kälberhaltung in den 1970er, 1980er Jahren, die erst in den 1990er Jahren verändert wurde. Kalbfleisch galt als hochwertiges Produkt und wurde zu hohen Preisen auf den Markt gebracht. Kalbfleisch musste, weil es teurer war, möglichst weiß erscheinen. Diese Weißfleischigkeit wurde dadurch erzielt, dass man die Kälber nach der Geburt bis zu ihrem siebten Lebensmonat in eine dunkle Box stellte, sie artwidrig nur mit Milchaustauschfutter fütterte, und oftmals waren es Zuchtlinien, die eher

80

für die Milchproduktion geeignet waren. Damit diese Kälber dennoch Fleisch ansetzten, verabreichte man ihnen Hormone oder Beta-Agonisten – bekannt unter dem Namen Clenbuterol. Damit waren zu Anfang der 1990er Jahre auch Sportler unterwegs. Das gab Muskeln, das gab Fleisch. Das hörte glücklicherweise in den 1990er Jahren auf, nachdem mehrere ›Hormonskandale‹ die Öffentlichkeit aufgerüttelt hatten. Die Landwirtschaft passte sich mit ihrer Tierhaltung den veränderten Ansprüchen und Gegebenheiten an.

Heute gibt es in der Landwirtschaft weiterhin Tierschutzprobleme, die sich allerdings im Laufe der Zeit in der Wahrnehmung der Bevölkerung verändert haben. Die heutigen Haltungssysteme für Milchkühe und Schweine wären vor 30 Jahren noch eine Sensation gewesen. Sie wären ausgezeichnet und als optimal bezeichnet worden. Die Wahrnehmung der Praxis der Tierhaltung in der Bevölkerung und auch der wissenschaftliche Erkenntnisstand haben sich weiter verändert, sodass man sagen muss, es gibt weiterhin Defizite in der Tierhaltung. Auch nach meiner Ansicht ist die regelhafte Amputation von Tierschwänzen oder Schnäbeln nicht länger akzeptabel und muss beendet werden. Entstanden ist diese Situation auch dadurch, dass die Produktivität der Tiere immer weiter zunehmen sollte. Die Tierzucht hat sich weiterentwickelt, und insbesondere die Mastleistung – das, was das Tier pro Tag an Muskulatur ansetzt – wurde dramatisch erhöht in wenigen Jahren. Dabei hat man völlig aus dem Blick verloren, welche negativen Konsequenzen für das Tierverhalten damit verbunden waren. Hohe Leistung führt zu Aggressivität im Umgang untereinander, und das trägt dazu bei, dass die Schweine sich gegenseitig die Schwänze abbeißen und verletzen, wenn man diese nicht rechtzeitig kupiert. Der von Minister Lindemann vorgegebene Tierschutzplan enthält gute Ansätze und verfolgt ein gutes Ziel. Gleichwohl muss man auch die Begleitaspekte mitbetrachten. Wir müssen die Tierzucht weiterentwickeln, wir brauchen Tiere, die mit den veränderten Haltungsbedingungen zurechtkommen und so weitergezüchtet werden, dass sie weniger aggressiv sind.

Die Tierhaltung heute bringt zusätzliche Probleme mit sich, etwa das der Nährstoffe wie der hohe Einsatz von Stickstoff als Düngerstoff. Hinzu kommen der Einsatz chemischer Pflanzenschutzmittel und die Emission von Schwermetallen und Schadstoffen in die Umwelt. Tierarzneimittel spielen auf der Ebene der Resistenzentwicklung gegen Antibiotika auch für den Humanbereich eine Rolle, sie sind daran jedenfalls beteiligt, wenn auch nicht alleinige Ursache. Schadstoffe, die durch Arzneimittelapplikation in die Umwelt, etwa in die Gewässer, geraten, sind ebenfalls ein ernst zu nehmendes Problem, an dem, neben der Humanmedizin, die Tierhaltung einen nicht unerheblichen Anteil hat. Letzten Endes sind die Folgen:

81

Artenverlust, hohe Treibhausgasemissionen und natürlich auch Flächen-konkurrenz. Diese Problemstellungen müssen ernsthaft bearbeitet werden, und wir müssen überlegen, wie man weiterkommt.

Dazu kann auch das Instrument einer richtigen Förderpolitik dienen. Wie schon erwähnt, fließen jährlich Subventionen in Höhe von 55 Milliar-den Euro in die Landwirtschaft, eine enorme Summe. Die Frage ist, ob diese Förderpolitik zielführend ist. Wir haben gehört, dass die Verbrauche-rinnen und Verbraucher eine wichtige Rolle spielen. Wenn man Lebens-mittel unter anderen Rahmenbedingungen erzeugen will, müssen Verbrau-cher motiviert werden, dafür mehr Geld auszugeben. Dabei sollten öffentliche Einrichtungen beispielhaft vorangehen. Ob das schon der Fall ist? Nehmen Altenheime, Krankenhäuser, Kindertagesstätten, Schulen so viel Geld in die Hand, dass für das Mittagessen tatsächlich solche Lebens-mittel eingekauft und verarbeitet werden, die saisonal angeboten, regional erzeugt und vor Ort zubereitet worden sind? Ich habe Zweifel, ob die vorgegebenen, niedrigen Tagessätze zur Ernährung von Erwachsenen ausreichen, um die gesteckten Ziele zu erfüllen. Wenn wir das Verbrau-cherverhalten ändern wollen, geht es auch darum, in staatlichen Stellen und öffentlichen Institutionen dieses entsprechend vorzumachen und uns dafür einzusetzen.

Die Deutsche Bundesstiftung Umwelt beteiligt sich auf vielfältige Weise daran, die Positionen der Beteiligten zu klären und die Situation, wie sie derzeit ist, zu verbessern. Naturschutz und Umweltschutz stehen bei uns im Mittelpunkt, und damit auch die Nachhaltigkeitsfrage. Wir sind der Auffassung, dass Ordnungspolitik, Förderpolitik und Nachfragepolitik mit allen Impulsen, die auf den Weg gebracht werden können, den Nachhal-tigkeitskriterien entsprechen müssen. Sie müssen ökologisch einwandfrei, ökonomisch und sozial tragbar sein. Wir sind bemüht, jegliche Maßnah-men zur Weiterentwicklung der Landwirtschaft nach diesen drei Kriterien zu überprüfen. Erst wenn diese drei Kriterien in der Balance sind, sind solche Maßnahmen tragfähig und für eine zukunftsfähige Landwirtschaft wichtig und richtig. Eine zukunftsorientierte und -fähige Landwirtschaft sollte sich nicht an der Vergangenheit orientieren. Ich kenne die Situation von vor 30 Jahren. Damals ging es vielen Tieren schlechter, und die Um-weltbelastungen waren nicht geringer. Heute kennen wir viel genauer die Folgewirkungen unseres Tuns und unsere Möglichkeiten. Da müssen wir Impulse setzen. Die DBU fördert Projekte, die sich mit der Nachhaltig-keitsbewertung befassen. Wir fördern auch die Entwicklung von Viehstäl-len, die den Nachhaltigkeitsgedanken und den Umweltschutz in den Mit-telpunkt stellen: Wie schaffen wir es, die Emissionen aus den Ställen zu reduzieren? Wie holen wir den Stickstoff raus? Wie holen wir die Schadstoffe heraus, damit sie nicht in die Umwelt gelangen? Wir müssen die Landwirtschaft gemeinsam zukunftsfähig machen, auch durch Nachfragepolitik, Ordnungs- und Förderpolitik. Letztlich können wir stolz darauf sein, hier in Nordwestdeutschland eine so schlagkräftige Ernährungswirtschaft zu haben, die auf dem Weltmarkt mitmischen kann.

Susanne Menzel: Ein Thema hat in der öffentlichen Diskussion einen sehr großen Raum eingenommen: das Thema der Amputationen bei Tieren. Herr Krüsken, es gibt offenbar in der Gesellschaft den wachsenden Wunsch, regelhafte Amputationen in der landwirtschaftlichen Tierhaltung nicht länger zuzulassen. Haben der Bauernverband und die Landwirtinnen und Landwirte hierzu eigentlich eine gemeinsame Meinung?

Bernhard Krüsken: Die Landwirtschaft hat bei diesem Thema tatsächlich eine recht einheitliche, dezidierte Meinung. Bei vielen Themen gibt es ein großes Meinungsspektrum in der Landwirtschaft, aber gerade in der Frage der Amputationen bzw. Eingriffe stimmen die Praktiker, die jeden Tag mit den Tieren arbeiten, sehr überein. Niemand amputiert Schweineschwänze zum Vergnügen, denn diese Arbeit ist nicht leicht. Leider bietet hier auch die ›Ringelschwanzprämie‹ keine Lösung. Versuche unter Begleitung des Ministeriums und von Universitäten ergaben, dass bei einem Verzicht auf die Amputation von Schwänzen drei von vier Schweinen die Schlachtung nur mit Verletzungen unterschiedlicher Intensität erreichten – aufgrund des Problems des Kannibalismus. Diese Ergebnisse stammen nicht etwa aus Betrieben mit schlechter Produktionstechnik. Die Landwirte haben ein fundamentales Interesse daran, beim Tier mit so wenigen Eingriffen wie möglich auszukommen. Manchmal muss man abwägen: Es kann Situationen geben, bei denen der Eingriff, eine Amputation oder ein Abschleifen von Zähnen, auch aus Tierschutzsicht das kleinere Übel ist.

Wir brauchen auf jeden Fall praxistaugliche Lösungen. Es müssen Verfahren und Produktionstechniken entwickelt werden, die von den Betrieben wiederholbar umgesetzt werden können, ob das im Bereich der Klimaführung im Stall, beim Futter bzw. bei der Fütterung, in der Genetik bzw. den Zuchtverfahren oder bezüglich des Platzangebots oder des Angebots von Beschäftigungsmaterial im Stall ist. Wir können nicht den Amputationsverzicht postulieren und die Landwirte in den Betrieben mit den Problemen von Verletzungen und Entzündungen bei den Tieren alleinlassen. Dann hätten wir ein noch größeres Tierschutzproblem.

Ein weiteres Beispiel ist die Tötung männlicher Küken. Vielleicht hat hier in der Landwirtschaft bisher das Betriebsergebnis zu sehr im Vordergrund gestanden. Wir sind auch nicht für Kükentötung; wir beenden diese

Praxis sofort, sobald eine Lösung da ist, sprich: eine Möglichkeit zur Geschlechterbestimmung der Embryonen. Wenn in Deutschland ein Verbot der Tötung von Eintagsküken durchgesetzt würde, stünde zu befürchten, dass die Brütereien in die Niederlande oder nach Polen ausweichen. Schließlich haben wir einen gemeinsamen Markt. Dann wären wir zwar moralisch sauber, aber für den Tierschutz wäre nichts gewonnen.

Wir brauchen Lösungen, die auch nicht unterlaufen werden dürfen. Das klassische Beispiel für eine Fehlentwicklung ist die Käfighaltung von Legehennen. Eier, die in die industrielle Weiterverarbeitung gehen, kommen ungehindert aus Käfighaltung im Ausland. Jede agrarmarktpolitische Entscheidung in den zurückliegenden 20 Jahren hat die Weichen auf eine Öffnung von Märkten gestellt, also auf Internationalisierung, nicht auf Abschottung. Das ist im Hinblick auf den europäischen Binnenmarkt gut und richtig. Aber die deutsche Landwirtschaft ist darauf angewiesen, dass regulatorische Maßnahmen nicht zu ungleichen Wettbewerbsbedingungen führen, damit alle den gleichen Regeln unterliegen.

Susanne Menzel: In der öffentlichen Diskussion herrscht der Eindruck vor, dass auf Vorstöße zur Verbesserung des Tierschutzes und entsprechende Vorschläge, die Tierhaltung zu verändern, fast automatisch Abwehr und Blockade durch die Interessenvertreter aus dem Agrarbereich folgen. Gibt es vielleicht in der Landwirtschaft eine Dialogbereitschaft, die bisher nur übersehen wird? Welche Förderstrategien wären den Landwirten willkommen, wenn es darum geht, den Tierschutz zu verbessern? Welche Vorschläge und Ideen kommen dazu aus der Landwirtschaft selbst?

Bernhard Krüsken: Ein Beispiel ist die bereits erwähnte Initiative Tierwohl. Wir glauben, dass man mit nationaler Ordnungspolitik nicht wirklich weiterkommt. Die nachhaltigste aller Lösungen, um höhere Tierschutzstandards zu erreichen, liegt darin, dass der Markt diese honoriert. Darauf zielen wir mit der Initiative Tierwohl. Das ist ein ziemlich großer und Erfolg versprechender Versuch, bei dem wir die Kompensation der Mehrkosten nicht unseren Vertriebs- und Handelspartnern abverlangen, sondern den Endverbraucher an der Verkaufstheke beteiligen. Dafür haben wir zweieinhalb Jahre lang intensiv geworben und diskutiert. Der Lebensmitteleinzelhandel ist ein geschätzter und wichtiger Partner, aber als Einkäufer eben auch an niedrigen Preisen interessiert. Es war sehr mühsam, aber auf diesem Weg können wir etwas bewegen. Solange aber die eigentliche Zielgruppe, die Verbraucher, dies nicht honoriert oder nicht die Möglichkeit hat, es zu honorieren, bleibt aber der Erfolg aus.

Susanne Menzel: Herr Meyer, wie Erfolg versprechend ist die Initiative Tierwohl? Wird die Akzeptanz beim Konsumenten eintreten oder wird die Initiative am Ende gar nicht wahrgenommen?

Christian Meyer: Bei dieser Initiative sind Handel und Bauernverband weiter als die Politik. Unsere Position war: Tierschutz kostet etwas, die Landwirte müssen für ihren Mehraufwand eine Honorierung erhalten. Jetzt hat sich der Handel bereitgefunden, in einen Fonds einzuzahlen, aus dem Mittel an die Landwirte fließen. Leider gilt das nicht für alle Unternehmen, aber ein großer Teil ist dabei. Über 100 Millionen Euro fließen auf diese Weise für die einzelnen Leistungen an die Landwirte. Das ist ein guter Ansatz. Das Problem im Hinblick auf die Akzeptanz des Verbrauchers ist, dass dem Schnitzel, das im Handel gekauft wird, nicht anzusehen ist, ob das Schwein einem Betrieb entstammt, der eine bessere Tierhaltung hat oder nicht. Es gibt keine entsprechende Kennzeichnung. Das System sieht vor: Möglichst alle Handelsunternehmen zahlen in den Topf ein, und dann gehen Fördermittel an bestimmte Betriebe raus, die Verbesserungen in der Tierhaltung umgesetzt haben. Der Verbraucher hat nicht die Möglichkeit, dieses durch seine Auswahl aktiv zu honorieren, wie es bei Eiern oder bei Produkten mit Biosiegeln der Fall ist.

Die Initiative Tierwohl ist ein Ansatz des Handels und der Wirtschaft, und ich bin zuversichtlich, dass sie positive Wirkungen hat. Die Energiewende begann ähnlich: Solaranlagen wurden installiert, weil das gut honoriert wurde, nicht etwa nur auf Wunsch der Verbraucher. Das gleiche gilt z.B. für den verstärkten Anbau von Mais als Energierohstoff für Biogasanlagen. Solche Veränderungen auch landwirtschaftlicher Geschäftsfelder werden oft durch staatliche Steuerung bewirkt, und wir müssen es endlich hinbekommen, dass Tierschutz honoriert wird. Man kann sich über die Ringelschwanzprämie lustig machen, aber es funktioniert: Wir zahlen 16,50 Euro pro unversehrtem Schweineschwanz, denn das entspricht dem Mehraufwand des Landwirts, die Tiere gesund zu halten. Ich glaube, dass aus der Gesellschaft – ähnlich wie bei der Energiewende – Zustimmung zu solchen Maßnahmen zu bekommen ist. Alle zahlen ein paar Cent mehr, haben dafür nicht nur ein besseres Gewissen, sondern die Gewähr für eine bessere Tierhaltung und eine geringere Umweltbelastung. Auch die Bauern können damit zufrieden sein, weil sie etwas mehr Geld erhalten, eine Honorierung und Anerkennung für ihre harte Arbeit. Am Ende ist das für beide Seiten eine *win-win*-Situation. Der Nachteil: Leider kann ich als Verbraucher das Fleischprodukt aus verbesserter Tierhaltung wegen der fehlenden Kennzeichnung nicht aktiv würdigen.

Susanne Menzel: Wenn es stimmt, dass die zum Teil emotionale Diskussion um Tierhaltung und Tierschutz von denselben Menschen geführt wird, die als Konsumenten im Supermarkt dem Billigprodukt den Vorzug geben, dann fragt sich, wie die Selbstwahrnehmung des Verbrauchers zu schärfen wäre. Offensichtlich bewegen sich die Menschen in zwei getrennten Domänen, die man wunderbar im Alltag voneinander trennen kann.

Heinrich Bottermann: Wenn die Menschen nach dem Sonderangebot eines Discounters schielen und es kaufen, muss ihnen klar werden, dass sie zwar ein Schnäppchen machen, das rechtlich einwandfrei ist – und auch das Produkt wird nach den lebensmittelrechtlichen Vorgaben einwandfrei sein –, dass aber andere dahinterstehen, die eine Einbuße hinnehmen müssen. Wenn im Geschäft ein Liter Milch für 50 Cent zu haben ist, während der Landwirt dafür weniger als 30 Cent erhält, dann ist das nicht kostendeckend. Den Preis muss jemand anders zahlen. Entweder zahlt ihn der Landwirt, indem er Verluste macht. Um das zu kompensieren, könnte er weniger oder schlechteres Futter verwenden oder mehr Tiere in den Stall bringen, um mehr Milch zu erhalten, oder er versucht, an anderer Stelle Kosten zu sparen. Das heißt, einer zahlt: entweder das Tier, der Verbraucher, die Umwelt, und oft der Landwirt obendrein. Das Verständnis für diese Dimensionen der Lebensmittelerzeugung muss bei allen Verbrauchern ankommen. Darüber müssen sie informiert und aufgeklärt werden, aber ohne sie zu belehren oder ihnen etwas vorzuschreiben.

Susanne Menzel: Als Biologiedidaktikerin bin auch ich davon überzeugt, dass Bildung der Dreh- und Angelpunkt ist, aber wir stellen seit Langem immer wieder fest, dass besseres Wissen nicht unbedingt zu besserem Handeln führt. Wissen ist offenbar nur eine Voraussetzung, irgendetwas anderes muss hinzukommen. Sollte man also die Verantwortung allein dem Konsumenten zuschreiben? Oder müssen wir andere Steuerungsmechanismen einsetzen?

Heinrich Bottermann: Ordnungspolitische Tierhaltungsnormen weiter hochzuschrauben, führt zu verringerter Wettbewerbsfähigkeit und womöglich zu einer Verlagerung der Produktion ins Ausland. Ordnungspolitik allein ist nicht hinreichend. Wir brauchen eine weitergehende Kennzeichnung der Produkte, mehr Information – und Geduld brauchen wir auch, damit Informationen ankommen und die Menschen mitgenommen werden. Die Initiative Tierwohl ist ein richtiger Ansatz, mit ihr versucht man, aus dem Markt heraus Standards zu verbessern. Eine entsprechende Kennzeichnung der Produkte wäre allerdings wünschenswert. Wenn die Verbraucher an der Ladentheke ein teureres Lebensmittel kaufen, müssen sie wissen: dahinter steht etwas, das eine besondere Qualität hat und deshalb einen höheren Preis. Wenn das billigere Produkt nicht vom teureren zu unterscheiden ist, wird das billigere gekauft, das ist klar. Man muss differenzieren können, diese Möglichkeit muss kommen.

Bernhard Krüsken: Wissensvermittlung ist sicher wichtig, aber das Thema ist eben komplex. Es gibt durchaus Zielkonflikte zwischen ökonomischer Nachhaltigkeit und sozialer Nachhaltigkeit, zwischen Lebensmittelsicherheit und Tierschutzaspekten. Wenn etwa der Beirat Agrarpolitik fordert, alle Stalltüren aufzumachen und die Tiere an frische Luft zu lassen, müssen wir vor Nachteilen für die Tiergesundheit warnen, besonders für eine effektive Seuchenbekämpfung. Solche Abwägungen müssen auch für die Verbraucher nachvollziehbar werden. Jedenfalls sollte sich niemand anmaßen, für die Verbraucher entscheiden zu wollen, weil diese nicht verstünden, worum es geht. Mit Warnrufen, die Welt gehe unter, wenn weiterhin Fleisch gegessen wird, gibt man keine Anstöße zur Diskussion, sondern begeht grobes Foulspiel. Den Leuten zu sagen, ihr versteht das sowieso nicht, wir machen das für euch – das wäre bloße Bevormundung.

Christian Meyer: Wir wollen nichts vorschreiben, wir wollen, dass der Verbraucher Klarheit bekommt. Für den mündigen Verbraucher fehlen oft wichtige Informationen, die auf die Verpackung gehören, um eine Wahlfreiheit zu ermöglichen, z.B. über die Art der Tierhaltung. Ein positives Beispiel: Mit viel Mühe durchgesetzt, haben wir uns jetzt als achtes Bundesland am freiwilligen Schulobstprogramm beteiligt. Mehr als ein Drittel aller Grundschulen bekommt dreimal in der Woche Obst und Gemüse, immer mit Bildung im Unterricht verbunden. Die Schulen können sich einen Lieferanten auswählen, und 80% haben sich für einen Bio-Lieferanten entschieden. Auch um das, was in den Mensen an Universitäten und Schulen angeboten wird, muss man sich kümmern. Auch da geht es um Standards der Ernährung, und es muss ein Verständnis geprägt werden, dass Ernährung Wert hat. Wenn in Deutschland ein Drittel aller Lebensmittel aus dem Handel direkt in der Abfalltonne landet, dann relativiert das die Kritik am Flächenverbrauch und am Welthunger. Auch wenn es langsam geht, müssen wir mehr Bewusstsein dafür schaffen, dass Lebensmittel mehr wert sind, dass man für sie mehr bezahlen muss und der Bauer mehr für sein Produkt bekommen muss.

Susanne Menzel: Vielleicht gehört es zu der schon angesprochenen Vermenschlichung von Tieren, wenn in der öffentlichen Diskussion Dinge gefordert werden, die wir uns als Menschen angenehm vorstellen: dass Tiere auch mal draußen sein dürfen, die Sonne zu sehen bekommen, einen gewissen Auslauf haben. Ist das Tierwohl messbar, selbst wenn unsere menschlichen Maßstäbe wissenschaftlich nicht begründbar wären? Woher wissen Sie, dass es den Tieren Ihrer Landwirte gut geht?

Bernhard Krüsken: Wir müssen Tierwohl anhand objektivierbarer Parameter messen. Die Tierethologie hat solche Modelle entwickelt. Man kann die Konzentration von Stresshormonen messen, Blutparameter erfassen, Verhaltensmuster beschreiben. Den einen, objektiven Zustand des Wohlbefindens gibt es allerdings bei Tieren ebenso wenig wie beim Menschen. Wenn es einem Lebewesen lange genug gut geht, stellt er sich darauf ein, dann ist das Wohlbefinden. Glücks- oder Unglücksempfinden ist in dem Moment feststellbar, wo sich ein Zustand verändert. Man muss hier unterscheiden: Tier*schutz* ist anhand von Kriterien objektivierbar, dazu stehen wir ohne Wenn und Aber. Aber beim Tier*wohl* wird es schwierig. Man kann es noch steigern und von Tier*glück* reden – und da versagt die Messbarkeit. Das ist nicht zu objektivieren. Das ist nur so zu lösen, dass wir dem Verbraucher am Markt eine Lösung anbieten, diese Form von Tierhaltung mit einem ›Wellnessfaktor‹, den ihr der Verbraucher selbst zumisst, zu bevorzugen. Dafür eignen sich spezielle Tierschutzlabels, die nicht dem *mainstream* des Marktes entsprechen, die es aber gibt. Die Initiative Tierwohl ist keine Konkurrenz für solche Labels, denn es gibt für jeden im Markt Platz. Wir können jedenfalls keine eigenen, nationalen ›Tierglücksindikatoren‹ definieren und daran die Entscheidung festmachen, ob jemand Tiere halten darf oder nicht.

Heinrich Bottermann: Demnach würde Tierwohl ja bedeuten, dass die Tiere ›glücklich‹ sind, während für den Tierschutz, überspitzt gesagt, nur Mindestnormen einzuhalten sind. Es gibt aber sehr wohl wissenschaftliche Methoden, um bei Tieren etwa eine angemessene, verhaltensgerechte Unterbringung festzustellen. Was verhaltensgerecht ist, kann man in der wissenschaftlichen Literatur nachlesen bzw. daraus ableiten. Der verhaltensgerechte Habitus eines Tieres ist bekannt, von unseren Haustieren allemal: dazu zählen Verhaltensmuster, äußere Erscheinungen, das Auftreten und der Umgang mit anderen Tieren, also auch Aggressivität oder Zurückgezogenheit. Hinzu kommen messbare physiologische Eigenschaften wie Atmung, Temperatur, Blutzusammensetzung, Gesundheitszustand etc. Alle diese Kriterien sind für Untersuchungen in Sachen Tier*schutz* aussagekräftig, und das ist auch Gegenstand des von uns geförderten Verfahrens ›Nachhaltigkeitsbewertung für die Tierhaltung‹, das diese

Kriterien mit naturwissenschaftlichen Methoden erfasst. Dabei beschränkt man sich nicht auf das Messen. Wichtig sind auch das Beschreiben, Beurteilen und Bewerten, denn zur Tierschutzarbeit muss der Sachverstand einer Fachfrau oder eines Fachmannes herangezogen werden, die/der das Verhalten eines Tieres fachgerecht beurteilen kann. Tierschutzkonforme Haltung ist in jedem Stall in Deutschland, in jeder Tierhaltung erforderlich. Bisher wurde dies nicht flächendeckend untersucht, wir sollten aber dahin kommen, Tierschutz bewerten und beurteilen zu können, und damit auch weitgehend zu objektivieren.

Susanne Menzel: Herr Meyer, wenn jetzt von Indikatoren für den Tierschutz die Rede ist, dann müssen wir auch über Kontrolle sprechen. Welche dieser Indikatoren eignen sich für die Anwendung in der Praxis, um sicherzustellen, dass sich etwas verbessert in der Landwirtschaft?

Christian Meyer: Wir haben, übrigens im Konsens mit den Landwirten in der Geflügelwirtschaft, als erstes Bundesland *Tierschutzindikatoren* eingeführt. Dabei geht es nicht um einen bloßen ›Zollstock-Tierschutz‹, um sicherzustellen, dass ein Tier genügend Platz hat. Es geht erst einmal darum, Leid und Schmerz zu verhindern. Wenn ein Bauer sich nicht kümmert, kann es zu grausamen Zuständen kommen. Der einschlägige Ministerialerlass enthält vier Abbildungen von Hühnerfüßen: leichte, mittlere, und schwere Fußballenentzündung oder gesunde. Fachleute sagen: Fußballen sind ein sehr guter Tierschutzindikator. Bei schlechter Haltung ist die Rate von Entzündungen an den Füßen, die Schmerzen verursachen, hoch. In den großen Schlachthöfen in Niedersachsen wird elektronisch gezählt, in welchem Zustand Tiere angeliefert werden. Der Erzeuger erhält eine Rückmeldung und kann vergleichen: Warum haben andere Erzeuger bessere Ergebnisse? Und es gibt Beratungsangebote. Wer häufiger Geflügel mit schlechten Zuständen anliefert, wird stärker kontrolliert, und es wird geprüft, wie die Haltung verändert werden kann. Bei den Puten geht es um andere Indikatoren wie Brustblasenentzündung. Wir wollen zu messbaren Kriterien kommen, wie es der Ringelschwanz beim Schwein ermöglicht. Es ist nicht natürlich, dass 90% der Schweine sich gegenseitig den Schwanz abbeißen. Das liegt an den Bedingungen in den Ställen. Das Gleiche gilt für das Federnpicken bei Hühnern und Puten, eine Verhaltensstörung, die zu großem Leid und Schmerzen bei den Opfern führt. Deshalb muss man Haltungsbedingungen schaffen, die das maximal minimieren. Dafür sind deutliche Verbesserungen nötig, und wir wollen gemeinsam mit der Wirtschaft feststellen, wo gute und schlechte Bedingungen herrschen und wie man die Tierhaltung verbessern kann. Der erste Schritt ist, Leid und

Schmerz zu verhindern. Wir werden unsere Tierhaltung grundlegend ändern müssen, um wirklichen Tierschutz zu gewährleisten. Aber immer schrittweise, gemeinsam und am liebsten mit Fördermitteln und Kennzeichnung.

Susanne Menzel: Das klingt überzeugend: Es gibt Fördermittel und Beratung für die Landwirtschaft, Probleme werden erkannt und es wird gemeinsam daran gearbeitet, sie zu lösen. Das müssten Sie doch auch begrüßen, Herr Krüsken.

Bernhard Krüsken: Es gab schon etliche Versuche, Projekte und Ansätze, diese Probleme in den Griff zu bekommen, speziell das Schwänzebeißen. Langjährige Forschungen zum Thema Kannibalismus haben noch keine Lösung erbracht, die in jedem Betrieb reproduzierbar funktioniert. Man muss sicher daran weiterarbeiten. Da hat die Forschung die Aufgabe, Lösungen bereitzustellen. Wenn diese funktionieren, werden sie von den Landwirten sehr schnell umgesetzt werden.

Für das Tier*wohl* mag es Messmethoden geben. Messbar ist aber sicher nicht das Tier*glück*, das in manchen Vorstellungen der Verbraucher mitschwingt. Von den angeführten Tierwohlindikatoren weisen mehr als die Hälfte in der Praxis eine beträchtliche Streuung auf. Es kommt z.B. zu abweichenden Befunden in Betrieben, von denen alle sagen würden: wunderbar mit Auslauf und Einstreu, alles bestens, artgerecht usw. Die Materie ist kompliziert, und deshalb gibt es nicht *den* Tierwohlindikator.

Wir bemühen uns stattdessen schon seit Jahren um eine verlässliche Schlachtdatenbefundung, die bereits routinemäßiger Bestandteil des Qualitätssicherungssystems (QS) ist. Dabei nimmt der Veterinär am Schlachtband eine Bonitierung der inneren Organe vor und stellt z.B. fest, ob die Lunge entzündlich verändert ist oder nicht. So kann ein detailliertes Bild vom Gesundheitszustand der Tiere einzelner Betriebe entstehen. Der Betrieb erhält eine entsprechende Rückmeldung, und man kann ein *scoring* der einzelnen Betriebe machen. Dies ist ein sehr guter Tierwohlindikator. Problematisch ist aber die unterschiedliche Bewertungspraxis der Schlachthöfe, die ein *benchmarking* schwierig macht. Die Kooperation im Verhältnis von Veterinären und Schlachtbetrieben ist noch verbesserungsfähig.

Eine Bemerkung noch zum Stichwort Optimierung der Nährstoff- und Ressourceneffizienz, einem Thema der Ingenieure, das leider in der öffentlichen Diskussion kaum weiterhilft. Die hier angesprochenen ethischen Fragen und die Probleme mit der Akzeptanz der Tierhaltung sind damit nicht zu lösen. Wir können nur versprechen: Wir entwickeln die Tierhaltung weiter, wir machen sie ressourceneffizienter und zukunftssicherer. Emotionale Zustimmung werden wir damit nur zum Teil erreichen.

Susanne Menzel: In der Umweltpsychologie geht man von drei Motiven für Konsumentenentscheidungen aus: Zu *egoistischen* Motiven des Verbrauchers, der mit seinem Konsum seine Existenz wahren will, kommen *biosphärische* Motive, die auf den Schutz der Natur oder anderer Lebewesen zielen, oder *altruistische* Motive, die aus Mitgefühl für andere Menschen entstehen. Ein Beispiel für eine egoistische Argumentation gegen Massentierhaltung ist der Einsatz von Antibiotika in großem Stil, der dann vor allem Menschen selbst schadet. Die Argumente beziehen sich hier also eher auf menschliches als auf tierisches Wohl. Viele Menschen sehen hier ein Bedrohungsszenarium für sich selbst, sehr zum Ärger der Landwirte, die sich an den Pranger gestellt fühlen. Die Zahlen dazu gehen weit auseinander. Einerseits ist zu lesen, 80% der Landwirte in Niedersachsen seien Träger multiresistenter Keime. Andererseits hört man, dass lediglich 2% aller in Krankenhäusern festgestellten MRSA-Bakterienstämme aus Viehställen stammen. Wie sind diese Zahlen zu beurteilen? Welchen Zahlen können wir vertrauen?

Heinrich Bottermann: Das Thema der multiresistenten Keime (MRSA) ist eines der zentralen Themen, das wir in der Tierhaltung mit betrachten müssen. Die Tierhaltung hat einen Anteil an diesem Resistenzgeschehen, und das wird heute – anders als vor zehn Jahren, als das angeblich noch ein Problem aus der Humanmedizin war – niemand mehr leugnen. Wenn Viehbestände intensiv mit Antibiotika behandelt werden, kommt es zwangsläufig auch zu einer Vielzahl von Resistenzentwicklungen in der Keimpopulation des Organismus, und diese Resistenzgene können von Mikroorganismus zu Mikroorganismus, von Stamm zu Stamm weitergegeben werden. Das Fatale daran ist, dass diese Resistenzgene überlebensfähig bleiben und auf Keime übertragen werden können. Das ist ein sehr ernst zu nehmendes Problem. Gleichwohl muss man mit Augenmaß urteilen. Innerhalb der Tierbestände sind der Tierhalter und der Betreuer der Tiere sicher am stärksten gefährdet, stille Träger von multiresistenten Keimen zu werden. Ich vertraue den Zahlen, die für Niedersachsen vorgelegt wurden. Darin zeigt sich, dass in den tierhaltungsintensiven Regionen eine höhere Besiedlung mit Keimen zu finden war, auch bei den Tierhaltern. Aber auch in Regionen mit einer hohen Dichte von Kliniken und Altenheimen, wo *keine* intensive Tierhaltung erfolgt, haben wir sehr hohe Zahlen für multiresistente Keime. Wir müssen also sowohl die Tierhaltung als auch die Verabreichung von Arzneimitteln im Humanbereich genau in den Blick nehmen. Beide haben daran erheblichen Anteil. Es geht auch um die Bedeutung für die Gesamtgesellschaft: Menschen haben bei Erkrankung einen höheren Anspruch darauf, behandelt zu werden, als Tiere. Bei der Tierbehandlung sind also andere Maßstäbe anzulegen. Inzwischen ist das Problem auch vonseiten der Landwirtschaft erkannt worden, und es wurden Maßnahmen eingeleitet, um den Arzneimitteleinsatz deutlich zu reduzieren. Weitere Entwicklungen zeichnen sich ab: Handelsketten wie McDonalds reagieren und kaufen nur Fleisch ohne Keime mit Resistenzgenen ein. Der Arzneimitteleinsatz bzw. der Verzicht darauf werden auf Dauer ein Vermarktungskriterium werden, ein Wettbewerbsargument. Ich kann nur alle Landwirte einladen, weiter den Arzneimitteleinsatz zu reduzieren, um ein Produkt auf den Markt zu bringen, das gesundheitlich vollständig unbedenklich ist und nicht über die Verteilung von Resistenzgenen unter Umständen mittelbar ein Risiko darstellen kann.

Publikum: Leider wird hier bisher die eigentliche Brisanz des Themas weitgehend ausgeblendet. Ich selbst stamme aus der Landwirtschaft dieser Region und bin der Ansicht, dass sich in den letzten 20, 30 Jahren sehr wenig zum Positiven verändert hat. Das Innere eines Schweinemaststalls sieht heute genauso aus wie vor 30 Jahren. Und noch überhaupt kein Wort fiel über Landschaftszerstörung und Umweltvergiftung sowie über die Tatsache, dass Lebensmittelqualität und -geschmack auf der Strecke bleiben. In meiner Heimatgemeinde nördlich von Osnabrück, im Artland, gab es 1975 über 100 Vollerwerbsbetriebe. Jetzt sind es noch vier. Bäuerliche

Landwirtschaft ist im nordwestdeutschen Raum immer weniger zu finden. Vorherrschend ist die Agrarindustrie, in der Hühner- und Putenhaltung gilt das absolut, bei der Schweinehaltung ist es ähnlich. Hier wurde weitgehend so geredet, als ob bäuerliche Landwirtschaft noch existieren würde – wie in der Werbung, die Sie selbst kritisiert haben.

Bernhard Krüsken: Mit Polarisierung der Diskussion und Verzerrung der Argumentation kommen wir nicht weiter. Die Verringerung der Zahl bäuerlicher Betriebe muss im Zusammenhang der gesamtgesellschaftlichen Entwicklung gesehen werden. Die Zahl der Bäckereien und Metzgereien, die vor 30 Jahren in den Dörfern existierten, hat sich ähnlich verringert.

Susanne Menzel: Herr Meyer, stimmen Sie der Meinung aus dem Publikum zu? Stimmen Sie in Teilen zu, oder stimmen Sie gar nicht zu?

Christian Meyer: Ich stimme in Teilen zu, aber man muss differenzieren. Weder werden wir alle vergiftet, noch ist die Nutztierhaltung in ihrer Gesamtheit kritikwürdig. Aber manche Tierhaltungsbedingungen sind gesellschaftlich nicht mehr akzeptiert und auch rechtlich nicht mehr lange hinzunehmen. Wir brauchen eine *grundlegende* Wende in dieser Tierhaltung, bei der es nicht nur um wenige Symptome oder um ein paar Quadratzentimeter geht. Andernfalls bestätigt sich das Gesetz vom Wachsen oder Weichen und der Prozess der Verringerung der bäuerlichen Betriebe setzt sich fort. Ich bedaure auch, dass Bäcker und Schlachter immer seltener werden in den Dörfern. Wenn man mit immer weniger Bauern so weitermacht, wenn die Preise immer weiter fallen, wo sind dann die Grenzen des Wachstums? Bei 100-, 200-, oder 300.000 Hühnern? Ich möchte, dass Tiere besser gehalten werden, zu höheren Preisen verkäuflich sind und dass nicht weniger landwirtschaftliche Betriebe, sondern dass, wie beim Mittelstand auch, eine Vielfalt von Betrieben, mehr Betriebe und mehr Bauern existieren können, die von ihren Erzeugnissen leben.

Publikum: Für mich als Berufsimker, ebenfalls aus dem Artland, ist eine intakte Natur lebenswichtig. Der deutschen Landwirtschaft wurden zuletzt fünf Milliarden Euro Direktsubventionen für die Fläche gewährt. Das Bundesamt für Naturschutz (BfN) hat dagegen nur eine Milliarde Euro zur Verfügung. Es ist nicht akzeptabel, dass mithilfe von fünf Milliarden Euro Subventionen im Bereich des Naturschutzes so viele Schäden entstehen, dass wir eine Milliarde Euro ausgeben müssen, um gegenzusteuern. Der Artenrückgang ist rasant. Als Imker kann ich das für den Bereich der Insekten beurteilen. Wenn nicht ein *radikales* Umdenken in der Grundausrichtung der Agrarpolitik erfolgt, brechen die Ökosysteme zusammen. Die Subventionen für die Landwirtschaft dürfen künftig nicht mehr an Fläche gebunden sein, sondern eindeutig an Qualität und Nachhaltigkeit. Dafür sollte sich der Bauernverband einsetzen, und das verlangt die Kennzeichnung von Fleisch zur Aufklärung und Information des Verbrauchers. Tierwohl ohne eine entsprechende Kennzeichnung des Fleisches ist eine Nullnummer, ist völlig sinnlos.

Publikum: Die Landwirte, so hörten wir, seien bereit zu Verbesserungen in der Tierhaltung, wenn in Europa einheitliche Wettbewerbsbedingungen herrschen. Warum gelingt es eigentlich nur in der Industrie, Normen immer weiterzuentwickeln, immer höhere Standards zu setzen, an die sich alle halten müssen? Warum gelingt das nicht bei einem so wichtigen ›Produkt‹ oder Thema wie Tieren?

Bernhard Krüsken: Die Landwirtschaft hat kein Problem damit, ihre Produkte mit Herkunftskennzeichnungen zu versehen. Das sieht die Lebensmittelindustrie schon anders, weil sie sich nicht so gern festlegen möchte, was die Herkunft der zu verarbeitenden Rohstoffe angeht. Wir stehen klar für Regionalität ein, haben aber ein Problem mit der verpflichtenden Kennzeichnung *aller* Haltungssysteme, denn diese Haltungssysteme lassen sich, anders als bei den Hühnereiern, nicht in drei einfache Kategorien fassen. Es soll aber und muss künftig eine Möglichkeit geben, dass sich Landwirte und Vermarkter über die Haltungsform und über die Regionalität im Markt sichtbar machen können. Hier liegt unsere Priorität bei einer freiwilligen Lösung, was die Haltungskennzeichnung angeht.

Für die Initiative Tierwohl haben wir derzeit eine Kennzeichnung, die ähnlich funktioniert wie beim Ökostrom. Bisher beteiligen sich weniger als zehn Prozent der Landwirte daran. Im Lebensmittelhandel an der Theke gibt es daher die Information: Hier wird die Initiative Tierwohl unterstützt, hier kann man einen Beitrag zu diesem Anreizsystem leisten. Erst wenn eine kritische Masse erreicht ist – wobei die Unterstützung des Lebensmittelhandels gebraucht wird –, wenn wirklich große Teile der Produktionsbetriebe mitmachen, kann man auch am Produkt kennzeichnen.

Ein Wort zum Umweltschutz: Betrachtet man die Flächenbilanz der letzten 15 Jahre, stellt man fest, dass die Landwirtschaft klarer Verlierer ist. Die landwirtschaftlich genutzte Fläche hat um fast eine Million Hektar abgenommen. Gewonnen haben Siedlungsbau und Infrastruktur, auch der Naturschutz und der Wald. Weltuntergangsszenarien, nach denen hier kein Naturschutz stattfindet und keine Biodiversität mehr besteht, können wir nicht nachvollziehen, denn die für den Naturschutz der landwirtschaftlichen Nutzung entzogenen Flächen sind definitiv mehr geworden. Der Naturschutz ist der Gewinner des Flächenmanagements.

Es ist richtig, dass landwirtschaftliche Betriebe auf die Fläche bezogene direkt gezahlte Subventionen erhalten. Diese Flächenbeihilfen sind die Kompensation dafür, dass zwischen Europa und dem Rest der Welt ein signifikanter Unterschied in den regulatorischen Standards besteht.

Susanne Menzel: Herr Meyer, müssen wir weiter Agrarsubventionen in der bisherigen Höhe zahlen?

Christian Meyer: EU-weit bekommen 20% der Betriebe 80% der Agrarsubventionen, weil diese sich nach der Fläche richten. Was darauf angebaut wird, ist gleichgültig. Leistungen für die Umwelt und auch die Tierhaltung bleiben unberücksichtigt. Das wird der Steuerzahler langfristig nicht akzeptieren. Wenn der Landwirt am Feldrand einen Blühstreifen anlegt, hilft er damit auch den Bienen. Erlös kann er damit aber nicht erzielen. Da muss der Staat Geld geben, und das wird aus der sog. zweiten Säule der Agrarsubventionen finanziert. Das aber reicht nicht aus, und das gilt auch für viele andere Punkte wie z.B. den Pflanzenschutz. Die Bienenhaltung bleibt gefährdet. Deshalb fordern wir eine Umschichtung der Agrarsubventionen von der ersten Säule, den Direktsubventionen, hin zur zweiten Säule. Das ursprüngliche Motiv der Subventionen war ja, für billige Lebensmittel zu sorgen. Das kann heute nicht mehr gelten, zumal wir als Steuerzahler alle für diese Subventionen aufkommen. Wo deutsche Wirtschaftsunternehmen erfolgreich exportieren, tun sie das mit Qualität, nicht mit den billigsten Autos und Elektroartikeln. Wir haben hohe Lohnstandards, zu Recht, und wir wollen höchste Qualität. Und Qualität in der Landwirtschaft heißt heute: Nachhaltigkeit und hohe Tierschutz- und Umweltschutzkriterien. Dabei müssen Landwirte vernünftige Einkommen erzielen. Das heißt, es wäre eine Illusion zu glauben, dass wir billiger sein könnten als andere. Wir werden nicht billiger sein, und das heißt, wir müssen besser sein. Zwischen der Ernährungsindustrie und dem Handel kann es hier zu einem Zielkonflikt kommen, der eine Entscheidung erfordert: Soll vor allem billig für den Weltmarkt produziert werden oder will man mit hoher Qualität für den heimischen Markt und für einen hohen Qualitätsmarkt im Export eintreten? Man kann nicht Hähnchen billig für den Weltmarkt produzieren und gleichzeitig für das Inland mit hoher Qualität. Die Gesellschaft ist reif für eine Agrarwende und Tierschutz, und dazu brauchen wir keine neuen Steuern oder Abgaben.

Publikum: Heute werden ca. 40% der weltweiten Getreideproduktion ›veredelt‹, d.h. als Viehfutter verwendet. Würde eine Reduzierung dieser Veredelungswirtschaft nicht enorm viel bringen, um den Klimaschutz voranzubringen und die Erdbevölkerung von sieben Milliarden Menschen gut zu ernähren? Sollte die Politik nicht in diese Richtung drängen? Langfristig ist dies doch das Ziel, mit dem wir uns beschäftigen müssen.

Publikum: Warum haben sich Landwirte und Bauernverband so vehement gegen die Idee der Grünen gewandt, einen wöchentlichen *Veggie-Day* einzurichten? Fleischprodukte sind viel zu billig, und leider haben die Verbraucher noch nicht bemerkt, dass der Konsum von Fleischprodukten geringer werden muss. Dafür wäre ein Veggie-Day als Empfehlung eine Möglichkeit gewesen.

Susanne Menzel: Herr Meyer, über wie viele Tiere reden wir eigentlich in der niedersächsischen Landwirtschaft? Und wie stehen Sie zur Klimaschutzpolitik?

Christian Meyer: In Niedersachsen gibt es 100 Millionen Stück Geflügel, in einzelnen Landkreisen sind es bis zu 20 Millionen Hühner. Ferner haben wir 10 Millionen Schweine und 2,5 Millionen Rinder. Die Tierdichte in den Landkreisen Cloppenburg und Vechta ist die höchste in Europa; sie ist deutlich zu hoch, sie ist nicht nachhaltig. Die Tierdichte muss an die Fläche angepasst werden.

Natürlich müssen wir weniger Fleisch essen, das ist nicht nur gesünder, es entspricht auch unserer Verantwortung. Wenn alle sieben Milliarden Menschen so viel konsumieren würden wie ein Europäer oder ein Nordamerikaner, würden nicht einmal die letzten Regenwälder für den Futteranbau ausreichen. Es sind ökologische Grenzen erreicht, der Tierbestand darf nicht weiter wachsen. Wir differenzieren hier übrigens und machen Auflagen speziell für Großbetriebe. Alle Schweinemastanlagen mit mehr als 2.000 Schweinen – das sind in Niedersachsen 10% der Betriebe – müssen einen Emissionsfilter haben. 90% der Betriebe, die immerhin 30% aller Schweine halten, sind davon unberührt.

Einer Studie der von der früheren Landesregierung eingesetzten Klimaschutzkommission Niedersachsen zufolge tragen die Landwirtschaft, die Landnutzung – insbesondere die Tierhaltung –, aber auch die Entwässerung von Mooren und Lachgasemissionen infolge Überdüngung zu 25% der Treibhausgasemissionen Niedersachsens bei. Das ist mehr als der Verkehr (17%) und mehr, als die Haushalte freisetzen. Dabei sind nur die Emissionen in Niedersachsen berücksichtigt, nicht jene, die der Futtermittelanbau für die Tierhaltung in Niedersachsen in anderen Ländern verursacht. Die Frage, wie wir uns ernähren, ist deshalb für den Klimaschutz enorm wichtig. Fleischkonsum ist klimaschädlicher als eine vegetarische oder vegane Ernährung, aber niemandem wird etwas vorgeschrieben. Wir wollen vielmehr Lust drauf machen. Dazu wäre ein Veggie-Day ungeeignet – warum soll ich immer donnerstags kein Fleisch essen? Da möchte ich mir von der Politik keine Vorschriften machen lassen.

Beim Fleisch müssen aber die Preise stimmen. Würde das Hähnchen das kosten, was es an ökologischen Kosten verursacht, wäre es teurer, und wir hätten eine ganz andere Haltung dazu. Nicht selten wird Fleisch konsumiert, weil es billiger ist als das vegetarische Angebot. Das ist weder wirtschaftlich noch ökologisch rational.

Bernhard Krüsken: Beim Konsum von Fleisch kommt es sehr darauf an, wie man es erzeugt. Ich glaube, wir können uns im weltweiten Vergleich einiges zugutehalten. Wir haben keine ressourcenintensive *feedlot*-Tierhaltung, und damit stehen wir im internationalen Vergleich gut da.

Christian Meyer: Tatsächlich verdienen die Initiative Tierwohl und die damit verbundenen Anstrengungen der Bauern Lob und Unterstützung. Es gibt auch ein großes Interesse an den derzeitigen Agrarumweltmaßnahmen zur Förderung etwa der Blühstreifen. Und in Niedersachsen wird das Problem des Antibiotikaeinsatzes in der Tierhaltung von den Bauern durchaus anerkannt. Ich bin zuversichtlich, dass wir eine weitere Reduzierung hinbekommen. Mein Ziel ist auch, dass wir wieder Frieden in den Dörfern bekommen, d.h. dass ein Stallneubau akzeptiert wird, und dafür muss sich etwas ändern in der Tierhaltung. Die Diskussionen um Nutztierhaltung in Niedersachsen sollten wieder versöhnlicher werden, dazu müssen sich alle Seiten bewegen.

Susanne Menzel: Herr Krüsken, streckt Ihnen die grüne Agrarpolitik da die Hände entgegen?

Bernhard Krüsken: Ich glaube, dass wir gemeinsame Ziele verfolgen können, aber dazu müssen wir auf Dämonisierungen und Pauschalierungen verzichten. Wir müssen sachorientiert diskutieren und auch dem Umstand Rechnung tragen, dass wir Verbraucher und Märkte bedienen müssen. Unser Ziel ist: Was im Handel angeboten wird, sollte möglichst von den deutschen Landwirten erzeugt werden, und die Standards, die die Gesellschaft von uns will, kann sonst niemand liefern.

Heinrich Bottermann: Die Diskussion zeigt, dass das Verständnis auf beiden Seiten gewachsen ist. Man kann auch hart miteinander diskutieren, findet aber Wege zueinander. Die Ausgestaltung im Detail, ob etwa Stickstoffgaben auf 80 kg oder, wie wir meinen, auf 50 kg pro Hektar reduziert werden müssen, mag sehr technisch erscheinen, aber wir werden die Diskussionen führen müssen, und die Stiftung wird sich entsprechend ihrer Möglichkeiten daran beteiligen. Ich finde es gut, dass die Landwirtschaft Probleme erkennt und einräumt. Im Gegenzug ist es zu begrüßen, wenn die Leistungen der Landwirtschaft, die zu Verbesserungen führen, von der Politik und der Öffentlichkeit anerkannt werden.

Flüchtlingselend weltweit und Willkommenskultur in Osnabrück

Podiumsveranstaltung in der Aula der Universität
am 1. Juli 2015

Boris Pistorius   Innenminister des Landes
                          Niedersachsen

Karin Asboe   Diakonie Rheinland-Westfalen-Lippe
                          e.V., Vorstandsmitglied von
                          PRO ASYL

Prof. Dr. Jochen Oltmer Institut für Migrationsforschung und
                          Interkulturelle Studien (IMIS),
                          Universität Osnabrück

Prof. Dr. Martina   Universität Osnabrück –
Blasberg-Kuhnke   Gesprächsleitung

Martina Blasberg-Kuhnke: Als Ende 2014 die Entscheidung für Osnabrück fiel, das ehemalige Klinikum am Natruper Holz als Ort der neuen und dringend gebrauchten Erstaufnahmeeinrichtung für Flüchtlinge vorzusehen, in das am Ende 600 Menschen einziehen sollen, war dies für die Osnabrücker Friedensgespräche ein besonderer Impuls. Der starke Anstieg der Flüchtlingszahlen aus Afrika, Syrien und vielen Konfliktherden weltweit, die Bilder tausender Asylsuchender vor den Küsten Europas, die Meldungen und Bilder von Hunderten und Tausenden, die auf der Flucht im Mittelmeer ertranken, im Stich gelassen durch die Einschränkung der Seenotrettung ›Mare Nostrum‹ – all dies und vieles mehr hätte in jedem Fall Thema eines Osnabrücker Friedensgesprächs sein müssen. Hier aber geht es auch um eine Herzensangelegenheit, viel mehr als bloße Emotionalität, nämlich in dem Sinne, wie dies in vielen der Sprachen der Flüchtlinge selbst auch verstanden wird. Herz, das ist der Ort von Verstand *und* Gefühl. In diesem Sinne ist auch in der hebräischen Bibel, dem Alten Testament der Christen, vom Herzen die Rede. Im Buch Exodus, der großen Menschheitserzählung über Flucht, heißt es: »Einen Fremden sollst Du nicht bedrängen und nicht quälen, seid Ihr doch selbst Fremde gewesen im Land Ägypten.« Und im Buch Levitikus wird diese Mahnung ergänzt um: »Wie ein Einheimischer soll Euch der Fremde gelten, der bei Euch lebt, und Du sollst ihn lieben wie Dich selbst, denn Ihr seid selbst Fremde gewesen im Land Ägypten«.

Der Umgang mit notleidenden Flüchtlingen wird hier zum Ernstfall der Nächstenliebe, und diese ist zuerst und zuletzt Fremdenliebe. Davon ist Europa in seinem Umgang mit Flüchtlingen weit entfernt. Dabei wird auf diese Tradition – die des sogenannten christlichen Abendlands – doch so gern, und hoffentlich nicht nur in Sonntagsreden, von Politikern und von Kanzeln abgehoben. Wer sich auf das christliche Abendland beruft, bezieht sich auf diese Tradition, mit Verstand und Mitgefühl vor dem Flüchtlingselend weltweit nicht die Augen zu verschließen und eine Willkommenskultur hier vor Ort in Osnabrück und Umgebung zu entwickeln.

Mit unserem Friedensgespräch reihen wir uns ein in eine Fülle an Initiativen, die geflüchteten Menschen hier in Osnabrück willkommen zu heißen. Zugleich macht dieses Gespräch darauf aufmerksam, dass eine Willkommenskultur nur vor Ort nicht ausreichen kann. Es geht auch um die Asylgesetzgebung, deren Verschärfung bevorsteht. Maßnahmen wie die Anordnung von Abschiebehaft, Einreise- und Aufenthaltsverbote sowie eine schnellere Durchführung von Abschiebungen sind Themen, mit denen wir uns beschäftigen müssen. Unsere Gesprächspartner, die wir nun um erste Statements bitten, stehen an unterschiedlicher Stelle dafür, die epochale Herausforderung der Flucht von weltweit fast 60 Millionen Menschen für Europa und die Bundesrepublik Deutschland anzunehmen.

Boris Pistorius: Über dieses Thema spreche ich im Rahmen eines Osnabrücker Friedensgesprächs zum ersten Mal, aber wer seit meinem Amtsantritt als Niedersächsischer Innenminister verfolgt hat, wie und wo ich mich dazu geäußert und verhalten habe, wird wissen, für welche Flüchtlingspolitik ich stehe. Das mag jeder aus der eigenen Perspektive selbst beurteilen, aber ich weiß, wofür ich stehe, und ich vertrete meine Position aus Überzeugung. Meine Heimatstadt Osnabrück ist auch dreieinhalb Jahrhunderte nach dem Westfälischen Friedensschluss eine durch ihre gelebte Kultur geprägte Friedensstadt. Die Stadt steht für Vielfalt und gelebte aktive Integration. Viele Menschen leisten hier wichtige Beiträge dazu, dass Integration gelingt, und eine Integration, zu der beide Seiten bereit sind und aktiv beitragen, gelingt hier vorbildlich. Dieses über Jahrzehnte gelebte Miteinander lässt keinen Raum für Vorurteile und für Populisten.

Der Blick in die Welt zeigt uns auf grausame, schmerzliche Art und Weise: Immer mehr Regionen haben sich in den letzten Jahren zu Kriegs- und Krisengebieten entwickelt. Weltweit sind innerhalb und außerhalb ihrer Heimatländer annähernd 60 Millionen Menschen auf der Flucht, mehr als je zuvor seit dem Zweiten Weltkrieg. Die Lage in den Herkunftsländern der Flüchtenden ist dramatisch. Man denke nur an die Kriegsgebiete in Syrien oder im Irak. Dort werden Menschen verfolgt und müssen um ihr Leben fürchten, weil sie politische oder religiöse Überzeugungen haben, die ihren Verfolgern nicht ins Weltbild passen. Das sollte uns Europäer gelegentlich daran erinnern, dass wir in der politischen Diskussion immer den Grundrespekt vor der Meinung anderer wahren sollten.

Das alles geht uns an, es lässt uns nicht kalt, was viele Menschen in ihrer Heimat über sich ergehen lassen müssen. Von *Erich Maria Remarque* stammt der Satz: »Humanität ist für mich die Frage des 20. Jahrhunderts«. Das ist nun erst recht die Frage des 21. Jahrhunderts, und wir haben die große Verantwortung, dieser Herausforderung gerecht zu werden, und zwar gemeinsam. Schließlich kommt die Entwicklung nun bei uns an. Die Asylbewerberzahlen sind so hoch wie schon lange nicht, und der Zeitpunkt rückt näher, zu dem sie so hoch sein werden wie noch nie. Derzeit werden für dieses Jahr bundesweit 400.000 Erstanträge erwartet. Manche Szenarien sprechen von 500-, 600- oder 700.000 Anträgen. Dann kommen Ratschläge wie der, einfach die Fluchtursachen vor Ort zu bekämpfen, damit die Menschen nicht fliehen müssen. Diese Forderung ist völlig richtig! Sie ist aber auch gleichzeitig Beweis für das Versagen der westlichen Welt in den letzten 60 Jahren. Es muss natürlich darum gehen, Lösungsstrategien zu entwickeln, damit die Menschen im Irak, in Syrien und anderswo frei und sicher leben können, damit sie nicht aus Not und Verzweiflung alles hinter sich lassen und sich auf teils lebensgefährliche, todbringende Reisen begeben. Nur auf diesem Weg gehen wir an die Wurzel der Probleme.

Das wird allerdings nicht von heute auf morgen wirksam sein. Überdies reden wir hier über eine gesamteuropäische, wenn nicht globale Aufgabe, also nichts, was ein einzelner Staat, ein Bundesland oder gar eine Kommune würde bewältigen können. Diesen entscheidenden Punkt beklage ich seit zwei Jahren lautstark: Es fehlt die notwendige Bereitschaft zur Solidarität innerhalb Europas, sich dieses Problems anzunehmen. Es wird verschoben, es wird dilettiert und so getan, als könne man das Problem damit lösen, dass man es lange genug ignoriert und Geld in Abwehrmechanismen steckt, auf dem Mittelmeer und an den Grenzen auf dem Balkan. Das aber wird nicht funktionieren! Einen Kontinent abzuschotten, wird nicht möglich sein. Die Menschen machen sich weiterhin auf den Weg. Sie fliehen, koste es, was es wolle, und sei es ihr Leben. Es ist also zutiefst beschämend, wenn Stimmen aus Polen zu hören sind, die erklären, man wolle nur syrische Flüchtlinge christlichen Glaubens aufnehmen. Das ist eine Schande für ein Europa im 21. Jahrhundert.

Als Innenminister habe ich mich von Anfang an für eine angemessene Willkommenskultur eingesetzt. Einer der prägendsten Momente in meiner noch kurzen Amtszeit war, als ich im Oktober 2013 am Flughafen Hannover-Langenhagen die ersten syrischen Bürgerkriegsflüchtlinge empfangen habe. Die Gespräche, die ich in dieser ersten Stunde mit Hilfe von Dolmetschern oder mit den zum Teil hervorragend Englisch sprechenden Flüchtlingen führen konnte, haben mich mehr sensibilisiert für die Fragen, um die es wirklich geht, als alles, was ich vorher wusste und gelesen hatte. Wir hörten von Schicksalen und Katastrophen, wie wir sie uns in unserem satten Europa überhaupt nicht vorstellen können. Diese Menschen hatten bereits zwei Jahre in Flüchtlingslagern gelebt, unter teils erbärmlichen Verhältnissen, weil die Aufnahmeländer nicht mehr leisten können. Im Libanon gibt es zusätzlich zu den vier Millionen Einwohnern Flüchtlingslager für eine Million Syrer. Ähnlich ist die Situation in Jordanien und in der Türkei, bei anderen Größenverhältnissen.

Den angekommenen Flüchtlingen war zum einen noch das Gefühl des Unglaubens anzumerken, nun tatsächlich in Sicherheit zu sein, der Unglaube, ob man wirklich die nächste Nacht friedlich wird schlafen können, ohne Angst um die Kinder, die Frau oder die Eltern. Zum andern war den Augen dieser Menschen der Optimismus anzusehen, den man hat, wenn man weiß: Ich habe es jetzt doch geschafft, ich kann durchstarten und eine neue Existenz aufbauen.

Ein sehr wichtiger Ansatzpunkt ist dabei, auch in Niedersachsen, die Arbeit in den Landesaufnahmebehörden. Da kommen die Menschen an, da müssen sie ankommen, da müssen wir uns um sie kümmern und ihnen das notwendige Rüstzeug geben. Man kann darüber streiten, ob die Unterbringung menschenwürdig ist oder nicht. Aber ein Vergleich mit Griechenland oder Italien verbietet sich; dort sind die Zustände zum Teil unerträglich. Aber unsere Kapazitäten reichen derzeit nicht aus. Bei Regierungsantritt hatten wir 1.700 Plätze. Heute, zweieinhalb Jahre später, haben wir fast 5.000, aber es reicht hinten und vorne nicht, denn es kommen weiterhin viele Menschen.

In Osnabrück haben wir es zusammen mit dem Oberbürgermeister geschafft, innerhalb von wenigen Wochen eine neue Aufnahmeeinrichtung an den Start zu bringen. Das habe ich seitdem nirgendwo wieder erlebt. Überall, wo ich heute versuche, solche Einrichtungen zu errichten, Gebäude umzubauen oder in Betrieb zu nehmen, steht auf der einen Seite die öffentliche Erklärung der Verantwortlichen: Herzlich willkommen, das machen wir gerne. Auf der anderen Seite kommen aber Bundestagsabgeordnete, die erklären: Der ins Auge gefasste Ortsteil sei doch so liebenswürdig, dazu passe doch keine solche Einrichtung. Oder es gibt Landräte, verantwortliche Bauamtsleiter, die baurechtliche Probleme anführen, die man frühestens in einem Jahr lösen könne. Ob nun absichtsvoll oder aus Dilettantismus: Versuche, die Dinge zu verzögern und uns Knüppel zwischen die Beine zu werfen, sind allgegenwärtig. Ich kann dagegen zum Glück auf Osnabrück verweisen, wo es funktioniert, auch weil man den entsprechenden Boden dafür vorher bereitet hat.

Wenn wir es nicht schaffen, einen Konsens in der Gesellschaft darüber herzustellen, was wir leisten können und was wir leisten wollen, bekommen wir eine politische Polarisierung, die niemand wünschen kann. Darum müssen wir dafür sorgen, dass nicht politisch und verbal aufgerüstet wird. Aus einigen Bundesländern hören wir Übles über den Umgang mit Flüchtlingen. In Niedersachsen haben wir nach wie vor ein anderes Klima. Zwar gibt es auch hier Fremdenfeindlichkeit, und es sind Übergriffe zu beklagen, aber das ist nicht mit dem vergleichbar, was andernorts passiert. Wir verzeichnen eine enorme Welle der Hilfsbereitschaft überall im Land. Wir werden aber nicht allen die gleiche Hilfe angedeihen lassen können. Ich verabscheue Äußerungen wie ›Asylmissbrauch‹ und ›Wirtschaftsflüchtlinge‹, aber unter den 40.000 in Niedersachsen erwarteten Zuwanderern rechnen wir mit rund 18.000 Menschen aus Ländern des Balkan. Schlechte Perspektiven, schlechte wirtschaftliche Rahmenbedingungen, Korruption sind auch für diese Menschen gute Gründe, dort wegzugehen. Aber nach unserer Rechtsordnung haben sie keinen Anspruch auf Asyl, denn sie sind in der Regel nicht politisch verfolgt.

Wir müssen die Probleme ernst nehmen, aber dem Eindruck entgegentreten, als könnten alle Probleme dieser Welt in Deutschland gelöst werden. Wir müssen uns zuallererst um die kümmern, die vor Bürgerkrieg, Tod, Folter und Verfolgung fliehen. Darüber hinaus müssen wir etwas für diejenigen tun, die aus ihren Ländern weggehen, weil sie sich woanders eine Existenz aufbauen wollen, weil sie mit ihrer Hände Arbeit hier etwas schaffen wollen. Das sind unterschiedliche Problembereiche der Zuwanderung, die allzu oft in einen Topf geworfen werden. Wir müssen die Diskussion ruhig und sachlich führen und die Dinge so benennen, wie sie sind. Tabuisierung und Verklärung helfen in dieser Frage nicht und befeuern den Populismus am rechten Rand. Und das ist das Letzte, was wir im Interesse eines friedlichen Zusammenlebens in diesem Land brauchen.

Karin Asboe: Meine derzeitige Tätigkeit in der Flüchtlingsarbeit, die von der Evangelischen Kirche, der Diakonie und dem Innenministerium des Landes Nordrhein-Westfalen unterstützt wird, besteht unter anderem in der Begleitung der Beratungsstellen in den Erstaufnahmeeinrichtungen in NRW, den sogenannten Verfahrensberatungsstellen. Berichten möchte ich aber zunächst von einer Reise nach Griechenland und Italien, an der ich im Juni 2014 teilgenommen habe, organisiert von den evangelischen Kirchen des Rheinlands und Westfalens. Dazu waren Abgeordnete aller Fraktionen im nordrhein-westfälischen Landtag eingeladen. Aufgeteilt in zwei Gruppen, besuchte eine Gruppe Lampedusa und Sizilien, die andere Gruppe, zu der ich gehörte, war in Athen und auf Lesbos. Anschließend trafen sich alle Teilnehmer in Rom. In Athen gab es die Gelegenheit zu Gesprächen mit dem UN-Flüchtlingshilfswerk (UNHCR) und mit einer Vertreterin des Ministeriums für Migration. Auf Lesbos besuchten wir eine Aufnahmeeinrichtung und sprachen mit der Polizei, der Küstenwache, einem Priester, dem Bürgermeister und in Athen auch mit dem Erzbischof. Sehr beeindruckend war, als wir in Mytilini auf Lesbos ankamen und in das Hotel einzogen, der traumhaft

Boris Pistorius

schöne Sonnenuntergang: Hotel am Hafen, schöner Ausblick, Dämmerung. Später trafen wir uns noch mit Aktivisten, die dort versuchen, Flüchtlinge zu unterstützen. Wir gingen am Hafen entlang und sahen, dass hinter einem Zaun, der das Gelände der Polizei abtrennt, Hunderte von Flüchtlingen auf dem nackten Boden, auf Pappe lagerten. Frauen und Kinder sahen wir kaum. Sie werden in den wenigen Zelten geschlafen haben. Flüchtlinge lagen also auf der einen Seite des Zauns, über den sie auch Kleidung gehängt hatten, und auf der anderen Seite waren die Bars. Das war eine friedliche, leise und sehr beklemmende Koexistenz.

Am nächsten Morgen standen diese Flüchtlinge am Hafen in einer Schlange. Sie müssen sich bei der Polizei melden, um nicht länger als illegal zu gelten. Dort bekommen sie ein erstes Papier, dann werden sie in die Erstaufnahmeeinrichtungen gebracht. Erst dort werden sie versorgt, bekommen etwas zu essen und vielleicht ein Bett. Aber diese Einrichtung ist ein Hochsicherheitstrakt, zehn Container mit jeweils zwanzig Plätzen, in denen aber 500 Flüchtlinge lebten. Absurderweise müssen die Asylsuchenden darauf warten, in diesen Hochsicherheitstrakt zu kommen, weil nur dort die Erfassung läuft, durch die sie dann an ein Ausweispapier kommen, mit dem sie halb legal – geduldet – die Insel verlassen und nach Athen reisen können, um dort zu versuchen, einen Asylantrag zu stellen oder weiterzukommen. Die Versorgung der Flüchtlinge war zum Zeitpunkt unseres Besuches keineswegs gesichert. Die Polizei hatte einen Cateringunternehmer beauftragt, hatte aber bereits 150.000 Euro Schulden bei ihm. Ich frage mich, wie es jetzt dort aussehen mag.

Im Umkreis des Lagers hielten sich viele weitere Flüchtlinge auf. Deshalb hatte der Bürgermeister ein Gelände mit Zelten bestücken lassen, ein fast offenes Gelände, in dem weitere

Karin Asboe

1.200 Flüchtlinge lebten. Uns wurde berichtet, dass die meisten Flüchtlinge von der türkischen Küste gegenüber von Lesbos ankommen. Dann müssen sie einen sehr riskanten Weg auf sich nehmen, um überhaupt zur Polizei zu kommen, wo die Erfassung erfolgt. Dieser Weg ist lang, zu Fuß braucht man ungefähr zwei Tage. Währenddessen sind die Flüchtlinge illegal, und es ist jedem verboten, ob Bus- oder Taxifahrer oder Tourist, die Flüchtlinge mitzunehmen. Viele der Menschen sind geschwächt, krank, alt oder schwanger. Die Straße ist nicht befestigt, die Autos rasen. Beeindruckend war für mich die Anteilnahme und Empathie der Inselbevölkerung für die Flüchtlinge, die zu 90% aus Syrien, Eritrea, Afghanistan, Somalia kommen. Hoteliers, die jetzt im Sommer ihre Hotels für den Tourismus öffnen mussten, weil das ihre Lebensgrundlage ist, hatten im Winter dort Flüchtlinge beherbergt. Viele Einheimische versuchen, mit Nahrung, Transport und jedweder Hilfe die Flüchtlinge zu unterstützen, und das bei einer Bevölkerung, die deutlich ärmer ist als die meisten unter uns.

Die Flüchtlinge kommen aus der Türkei, oft auch aus dem Libanon und aus Jordanien und versuchen, europäischen Boden zu erreichen. Viele glauben, sie hätten es geschafft, wenn sie in einem europäischen Land angekommen sind. Mitglieder der Delegation, die Lampedusa besucht hatte, berichteten, dass es sie sehr berührt habe zu sehen, wie einzelne Flüchtlinge den europäischen Boden küssten, ohne zu ahnen, was ihnen in Europa bevorsteht. Die Flüchtlinge sind ja nicht am Ende ihres Leidensweges, wenn sie in Griechenland sind, denn dann gilt es, aus Griechenland wieder wegzukommen. Griechenland verzeichnete in diesem Jahr bereits sechsmal so viele Flüchtlinge wie im Vorjahr.

Heribert Prantl hat die Haltung der EU zum Thema Flüchtlinge in der *Süddeutschen Zeitung* vom 25. Juni 2015 in einer fiktiven Erklärung europäischer Staats- und Regierungschefs so skizziert:

> »Mit Sorge und Besorgnis registrieren wir die dramatische Lage der Flüchtlinge, die sich auf den Weg über das Mittelmeer nach Europa machen. Wir sehen mit Bestürzung die Not dieser Menschen. Die Staaten der EU sind bereit zu helfen, aber diese Hilfe darf die Aufnahmekapazitäten der EU-Staaten nicht übersteigen. Wenn das Asylrecht, wie gegenwärtig, im Übermaß in Anspruch genommen wird, leidet darunter die Aufnahmebereitschaft der europäischen Völker. Die Staaten der EU können Asyl nur im Rahmen ihrer beschränkten Möglichkeiten verantworten. Wir appellieren deshalb an die Selbstverantwortung der Flüchtlinge. Sie mögen sich nicht länger in unmäßige Gefahr begeben. Wer sich aufs Meer begibt, kommt drin um.«

23.000 Tote wurden da bereits gezählt. – Prantl fährt fort:

> »Die EU wird in den kommenden Jahren noch intensiv über Verteilungsschlüssel für Flüchtlinge verhandeln. Diese Verhandlungen können nicht überstürzt werden, weil die Stabilität in den EU-Ländern nicht gefährdet werden darf. Die EU rät daher den Flüchtlingen, diese Verhandlungen zuversichtlich abzuwarten. Die EU wird alles tun, um sich in absehbarer Zukunft als Raum des Rechts, der Sicherheit und der Freiheit zu erweisen. Bis es so weit ist, bitten wir die Flüchtlinge, Ruhe zu bewahren und sich zum Beispiel im Libanon einzurichten, wie das schon zwei Millionen Flüchtlinge gemacht haben.«

Eingedenk der Bilder, die mir nach der Griechenlandreise noch sehr präsent sind, frage ich, was passiert, wenn dieses Land kein Geld mehr hat? Ich denke, wir müssen gegenüber Griechenland und Italien kreativer sein, auch in partnerschaftlicher Hilfe, in jeder Form: indem Flüchtlinge hier aufgenommen werden; dass diejenigen, die einmal hier sind, kein langes Asylverfahren mehr durchlaufen müssen und eine hohe Anerkennungsquote haben. Wir müssen auf staatlicher, aber auch auf nichtstaatlicher Ebene Partnerschaften finden, um die Hilfsbereitschaft, die in Griechenland wie in Italien herrscht, mit unseren Möglichkeiten unterstützen.

Jochen Oltmer: Für die globale Flüchtlingssituation und die Aufnahme von Schutzsuchenden in Europa ist erstaunlicherweise immer noch eine sehr starke *ad-hoc*-Thematisierung festzustellen. Immer wenn ein spezifisches Ereignis, eine Katastrophe, eine neue Zahl, eine neue politische Entschei-

Jochen Oltmer

dung bekannt wird, wird für ein paar Tage intensiv über unser Thema gesprochen, aber in der Regel endet diese Diskussion schon kurz darauf. Eine tatsächlich nachhaltige Diskussion des Themas findet bisher nicht statt. Auffällig ist auch, dass in der Regel über *Instrumente*, über Werkzeuge, ge-

sprochen wird, dass aber weder national noch auf europäischer Ebene konkret formuliert wird, was die *Ziele* von Flüchtlings- und Aufnahmepolitik sind, welche Überlegungen mit der Aufnahme von Schutzsuchenden überhaupt verbunden sind. Darüber hinaus fällt auf, dass die jetzt geführten Debatten zu einem großen Teil geschichtsblind und raumvergessen sind. Geschichtsblind, weil kaum ein Rückbezug auf das stattfindet, was wir in den vergangenen Jahren und Jahrzehnten im Zusammenhang von globalen Fluchtbewegungen, von Aufnahme in Europa, in Deutschland erlebt haben. Raumvergessen meint: Die Debatte ist zentriert auf Deutschland, auf deutsche Probleme, auf Herausforderungen für und in Deutschland. Gelegentlich kommt zwar die europäische Ebene zur Sprache, dann aber meist mit der Perspektive, die Leistungen anderer Staaten im Kontext von Migration abzuqualifizieren, nach dem Motto: Wir, sprich Deutschland, haben doch die meisten Zuwanderer aufgenommen und kümmern uns am besten um sie. Hier muss aber die globale Perspektive viel stärker berücksichtigt werden als bisher.

Wenn es um die Aufnahme von Flüchtlingen geht, wird in der Debatte darüber meist schnell auf die Rechtslage Bezug genommen, insbesondere auf das bestehende Asylrecht und die Genfer Flüchtlingskonvention. Hinzu kommen aber viele gesetzliche Regelungen, die man zusammenfassend als Migrationsrecht bezeichnen kann. Die Staaten können mit weiten Ermessensspielräumen über die Aufnahme von Zuwanderern entscheiden – auch die Bundesrepublik hat das getan –, und daher ist über weit mehr zu sprechen als nur über asylrechtliche Regelungen. In den letzten Jahrzehnten gab es immer wieder Diskussionsprozesse um die Aufnahme einzelner Flüchtlingsgruppen. Das Maß der Bereitschaft, solche Aufnahmen dann tatsächlich durchzuführen, war stets Ergebnis eines spezifischen Diskussions- und Aushandlungsprozesses. Dabei haben sowohl die Zivilgesellschaft, und zwar von Beginn der Geschichte der Bundesrepublik an, als auch die Medien eine ganz zentrale Rolle gespielt.

So wurde die Zuwanderung aus der ehemaligen DDR ab 1951 in »Notaufnahmeverfahren« geregelt, wurden Zuwanderer aus Ungarn nach dem Putsch 1956 aufgenommen, aus Algerien während der späten 1950er bzw. frühen 1960er Jahre. Zuwanderer aus Griechenland wurden aufgenommen nach dem Militärputsch 1967, aus der Tschechoslowakei im Jahr 1968, aus Chile 1973. Südostasiatische *boat people* kamen während der späten 1970er und frühen 1980er Jahre. Zuwanderer aus Jugoslawien kamen nach Öffnung des »Eisernen Vorhangs« und während der dortigen Kriege in den frühen 1990er Jahren.

Bei jeder dieser Gelegenheiten kamen neue Diskussionen über die Frage auf: Wer ist denn überhaupt ein ›Flüchtling‹? Und was ist eigentlich das Kriterium dafür, Menschen aufzunehmen? Wie und unter welchen Umständen soll ganz konkret eine Aufnahme erfolgen? Dabei haben sich keine Regeln oder Routinen herausgebildet, sondern es gab stets neue Diskussionen, und jedes Mal wurde es fraglich, wie die Zivilgesellschaft auf die jeweiligen Herausforderungen reagiert. Im Kontext von Ungarn 1956 oder der Aufnahme von *boat people* Ende der 1970er Jahre haben zivilgesellschaftliche Initiativen die Politik vor sich hergetrieben und am Ende dafür gesorgt, dass von staatlicher Seite für die notwendige Aufnahmebereitschaft gesorgt wurde, obgleich zunächst auf politischer Ebene gefordert worden war, nichts, aber auch gar nichts im Blick auf die Aufnahme von Flüchtlingen zuzulassen.

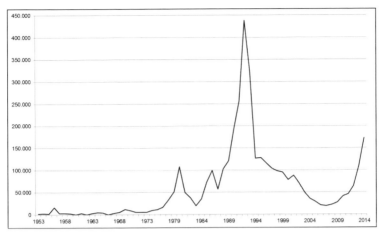

Asylanträge in der Bundesrepublik Deutschland 1953-2014

Zu Beginn der 1990er Jahre gab es einen starken Anstieg der Zahl von Aufnahmen und von Asylanträgen. Die Zahl der Zuzüge in die Bundesrepublik Deutschland 2013 (das ist die aktuellste verfügbare Zahl) zeigt nun, dass die Welt keineswegs vor der deutschen Tür steht, auch nicht hereingelassen worden ist, und dass der ›Exportweltmeister‹ Deutschland im Hinblick auf Migration nur wenig globalisiert ist: Fast 80% aller festgestellten Zuzüge sind europäische Bewegungen. Menschen aus Afrika machen gerade einmal 4% der Zuwanderung bei uns aus. Diese Größenordnungen sollte man mitbedenken bei der Interpretation globaler Flüchtlingszahlen.

	2013			2014		
	Zuzüge	Fortzüge	Saldo	Zuzüge	Fortzüge	Saldo
Europa	941.379	609.289	332.090	1.081.155	713.242	367.913
Afrika	53.393	22.893	30.500	75.313	27.435	47.878
Amerika	63.905	58.020	5.885	67.799	60.698	7.101
Asien	154.424	84.506	69.918	224.889	90.135	134.754
Australien/ Ozeanien	7.344	7.371	-27	7.393	7.828	-335
Gesamt	1.226.496	789.193	437.303	1.464.724	914.241	550.483

Zu- und Fortzüge, Deutschland 2013-2014

Von Flüchtlingen, also Menschen, die Staatsgrenzen überschreiten, zu unterscheiden ist die zahlenmäßig bedeutend größere Gruppe binnenver-

111

triebener Menschen, sogenannter *internally displaced persons* (IDPs), die innerhalb eines Staates ausweichen.

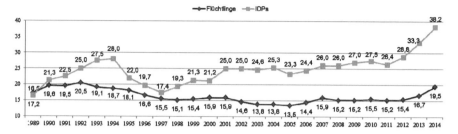

Flüchtlinge weltweit, 1989-2014

Im Jahr 2014 ist nun tatsächlich die Zahl der von der UN registrierten Flüchtlinge besonders stark angestiegen. Tatsächlich finden sich aber 86% der registrierten Flüchtlinge bzw. Binnenvertriebenen in den Staaten des globalen Südens, in den sogenannten Entwicklungsländern. Europa hat in den vergangenen Jahren – relativ gesehen – in diesem Kontext sogar einen Bedeutungsverlust erlebt, denn 2003 waren noch 30% aller Flüchtlinge im globalen Norden, in den entwickelten Ländern zu finden. Heute sind es nur mehr 14%. Europa ist also nur marginal betroffen, was Flüchtlings-bewegungen und Flüchtlingsaufnahme angeht.

Aus meiner Sicht ist es wichtig, eine breite Debatte darüber zu führen, welchen Zielen wir im Hinblick auf Asylpolitik, Flüchtlingsaufnahme und Migrationspolitik folgen wollen. Wir sollten hier nicht nur auf die Politik schauen, sondern uns alle daran beteiligen. Politik hat hier vor allem eine Moderatorenrolle und keineswegs die Funktion, uns am Ende vorzugeben, welche Flüchtlingspolitik auf europäischer oder bundesrepublikanischer Ebene verfolgt werden soll.

Ich möchte daran erinnern, dass die asylrechtlichen ›Dublin‹-Regelungen insbesondere Anfang der 1990er Jahre von bundesdeutscher Seite gewollt waren und entwickelt wurden. Wenn sie heute nicht mehr funktionieren, muss die Bundesrepublik, die für die Einführung dieser Regelungen verantwortlich war, auch für die Reform dieser Regelungen Verantwortung übernehmen.

Oft wird diese Zuständigkeit der sogenannten ›internationalen Staaten-gemeinschaft‹ zugeschrieben, was aber völlig in die Irre geht. Beim Thema Migration agiert keine internationale Staatengemeinschaft, sondern es gibt sehr viele Staaten und Gesellschaften mit sehr unterschiedlichen Interessen. Diese Interessen laufen zu einem sehr guten Teil konträr.

Die vermeintliche Brisanz der neuen Erstaufnahmeeinrichtung in Osnabrück kann man vielleicht etwas gelassener nehmen, wenn man weiß, dass das größte Flüchtlingslager weltweit, das Lager Dadaab in Kenia, wo vor allem somalische Flüchtlinge aufgenommen werden, 340.000 Bewohner hat – ein Lager, doppelt so groß wie unsere Stadt.

Martina Blasberg-Kuhnke: Wir haben zu Anfang ein leidenschaftliches Plädoyer für die Willkommenskultur vor Ort, in Osnabrück gehört. Wie verhalten sich die in jeder Hinsicht anerkennenswerten Bemühungen vor Ort zu den Erfahrungen, die Sie, Frau Asboe, schildern, zu den Bars auf der einen Seite und den auf Kartons lagernden Flüchtlingen auf der anderen Seite? So lässt sich ja auch unsere Situation beschreiben. Auch wir sind in unserem Alltag weitgehend geschützt vor der Konfrontation mit der Flüchtlingsnot. Was bedeutet das für uns, die wir hier in Osnabrück an dieser Willkommenskultur arbeiten? Wie müssen wir die Verhältnisse auf den verschiedenen Ebenen – vor Ort, regional, in Niedersachsen und den anderen Bundesländern, die durchaus unterschiedlich agieren, schließlich in den Ländern Europas und der EU und dann global – wahrnehmen, um das, was wir tun, nicht blauäugig zu tun?

Jochen Oltmer: Wir müssen uns immer wieder vergegenwärtigen, mit welchen Dimensionen wir es weltweit zu tun haben. Es ist offenkundig so, dass viele der gebotenen Maßnahmen hier vor Ort in der Bundesrepublik oder in Niedersachsen ergriffen werden müssen. Dabei spielt die Zivilgesellschaft eine große Rolle. Aber auch darüber hinaus muss sehr viel geschehen, und hier kommen Institutionen wie der Flüchtlingshochkommissar der Vereinten Nationen in den Blick. Die Arbeit des UNHCR wird zwar immer wieder kritisiert, aber es ist eine der wenigen Institutionen, die tatsächlich weltweit in der Nothilfe für Flüchtlinge tätig sind. Sie wird ständig von vielen Staaten angefordert, weil diese Staaten – tatsächlich oder vorgeblich – nicht in der Lage sind, Unterstützung in Krisensituationen zu leisten. Der UNHCR am Stammsitz des Hochkommissars in New York erhält Finanzmittel für sein festes Personal. Aber für die Nothilfe weltweit in den Flüchtlingslagern und anderswo gibt es keine Unterstützung. Hierfür ist der UNHCR auf Spenden angewiesen, und zwar schon seit mehr als 60 Jahren. Das heißt, es treten immer wieder sehr prekäre Situationen ein, und immer wieder muss diese Institution um Geld betteln – ohne jede Chance, längerfristig Perspektiven zu entwickeln. Dies ist eines der Probleme, unter denen jede Flüchtlingsnothilfe leidet.

Natürlich geht es auch darum, die Verhältnisse in unserer Stadt zu betrachten. Aber richtig ist auch: Der größte Teil der weltweiten Bewegung von Flüchtlingen findet außerhalb Europas statt, tatsächlich auch in den allerärmsten Ländern, die am meisten davon betroffen sind.

Martina Blasberg-Kuhnke: Herr Pistorius, wie sehen Sie Ihre Arbeit eingebettet in diesen größeren Kontext?

Boris Pistorius: Meinungsumfragen zeigen, dass die Stimmung in den Regionen Deutschlands gegenüber der Zuwanderung nach wie vor sehr viel positiver ist als vor 20 Jahren. Allerdings haben wir leider zunehmend Regionen, in denen sich Fremdenfeindlichkeit unterschwellig wieder breit macht, oder auch offen z.B. dadurch, dass Brandsätze geworfen werden auf im Bau befindliche Unterkünfte. Osnabrück gibt aus meiner Sicht ein gutes Beispiel dafür, dass die Aufnahme funktioniert. Und solche Beispiele gibt es tatsächlich sehr viele. Die dürfen wir nicht kleinreden, aber auch nicht überhöhen. Damit werden weder die globalen Probleme gelöst, noch die europäische Solidarität insgesamt verwirklicht.

Was die globalen Flüchtlingsbewegungen und die Flüchtlingsunterkünfte in der Dritten Welt betrifft, so sprechen wir dabei über die Folgen einer katastrophalen Entwicklung der Nachkriegsgeschichte. Diese Ursachen sind nun nicht im gleichen Zeitraum aus der Welt zu schaffen, sicherlich jedenfalls nicht auf Landesebene. Dabei ist der Begriff ›Zuwanderung‹ mindestens ebenso diffus wie der Begriff der ›Flüchtlinge‹. Wir verzeichnen Zuwanderung aus dem europäischen Raum, aus den EU-Mitgliedstaaten, der uns in diesem Sinne gar nicht interessiert. Das ist ein Kommen und Gehen, davon lebt Europa, das ist mittlerweile selbstverständlich. Darüber hinaus aber bekommen wir jetzt eine große Gruppe von Flüchtlingen, die aus unterschiedlichen Ländern und aus verschiedenen Gründen kommen. Und sie kommen zu uns, auf direktem oder indirektem Wege. Griechenland ist schon seit Langem damit überfordert, deshalb wird niemand dorthin zurück überstellt. Italien hat eine Sondersituation durch die Lage von Lampedusa und die Nähe zu Libyen. Griechenland und Italien weisen eine weitere Gemeinsamkeit auf: Es gibt dort keine Sozialhilfe wie bei uns, mit der Folge, dass die Regierungen innenpolitisch ein großes Problem damit haben, Asylbewerbern, die über das Mittelmeer kommen, Sozialhilfe zu zahlen, einen Lebensunterhalt zu gewähren, der nicht einmal den eigenen Bedürftigen gewährt wird.

Was tun wir in dieser Situation? Ich persönlich bin ein großer Unterstützer des Traums, dass jeder Mensch überall hingehen können soll, wo er will. Ja, aber dann muss er auch für seinen Lebensunterhalt aufkommen können. Denn wir müssen auch darüber reden, was wir unserer Gesellschaft am Ende zumuten. Was passiert eigentlich, wenn die Zahl der

Zuwanderer langfristig nicht zurückgeht? Es ist zu befürchten, dass AfD und andere versuchen werden, dies für ihre Politik zu instrumentalisieren. Deshalb müssen wir uns um Akzeptanz in der Bevölkerung bemühen, und das beginnt vor Ort. Dafür braucht es die guten Beispiele, die Unterstützung der Politik, aber es ist auch die Erkenntnis vonnöten, dass wir nicht alles sofort leisten können.

Richtig ist ja, dass wir hier eine ad-hoc-Diskussion führen. Denn in Niedersachsen sind unter der vorigen Landesregierung noch bis 2012 die Kapazitäten in den Aufnahmeeinrichtungen auf die Hälfte dessen, was Ende 2003 da war, zurückgefahren worden – und das, obwohl bereits im Jahr 2009 die Asylbewerberzahlen wieder signifikant angestiegen sind. Man hat die Zeichen der Zeit nicht erkannt – man hat sie ignoriert. Heute stehen wir vor den nachteiligen Folgen für die Diskussionen über Zuwanderung und vor deren finanziellen und gesellschaftspolitischen Auswirkungen.

Martina Blasberg-Kuhnke: Frau Asboe, Sie haben in Ihren Stellungnahmen immer wieder auch auf sprachliche Fehlleistungen im Diskurs über Zuwanderung hingewiesen, auf eine Panikrhetorik, auf eine Katastrophenrhetorik. Es heißt, das Boot sei voll, wir würden von Flüchtlingen überschwemmt, Flüchtlinge kämen als Ströme oder Fluten ins Land. Was trägt solche Katastrophenrhetorik dazu bei, dass es nicht gelingt, die Ergebnisse der Wissenschaft auch bis in das Bewusstsein der Bevölkerung gelangen zu lassen?

Karin Asboe: Die Folgen davon sind z.B. gerade in Sachsen zu besichtigen: Die dortige Landesregierung hat sich in den letzten 20 Jahren nicht bemüht, der Bevölkerung ein differenziertes Bild zu vermitteln. Das betrifft das Verhältnis zum Islam, zu Fremden, die überhaupt nur in geringer Zahl dort vorhanden sind, aber auch zu allen übrigen, die irgendwie anders sind. Das hat dazu beigetragen, dass rechtsradikale Bewegungen immer breiter und aggressiver werden konnten und sich kaum ein Landespolitiker dagegengestellt hat. Wenn demokratische Bewohner, die versucht haben, der Fremdenfeindlichkeit entgegenzutreten, aus ihren Wohnorten verjagt werden, dann wird es Zeit, dass sich der Landesvater, als der er sich selber gerne sieht, dazu äußert und nicht nur betroffen davorsteht. Ich finde, da kann Politik eine ganze Menge machen, kann Signale setzen.

Publikum: Ich bin hier mit zwei jungen Flüchtlingsfrauen aus dem Landkreis Osnabrück. Beide sind schon längere Zeit hier, 10 bzw. 18 Monate. Auf dem Land ist die Unterbringung oft sehr problematisch, weil die

Flüchtlinge verkehrstechnisch ziemlich abgeschnitten sind, etwa von einem Integrationskurs. In manchen Orten gibt es keine Lebensmittelgeschäfte mehr. Die jungen Leute wollen gern etwas machen, wollen Deutsch lernen, stehen aber vor unüberwindlichen Hürden. Abendliche Kurse können sie nicht wahrnehmen, weil sie auf die Schulbusse angewiesen sind, die nur morgens und mittags fahren. Das trägt nicht zur Integration bei und ist auch psychisch nicht leicht zu verkraften.

Boris Pistorius: Solche Situationen kennen wir auch aus den 1990er Jahren, und wir wollen sie eigentlich vermeiden. Ein Riesenproblem allerdings, das noch gar nicht angesprochen wurde, ist die große Zahl unbearbeiteter Asylanträge beim Bundesamt für Migration und Flüchtlinge *(BAMF)*.

In vielen Städten, aber zunehmend auch in den Gemeinden und Dörfern gibt es nun massive Probleme, was die Unterbringungskapazitäten angeht. Wohnungen sind nicht innerhalb weniger Monate aus dem Boden zu stampfen, und auch Grundstücke stehen nicht sofort zur Verfügung. Die Kommunen und die Landkreise, die die Zuweisungen an die Gemeinden vornehmen, haben wenig Spielraum. Sie müssen die bestehenden Unterkünfte nehmen, damit die Leute überhaupt ein Dach über dem Kopf haben. Hinzu kommt, dass es zwischen der Ankündigung, dass Flüchtlinge kommen, und der Ankunft selbst nur einen zeitlichen Vorlauf von drei bis vier Wochen gibt. Für die geschilderten, höchst unbefriedigenden Situationen gibt es keine einfachen Lösungen, denn auch mit Fahrdiensten wäre das Problem nicht gelöst. Wir müssen schnell dafür sorgen, dass Sprachkurse dezentral vorgehalten und durchgeführt werden, damit möglichst schnell die Voraussetzungen dafür geschaffen werden, dass diese Menschen sich eine eigene Existenz aufbauen können und die dezentralen Unterbringungen verlassen.

Wir müssen die Flüchtlinge schnellstmöglich in diese eigene Existenzaufbauphase bringen. Solange uns das nicht vernünftig gelingt, wird es bei den angesprochenen Problemen bleiben, bei gleichzeitiger Verschärfung der Unterbringungsfrage. Leider ist das nicht ohne Weiteres zu realisieren, schon gar nicht per Verordnung an die Bürgermeister, ihre Zuwanderer nur noch in der Ortsmitte unterzubringen, damit sie ihren Integrationskurs zu Fuß erreichen können. Das würde nicht funktionieren.

Jochen Oltmer: Es wird ja diskutiert, ob der *Königsteiner Schlüssel*, der festgelegt, wie die einzelnen Bundesländer an gemeinsamen Finanzierungen zu beteiligen sind und nach dem derzeit auch die Zuwanderer verteilt werden, durch einen besser geeigneten Verteilungsmechanismus abgelöst werden soll. Es spricht viel dafür, von diesen Regelungen abzugehen und z.B. auch zu berücksichtigen, wo schon Verwandte oder Bekannte der Flüchtlinge in Deutschland leben, sodass jenseits von Unterbringungszuweisungen auch andere Möglichkeiten der Unterkunft bestünden. Andererseits sorgte der Königsteiner Schlüssel bisher dafür, dass es über einen längeren Zeitraum eben *keine* erheblichen Diskussionen zwischen den Bundesländern über die Zahl der aufzunehmenden Flüchtlinge gegeben hat, sondern eindeutige formale Regelungen. Auf EU-Ebene wird jetzt über Verteilungsschlüssel nachgedacht – durchaus dem Beispiel des Königsteiner Schlüssels folgend. Ich meine: Weniger die Abschaffung dieses Instruments als vielmehr die Möglichkeit, es flexibler zu nutzen, könnte weiterhelfen.

Karin Asboe: Der Königsteiner Schlüssel ist kein gutes Instrument, denn er berücksichtigt nicht Beziehungen, die Flüchtlinge zu einzelnen Communities, Städten oder Ländern haben. Und es macht allen Beteiligten viel Mühe, einmal gemachte Zuweisungen rückgängig zu machen, wenn es z.B. darum geht, für eine Patientin eine Behandlungsmöglichkeit in einer anderen Stadt wahrzunehmen oder ein verwandtschaftliches Zusammenleben zu ermöglichen.

Die Unterbringung der Flüchtlinge sollte nach Möglichkeit in Wohnungen erfolgen, das haben inzwischen immer mehr Städte erkannt. Nichtregierungsorganisationen können hier mit einer Art Umzugsmanagement beauftragt werden, dafür gibt es Beispiele in Leverkusen, Köln und anderen Städte. Es hat sich gezeigt, dass sich das rechnet, weil es preiswerter ist, Flüchtlinge in privaten Wohnungen unterzubringen, und sich sogar ein Berater, der dabei hilft, lohnt. Flüchtlinge irgendwo in Außenbereichen unterzubringen, ist hochproblematisch – dass dort irgendwann ein Brandsatz fliegt, ist fast vorprogrammiert.

Publikum: Wenn man täglich mit Geflüchteten Kontakt hat, mit ihnen spricht, dann weiß man, dass es hier in dieser Stadt unglaublich viele Probleme gibt, unglaublich viel strukturelle Diskriminierung und Leid. Das geht in den bisherigen Lobreden völlig unter.

Publikum: Wenn wir Flüchtlingen aus den Balkanländern *pauschal* die Asylberechtigung absprechen und mit teilweise militärischen Mitteln Zugangswege nach Europa versperren, bleiben bedauernde Worte leider bedeutungslos. Es mag sein, dass die Welt versagt hat, aber das ist sehr abstrakt. Es sind bestimmte politische und ökonomische Systeme, die diese Verhältnisse produziert haben. Europa trägt hier eine Verantwortung, die bisher nicht eingelöst wurde.

Boris Pistorius: Als Landesinnenminister eines SPD-geführten Bundeslandes habe ich im parlamentarischen Verfahren Einfluss zu nehmen versucht auf bestimmte gesetzliche Regelungen, z.B. dagegen, dass ein Abschiebegrund darin gesehen wird, wenn ein Asylbewerber erhebliche Beträge an einen Schleuser gezahlt hat. Es ist uns teilweise gelungen, die Bleiberechtsregelung zu erweitern. Und wenn mir auch die Abschiebehaftregelung noch so sehr missfällt – ich habe zu akzeptieren, dass sie am Ende demokratisch legitimiert zustande kommt. Und dann ist es im Zweifel Aufgabe der Gerichte, das zu überprüfen.

Wir sind uns doch in den meisten Punkten, jedenfalls im Grundsatz, einig hinsichtlich der Frage: Was bedeutet eigentlich Flüchtlingselend? Wer macht sich auf den Weg? Welche Verpflichtung haben wir, den Menschen zu helfen im Rahmen unserer Möglichkeiten?

Aber wir müssen auch ehrlich mit uns selbst sein. Nicht überall regieren Zuversicht und Optimismus, auch in Deutschland nicht. Und es gibt Menschen, die haben Angst vor Fremden. Das klingt für manche absurd, und wir müssen uns dagegen wenden, aber doch nicht, indem wir sagen: Alle Probleme dieser Welt werden wir jetzt in Deutschland lösen, ohne Rücksicht auf die Möglichkeiten der deutschen Bevölkerung, das zu fassen. Wir brauchen auch Behutsamkeit und einen langen Atem. Jeder, der den Menschen etwas überstülpen will, wird am Ende kläglich scheitern und schlimmere Ergebnisse bekommen, als er sich hat träumen lassen.

Deswegen sage ich: Lasst uns diskutieren, lasst uns um die Wege streiten, lasst uns demokratische Mehrheiten organisieren, aber nicht diejenigen beschimpfen oder diffamieren, die sich bemühen, etwas besser zu machen. Wem das nicht gefällt, der muss ein anderes System finden. Das gilt im Übrigen genauso für die Frage der *Verteilung* von Flüchtlingen. Ich höre immer wieder: Dublin III taugt nichts. Ja, das stimmt. Aber was setzen wir an die Stelle von Dublin III? Sagen wir, jeder soll hingehen können, wo er will, ganz egal, was das für die jeweiligen Gesellschaften bedeutet? Dann möchte ich die Bürger dazu in zehn Jahren hören, wenn Situationen eingetreten sind, wie wir sie uns nicht vorstellen können. Etwas mehr Realismus wäre bisweilen wirklich hilfreich.

Karin Asboe: Dass Dublin III nicht funktioniert, räumen inzwischen auch die Bundesregierung oder das Bundesinnenministerium ein. Eine ganze Reihe von Organisationen wie Pro Asyl, Diakonisches Werk, Rotes Kreuz, Neue Richtervereinigung und andere, die gemeinsam das Memorandum für den Flüchtlingsschutz formuliert haben, fordern darin neue Denkansätze. Es gibt nicht *einen* Weg, es gibt mehrere. Ein wichtiger Schritt besteht darin, den Flüchtling zu Beginn seines Verfahrens zu fragen, wohin er möchte. Es muss sicher weitere Instrumente geben, etwa ein *resettlement*-Programm, das den Namen verdient. Und es muss auch außerhalb des ›Flaschenhalses Asyl‹ legale Wege nach Europa geben. Darüber hinaus muss geltend gemacht werden, dass jemand, der in *einem* europäischen Land als Flüchtling anerkannt ist, Freizügigkeit in der EU genießt. Es kann nicht sein, dass die Ablehnung eines Asylgesuchs europaweit gegenseitig anerkannt wird, nicht aber eine Anerkennung als Asylberechtigter!

Interessant ist hier ein Blick nach Mexiko und in die USA: solange die Grenze zwischen beiden Ländern *nicht* geschlossen war, ging die Migration hin und her. Die Menschen konnten, wenn sie den Zweck ihrer Reise in die USA erfüllt hatten, wieder zurück. Das sieht das Asylrecht nicht vor, d.h. wer einmal diese Grenze überwunden hat, darf nicht zurück, ohne seinen Status zu verlieren, sondern muss bleiben. Wäre dies anders geregelt, könnte mit geringeren Zahlen von dauerhaft bleibenden Flüchtlingen in Europa gerechnet werden.

Jochen Oltmer: Der Hinweis darauf, Freizügigkeit innerhalb der EU sei auch für Flüchtlinge nötig, ist sehr berechtigt. Derzeit stehen die Chancen dafür auf europäischer Ebene allerdings nicht gut, im Gegenteil: Man hat den Eindruck, dass eher versucht wird, mit einer Verschlechterung der Lebenssituation und verringerten Möglichkeiten des Zugangs zu den jeweiligen Territorien zu verhindern, dass Flüchtlinge kommen. In vielen Ländern haben jetzt – wie auch bei uns – Abwehrmechanismen einen hohen Stellenwert, verbunden mit Wunschvorstellungen über Steuerungsmöglichkeiten der Zuwanderung. Man meint, diese in den Griff zu bekommen, wenn es denn eine ›effektive Überwachung‹ des Mittelmeers gibt. Dann seien die ›Probleme‹ lösbar, und beim BAMF könne man darauf verzichten, mehr Mitarbeiter einzustellen.

Am Beispiel Mexiko hat die Migrationsforschung zum weltweiten Wanderungsgeschehen feststellen können, dass die Zuwanderung vom globalen Süden in den globalen Norden in den vergangenen Jahren deutlich abgenommen hat. Die Vorstellung, es seien immer mehr Menschen in Richtung auf die reichen Staaten unterwegs, ist irrig. Seit zehn Jahren gibt es eine sehr starke Abnahme dieser Bewegung. Die Prognosen der Vereinten Nationen weisen darauf hin, dass sich diese Bewegung in den kommenden Jahren weiter abschwächen wird. Dabei spielen Aspekte eine Rolle, die kaum berücksichtigt werden. Zwar fällt in der Debatte immer wieder der Begriff der *Armutsmigration*, während die Migrationsforschung in jeder ihrer Untersuchungen feststellt, dass Armut Migration *verhindert* oder wenigstens stark *behindert*. Oft wird der Eindruck erweckt, die Weltbevölkerung sei ständig in Bewegung. Der Blick auf die konkreten

Zahlen zeigt aber eine relativ geringe Migration an, und besonders gering ist sie zwischen den wenig entwickelten und den entwickelten Staaten.

In der Vergangenheit hat es nur wenig Migration zwischen Afrika und Europa gegeben, deshalb existieren nur wenige Netzwerke, über die Migration im Regelfall verläuft. Es spricht tatsächlich manches dafür zu fragen: Brauchen wir eigentlich Grenzkontrollen?

Boris Pistorius: Ich halte es für falsch, neue Grenzkontrollen innerhalb des Schengen-Raums einzuführen. Dass es gegenwärtig keine geregelte Zuwanderungsmöglichkeit nach Europa gibt, ist allerdings ein Problem. Wir haben das Asylrecht für die politisch Verfolgten, und wir fassen derzeit auch die Bürgerkriegsflüchtlinge darunter. Wenn nun auch alle anderen, die ins Land kommen, keinen anderen Weg haben als den über das Asylgesuch, dann ist das eine Sackgasse, sobald die Behörden feststellen, dass kein Asylgrund gegeben ist. Dann stecken diese Menschen über Monate im System fest. Nun könnten wir doch sagen: »Ihr habt eine Qualifikation. Ihr seid doch nach Deutschland gekommen, weil ihr hier arbeiten wollt«. Wir könnten ihnen einen Ausweg aus dem Asylsystem öffnen. Das geschieht aber nicht, im Gegenteil, wir schließen sie aus: Wer einmal einen Asylantrag gestellt hat, der abgelehnt wurde, hat keine Chance mehr auf einen legalen Aufenthalt in Deutschland. Stattdessen sollten wir einen legalen Weg öffnen, der qualifizierten Zuwanderern die Chance gibt, in Deutschland zu arbeiten und nach zwei Jahren einen unbefristeten Aufenthaltsstatus zu erhalten. Das Asylsystem ist derzeit der einzige Zugang und derzeit stark ausgelastet. Menschen werden in ein Verfahren genötigt, in dem sie nichts verloren haben, unglücklich werden und am Ende, nach viel zu langer, verpasster Lebenszeit und völlig mittellos in ihre Herkunftsstaaten zurückmüssen. Diese Probleme sind nicht durch Änderungen am Asylrecht zu lösen, sondern mit einer vernünftigen Zuwanderungsregelung zu beantworten.

Publikum: Migration ist ein Grundphänomen menschlicher Existenz, das uns neben Geburt und Tod am meisten bewegt, und in diesen Kontext gehört leider auch die Fremdenfeindlichkeit. In Deutschland wie in ganz Europa wird seit Jahrzehnten fast unverändert ein Bevölkerungsanteil von 30% festgestellt, der fremdenfeindlichen Positionen zustimmt. Offenbar sind sowohl unsere Aufklärungsmöglichkeiten als auch die der Politik begrenzt. Wie kann man in der Schule, über Bildung, über Hochschulen der Xenophobie wirkungsvoll entgegenwirken?

120

Publikum: Wie beurteilen Menschenrechtsorganisationen wie Pro Asyl die Lage in den sogenannten ›sicheren Herkunftsländern‹?

Publikum: Für die Flüchtlinge aus Syrien gilt, dass sie unter normalen Umständen keine Veranlassung gesehen hätten, nach Deutschland oder Europa zu kommen. Und auch jetzt, unter den Bedingungen der Kriegshandlungen dort, sind vor allem der Libanon, Jordanien und die Türkei das Ziel der Flüchtenden. Nur ein Vergleich: Die Anzahl der syrischen Flüchtlinge in Jordanien ist mittlerweile so hoch, dass Deutschland in Relation dazu 18 Millionen von ihnen aufnehmen müsste! Für diese Misere ist nicht nur die Kolonialpolitik der Länder Westeuropas verantwortlich, sondern auch die Tatsache, dass der Konflikt durch Waffenlieferungen aus interessierten Staaten so lange genährt wird. Diesen Waffenexporteuren muss das Handwerk gelegt werden.

Martina Blasberg-Kuhnke, Boris Pistorius, Karin Asboe

Publikum: Herr Pistorius, Sie haben in die Innenministerkonferenz ein beschleunigtes Asylverfahren für Geflüchtete aus dem Kosovo eingebracht, das diesen pauschal ein Recht auf Asyl abspricht. Kritiker haben darauf hingewiesen, dass einzelne Fluchtgründe, die für sich allein genommen noch keine Verfolgung darstellen, sich kumulativ sehr wohl zu politischer Verfolgung im Sinne des Völkerrechts verdichten können.

Karin Asboe: Zur Frage, wie man Fremdenfeindlichkeit wirksam begegnen kann, gibt es kein Patentrezept. Aber das Beste ist Begegnung und Kennenlernen. In Köln, wo seit Jahrzehnten türkische Gastarbeiter bei Ford arbeiten, die inzwischen zu Köln gehören, ist die Situation anders als in Dresden, wo es bis 1989 allenfalls stark isolierte Gruppen von Vietnamesen und Angolanern gab, mit denen Begegnungen quasi verboten waren. Das

Rezept ›Begegnung‹ verkehrt sich natürlich ins Gegenteil, wenn man Zuwanderer in menschenleeren Gegenden ansiedelt oder in so großer Zahl in eine kleine Kommune, dass kein Kennenlernen stattfinden kann, sondern das Gefühl der Bedrohung entsteht.

Kosovo ist kein sicheres Herkunftsland. Das KFOR-Mandat für Kosovo ist gerade verlängert worden, auch das ist ein Indikator dafür. Selbstverständlich sind nicht alle Menschen, die aus dem Kosovo kommen, asylberechtigt. Es muss aber eine faire Prüfung stattfinden, ob etwa kumulative Fluchtgründe bestanden haben. In Nordrhein-Westfalen geschieht es leider, dass Flüchtlinge aus dem Kosovo in bestimmten Aufnahmeeinrichtungen, oft genug in Notunterkünften, quasi separiert werden von anderen, und dort findet keine Beratung statt. Es werden ihnen oftmals weder Informationen über das Verfahren, noch über den Stand des Verfahrens, noch über die Möglichkeit einer freiwilligen Rückkehr gegeben. Ein solches ›beschleunigtes Verfahren‹ bedeutet eine drastische Einschränkung der Rechte der Asylbewerber, die auch Information und Begleitung brauchen.

Die Diskussion um die sogenannten sicheren Herkunftsländer ist auch deshalb problematisch, weil diese Feststellung ausschließlich mit Bezug auf das Kriterium ›politische Verfolgung‹ erfolgt. Das ist aber eine überholte Formulierung, denn das Asylrecht geht heute weiter, was mögliche Asylgründe angeht.

Das aktuell zur Beschlussfassung anstehende Gesetz zur Asylrechtsverschärfung bedeutet eine erneute Kriminalisierung von Flüchtlingen, und alle guten Ansätze zum Bleiberecht und zur Integration von Flüchtlingen in der Gesellschaft werden damit zunichtegemacht.

Boris Pistorius: Ich gehörte tatsächlich zu den Initiatoren eines beschleunigten Verfahrens für Asylbewerber aus dem Kosovo. Dies ist aber nicht zu verwechseln mit dem Verfahren bei sicheren Herkunftsstaaten. Den Hintergrund dieser Initiative bildet vielmehr der Bearbeitungsstau beim BAMF. Wir wollen den Bund dazu bewegen, diese Verfahren zu beschleunigen, damit die Menschen schnell Klarheit haben, insbesondere diejenigen, die eine Bleibeperspektive haben, weil sie einen Asylgrund haben. Vorrang sollen zunächst Menschen aus Syrien und dem Irak haben, deren Fälle bevorzugt geprüft werden, damit sie schnell Klarheit haben und schnell einen Status bekommen. Bei den Kosovaren gilt dies mit umgekehrtem Vorzeichen. Deren Anerkennungsquote ist äußerst gering, und das gilt auch für andere Balkanstaaten. In einem normalen, lange dauernden Verfahren würden wir die Situation der Menschen verschlechtern, weil sie nicht drei Wochen oder drei Monate, sondern zehn Monate oder länger in Deutschland sind, nicht auf die Füße kommen und dann doch abgeschoben werden, weil sie am Ende nicht anerkannt werden. Da ist es am Ende für die Menschen eher zumutbar, schnell Klarheit zu haben. Es geht nicht darum, die Verfahren rechtlich abzukürzen, sondern zu beschleunigen. Wir müssen das System Asyl intakt halten und weiter ertüchtigen, damit wir denjenigen, die vor den schlimmsten Nöten dieser Welt fliehen, Sicherheit bieten können. Das geht nur, wenn das System leistungsfähig bleibt.

Nun noch zu einer anderen Frage: Wie nimmt man den Menschen die Fremdenangst? Eine jüngere britische Studie hat noch einmal überzeugend dargelegt, dass überall dort, wo Menschen regelmäßig mit Menschen anderer Herkunft zusammenkommen oder sogar zusammenleben, die gegenseitigen Vorurteile deutlich geringer und weniger ausgeprägt sind. Das ist eigentlich eine Binsenweisheit: Wo man sich kennt und kennengelernt hat, da gibt es keine Vorurteile mehr, da gibt es nur Urteile. Alle Industriestädte mit hoher ›Gastarbeiter‹-Zuwanderung in den 1960er und 1970er Jahren kommen damit heute besser klar als die Städte, in denen das nicht so war. Osnabrück ist das beste Beispiel. Wir müssen die Menschen zusammenbringen und Ängste abbauen, aber das geht nicht per Erlass oder per Gesetz. Wenn wir uns selbstkritisch hinterfragen, hat doch jeder von uns, der eine mehr, der andere weniger, Angst vor etwas Fremdem. Das ist normal, ein Instinkt. Entscheidend ist doch, wie der Verstand diese irrationalen Ängste verarbeitet. Dazu müssen wir Hilfestellung leisten, durch vorbildliche Arbeit, Aufklärung und verbale Abrüstung. Wenn wir nicht erklären können, was wir tun, schüren wir Ängste, und das darf nicht passieren.

Jochen Oltmer: Auch ich bin der Ansicht, dass gegen Fremdenfeindlichkeit, Xenophobie, Aufklärung, Vermittlung von Kenntnissen und Wissen, auch über die Universitäten, helfen kann, auch wenn der Weg nicht immer einfach ist. Beispielhaft gescheitert ist leider der von uns unterstütze Versuch, im Kerncurriculum des Faches Geschichte in der gymnasialen Oberstufe das Thema Migration zu stärken und ein Modul Migrationsgeschichte einzubauen – in der Erkenntnis, dass solche Perspektiven einen Beitrag leisten können, eben auch Fremdenfeindlichkeit zu bekämpfen. Der damit befasste Landtagsausschuss war der Auffassung, das sei kein Thema für den niedersächsischen Geschichtsunterricht.

In Osnabrück wird zwar relativ viel über Flüchtlinge, Asyl, Schutzsuche diskutiert und berichtet, gleichzeitig aber liegt die Forschung über Gewaltmigration in Deutschland sehr im Argen. Eine gegenwartsorientierte, vernetzte Flüchtlingsforschung steht noch ganz am Anfang, was erstaunlich ist angesichts der Tatsache, dass es in den 1950er und 1960er Jahren eine starke, auf deutsche Flüchtlinge und Vertriebene bezogene Flüchtlingsforschung gegeben hat.

Unsere Universitäten sollten die Chance ergreifen, Ansätze zu einer interdisziplinären und gegenseitig sich informierenden Flüchtlingsforschung zu stärken. *Claus Leggewie* machte unlängst in der *Frankfurter Allgemeinen Zeitung* den Vorschlag, dass die Universitäten insgesamt noch stärker versuchen sollten, vor dem Hintergrund der aktuellen Diskussionen, auf Flüchtlinge vor Ort zuzugehen. Es gibt bereits sehr viel Engagement, in Osnabrück vor allem vonseiten der Studierenden. Die Universitäten selbst sollten mit Beratungs- und spezifischen Bildungsangeboten auf Flüchtlinge zugehen. Das ist ein wichtiger Beitrag für die Zukunftsfähigkeit dieser und anderer Universitäten.

Martina Blasberg-Kuhnke: Mit der Aufforderung, auf die Flüchtlinge, auf die Menschen, zuzugehen, schließt sich der Kreis unseres Gesprächs. Im Wirken gegen Fremdenfeindlichkeit und zum Umgang mit den angesprochenen Problemen müssen wir auch die Situation in Osnabrück ernst nehmen und das Unsere hier vor Ort tun. Das allein reicht aber sicher nicht aus. Wir haben gemeinsam die Aufgabe, dass Menschen, die geflüchtet sind, Menschen, die alles aufgeben mussten, was ihnen wichtig ist, bei uns mit ihren je einzelnen Schicksalen und Bedürfnissen Wahrnehmung und Anerkennung erfahren.

Adolf Muschg, Männedorf bei Zürich

Europa und das Vergessen

Festvortrag zum Tag der Deutschen Einheit
unter dem Motto »Europa sieht Deutschland«,
gehalten im Kreiszentrum Schölerberg zu Osnabrück
am 3. Oktober 2015

Wir sindt doch nuhmer gantz / ja mehr den gantz verheret!
Der frechen völcker schaar / die rasende posaun
Das vom blutt fette schwerdt / die donnernde Carthaun
Hatt aller schweis / vnd fleis / vnd vorraht auff gezehret.

Die türme stehn in glutt / die Kirch ist vmbgekehret.
Das Rahthaus ligt im graus / die starcken sind zerhawn.
Die Jungfrawn sindt geschändt / vnd wo wir hin nur schawn
Ist fewer / pest / vnd todt der hertz vndt geist durchfehret.

Hier durch die schantz vnd Stadt / rint alzeit frisches blutt.
Dreymall sindt schon sechs jahr / als vnser ströme flutt
Von so viel leichen schwer / sich langsam fortgedrungen.

Doch schweig ich noch von dem / was ärger als der todt.
Was grimmer den die pest / vndt glutt vndt hungers noth
Das nun der Selen schatz / so vielen abgezwungen.

In alter Sprache ein leider immer noch aktueller *status quo*, vor dessen
Wiederkehr damals der Westfälische Friede für immer bewahren wollte.

Im Sonett des *Andreas Gryphius* hatte der Dreißigjährige Krieg gerade
die Halbzeit überschritten, ohne dass ein Ende abzusehen war. Nach dem
Ruin der deutschen Länder, namentlich der einst blühenden Städte, war,
was immer auf diesem Boden an Staatlichkeit nachwuchs, als verspätete
Nation zu jener Aufholjagd verdammt, an deren Ende der zweite Dreißigjährige Krieg stand. Man kennt ihn besser unter dem Doppelnamen ›Erster
und Zweiter Weltkrieg‹.

1945 hätte sich für den Blick des barocken Dichters nur der Umfang
der Zerstörung verändert; allerdings wäre darin, was den Verlust der Seele

betraf, auch die letzte Spur deutscher Unschuld verschwunden. Die Katastrophe des 20. Jahrhunderts hatte ebenfalls die Fratze eines Glaubenskriegs: eine ›Herrenrasse‹ wähnte sich berechtigt, als minderwertig abgestempelte Menschen wie Ungeziefer zu behandeln, bevor sie das eigene Volk in ihren Untergang mitzog. Am Ende waren achtzig Millionen tot und Deutschland um ein Viertel seines Territoriums ärmer, aus dem über 12 Millionen Deutsche vertrieben wurden – auch der Schlesier Gryphius hätte zu ihnen gehört –, nicht gerechnet ebenso viele *displaced persons* anderer Herkunft. Rumpfdeutschland wurde geteilt, erst in vier Besatzungszonen, später in zwei getrennte Staaten mit eingeschränkter Souveränität. Und das Beispiellose war, dass die Deutschen ihre bedingungslose Kapitulation auch noch als Befreiung betrachten lernten. Davon wurden die eigenen Opfer nicht weniger real und schmerzhaft, nur doppelt bitter.

Doch dieses Ende mit Schrecken war die Bedingung des europäischen Zusammenschlusses – zuerst im Zeichen des Kalten Kriegs; dann als wirksamer Beitrag zur Überwindung auch dieses Kriegs, dessen Ausbruch das Ende der Zivilisation gewesen wäre. Von der Implosion des Ostblocks hat die EU fast schwindelerregend profitiert: die ehemaligen Satelliten wurden Mitgliedstaaten oder wollen es sein. Ein Mensch, der 1942 in Tiefschlaf versetzt und heute wiederbelebt würde, müsste beim ersten Blick auf die heutige Europakarte glauben, Hitler-Deutschland habe *doch* gesiegt. Wir hätten Mühe, den Siebenschläfer zu überzeugen, dass er autonome Staaten sehe, die sich im eigenen Interesse zu einem Friedens- und Beistandsverbund zusammengeschlossen hätten; dass dieser nicht nur einen beispiellosen Wohlstand geschaffen habe, sondern in einer Wertegemeinschaft gründe, die Menschenrechte und Solidarität *über* das nationale Interesse stelle. Zu nachhaltig hätten die beteiligten Länder in einem dreißigjährigen Krieg erfahren, wie kurz der Weg sei – um *Grillparzer* zu zitieren – »von der Nationalität zur Bestialität«. Wenn Deutschland wieder in die Mitte des Bündnisses gerückt sei, so weil es aus seiner Niederlage auch die gründlichsten Konsequenzen gezogen habe. So sei es dem Traum *Hölderlins* in dessen Gedicht *Germanien* näher gekommen:

> Und gerne, zur Erinnerung, sind
> Die unbedürftigen, sie
> Gastfreundlich bei den unbedürftgen
> Bei deinen Feiertagen,
> Germania, wo du Priesterin bist
> Und wehrlos Rat gibst rings
> Den Königen und den Völkern.

Hat sich unser Siebenschläfer die Augen gerieben, darf er nur keine Zeitung in die Hand bekommen. Darin müsste er lesen, dass im europäischen Ungarn Flüchtlinge mit Schlagstöcken von einem brandneuen Stacheldrahtzaun weggeprügelt werden; dass die *Vielzuvielen*, die alle nach dem europäischen Deutschland drängen, inzwischen schon an der Grenze des europäischen Österreich aufgehalten werden; oder dass das europäische Dänemark die Züge, mit denen sie ins europäische Schweden fahren wollten, gestoppt hat. In einem Kühlwagen für Hühnerfleisch sind siebzig Flüchtlinge erstickt, das Mittelmeer macht ganze Flotten zu Totenschiffen, und das Bild eines kleinen Jungen an einem türkischen Strand geht um die Welt, der die Überfahrt ins europäische Griechenland nicht überlebt hat. Die Herzen bluten, aber die Grenzen verhärten sich weiter, zur ›Festung Europa‹ – das kommt dem Langschläfer wieder bekannt vor.

Wo strömen denn diese Flüchtlinge alle her? Syrien? Das war doch ein französisches Protektorat? Da hatten doch, im zweiten dreißigjährigen Krieg, Siegermächte das Osmanische Reich aufgeteilt, und wo es keine Grenzen gab, solche am grünen Tisch gezogen, schnurgerade durch irgendeine Wüste? Richtig, die Juden – wollte man die, als unser Mann einschlief, nicht immer noch nach Madagaskar aussiedeln?

Syrien: erlauben Sie mir dazu nochmals einen unpassenden Abstecher zu Hölderlin. Irgendwann zwischen der Gründung Israels und der Verkündung der Montanunion hatte ich seine Elegie *Brod und Wein* entdeckt, mitten in der Pubertät. Ich hatte meinen frommen Vater verloren, lebte mit einer kranken Mutter und besuchte ein altsprachliches Gymnasium. Noch stand die Enge des Nachkriegs zum Schneiden dick, und auch das Glück der verschonten Schweiz sah bei uns aus wie Alltag mit Ofenheizung, ohne Kühlschrank und Bad. Dafür ging mir, im wunderbarsten Deutsch, eine andere Welt auf, die den Jesus des Konfirmanden-Unterrichts »traurig und prächtig« verkleidete: als »Syrier«.

> Wunderbar und genau ists als an Menschen erfüllet,
> Glaube, wer es geprüft! aber so vieles geschieht
> Keines wirket, denn wir sind herzlos, Schatten, bis unser
> Vater Äther erkannt jeden und allen gehört.
> Mit allen Himmlischen kommt als Fackelschwinger des Höchsten
> Sohn, der Syrier, unter die Schatten herab.
> Selige Weise sehns; ein Lächeln aus der gefangnen
> Seele leuchtet, dem Licht tauet ihr Auge noch auf.

Dieser ›Syrier‹ konnte mich, mit vierzehn Jahren, nicht weise machen, aber so selig, dass mir ebenfalls die Augen übergingen. – Ich war Europäer!

Das kann mir, angesichts der Flüchtlingsbilder, heute wieder passieren. Nur dass ich mich eher über mein Europa schäme als meiner Tränen.

Und nun ein harter Schnitt:

Darf ich vorstellen: Herrn *B.* – die Initiale stehe für einen rechten Landesvater der Schweiz; ihn erstaunt die Sache mit diesen Syrern kein bisschen, zeigt ihm nur, was er längst gewusst hat: Was, bitte sehr, haben die Flüchtlingsströme von der angeblichen ›Wertegemeinschaft‹ übrig gelassen? Oder von ihrer ›Personenfreizügigkeit‹, der wir in der Schweiz vorbeugen wollen? An diesem ›Pfeiler der Union‹ will sie jetzt die Verhandlungen mit uns scheitern lassen? Und jetzt seht euch an, wie glorreich sie selbst daran scheitert! Beim ersten Härtetest fällt er in sich zusammen und zeigt die Realität, in der wir immer Fachleute gewesen sind, denn wir haben in ihr zu bestehen, und das haben wir immer noch besser gekonnt als die EU. Denn wir schauen den Leuten ins Herz, und da ist kein Platz für fremde Richter – am wenigsten solche von internationalen Gerichtshöfen! Was deren Sprüche wert sind, zeigen ihnen jetzt die Völker, über deren Köpfe sie souverän hinweggerichtet haben. Jetzt kommen die Verdammten dieser Erde aus jedem verunglückten Staat der Welt, und was tun sie da, die Gutmenschen der EU? Nachdem sie Herrn *Orbán*, den einzigen, der sich an ihre eigenen Dublin-Verträge hält, einen Unmenschen gescholten haben, tun sie desgleichen und machen die Grenzen dicht. Jetzt wären auch die Deutschen froh, sie hätten eine Masseneinwanderungs-Initiative zum Annehmen gehabt, denn sie hätten sie angenommen, wie das Minarettverbot auch – aber natürlich: ihre politische Klasse hat mit allen Mitteln verhindert, dass der Souverän, das Volk, selbst bestimmt, was Sache ist! Jetzt stehen sie mit abgesägten Hosen, die Besserwisser und Schönredner; wie gut, dass wir schon vor dem Schaden klug waren! Und wenn die Herrschaften am Ende ihres Lateins sind, können sie ja bei uns vorbeikommen und einmal sehen, wie es gemacht wird – wir werden ihnen unsere guten Dienste nicht versagen, wenn sie dann noch dafür zahlen können!

Dazu fällt mir nur noch ein schmutziger Witz ein:

Ein Mann kommt zum Psychiater. – Wo fehlt's denn? fragt der Psychiater. – Ich habe solche Minderwertigkeitsgefühle. – Mit Recht, erwidert der Psychiater, Sie *sind* minderwertig.

Das ist nicht lustig – aber der Minderwert, den Europa in diesen Tagen sich selbst und aller Welt vorführt, ist es noch weniger. Wurde die europäische Rechnung ohne den Wirt gemacht? *There is no such thing like a free lunch*, lernt man in der freien Wirtschaft; auch Gastfreiheit muss man sich leisten können. Für Arme kein Problem. Aber je mehr einer zu verlieren fürchtet, desto weniger hat er zu geben.

Bis gestern konnte man das europäische Projekt für beispielhaft halten, nein: für beispiellos geglückt. Es ließ ein Deutschland gedeihen, mit dem für die anderen immer leichter Frieden zu halten war – auch, weil es selbst den Unfrieden mit seiner Vergangenheit zur moralischen Pflicht erhob. Die Bundesrepublik wurde ein Vorbild, das über den Kalten Krieg hinauswies und keine geringe Rolle dabei spielte, dass er *erledigt* wurde, auch durch das Beispiel des deutschen Erfolgs – dieser wurde zum Motor der europäischen Wirtschaftsmacht. Man brauchte die Deutschen nicht zu lieben, umso mehr respektierte man sie dafür, dass man sie nicht mehr zu fürchten brauchte. Fast widerwillig waren sie, nach dem alle überraschenden Fall der Mauer, wieder zur europäischen Vormacht geworden.

Aber die Welt, in der sie es wurden, war geschrumpft, auch wenn Europa immer noch mehr war als ein Vorgebirge Asiens, das *Paul Valéry* gesehen hatte. Faktisch war es gar der größte *global player*, aber ohne entsprechende Instrumente, sogar ohne rechtes Selbstbewusstsein. Die nationale Versuchung schien auch im Ganzen gebannt, wenn sie sich in den Teilstaaten erledigt hatte; den ehemaligen Satelliten Mittelosteuropas gestand man, scheinbar risikolos, einen Nachholbedarf an Eigensinn zu. EU-Europa war mit der Verbesserung seiner Organisation politisch ausreichend beschäftigt, in einer Hauptstadt Brüssel, deren Bürokratie, obwohl naturgemäß ungeliebt, nicht größer war als diejenige Münchens. Unverdrossen und nicht ganz erfolglos arbeitete sie an einer europäischen Verfassung und ihrer demokratischen Legitimation. Die Gewaltenteilung der Union verbesserte sich sehr merklich, und je weniger sie von Begeisterung getragen war, umso besser schien sie diese entbehren zu können. Sie zeigte sich als funktionierende Errungenschaft unentbehrlich, und wäre es nur als Sündenbock. Den Kampf gegen die Union gab es auch, aber er wurde lange nicht als Gefahr wahrgenommen. Mit diesem Europa glaubte man unter globalisierten Bedingungen noch lange gut leben können: denn die Union zeigte sich taktvoll im Umgang mit Minderheiten – wer in Europa war denn keine? Für Weltbürger war die EU ein Wunder, gerade weil sie nicht als solches gefeiert werden musste. Europa war ein Lernprozess – also doch noch eine kulturelle Größe, endlich ohne Größenwahn und Großtuerei.

Wer hat die Lektion unterbrochen? Oder wurde sie gerade abgesagt, für immer? Ist die europäische Schule aus?

Ich hoffe, nicht. Aber die Einsicht ist überfällig, dass Deutschland für Nichteuropäer vor allem ein *ökonomischer* Magnet war, und das moralische Wunder nur insofern von Belang, als es die Deutschen gegen die Zuwanderung tolerant machte, um nicht zu sagen: wehrlos. Damit aber missfiel es – Schweden vielleicht ausgenommen – nicht nur allen Miteuropäern, sondern auch einer immer weniger schweigenden Mehrheit der eigenen Bürger und begann auch die tätig-wohlwollenden zu überfordern. Plötzlich nimmt der deutsche Sonderfall einen tragischen Zug an, denn er spaltet Europa an ganz unerwarteter Stelle. Die Lektion aus seiner Geschichte, die es gelernt haben will, wird ihm übel genommen.

Adolf Muschg

Die Differenz besteht gar nicht darin, dass es eine Rechnung ohne den Wirt gemacht hat, sondern dass es zur ›Wirtin wundermild‹ für Menschen geworden ist, die ganz anders gerechnet haben. Das Spiegelchen in ihrer Hand, das *i-phone*, zeigt ihnen ein reiches, glückliches Land, und die Verwandten, die dort schon angekommen sind, erzählen ihnen, es sei weit offen. Nicht nur Milch und Honig flössen darin, sondern auch die nötigen Quellen der Ausbildung und des Fortkommens, kurzum: Deutschland sei das Amerika des 21. Jahrhunderts. Ein Land der Freiheiten im Plural, für

alle: und wenn man seine Geschichte ansieht: welche Opfer hat es gebracht, um so weit zu kommen!

Und hier beginnt es nach Tragik zu riechen: die Hunderttausende, die
jetzt aus allen Himmelsrichtungen nachkommen, geht die deutsche Geschichte nichts an. Sie haben ganz andere Sorgen – denjenigen ähnlich, die
die Deutschen selbst 1945 gehabt haben. Nun wandern sie hin, in Massen,
aus Ruinen, Zelten, Lagern ohne Zukunft; was soll sie halten? Auf, in die
Willkommenskultur! Und da steht ihnen nur zu bald die Einsicht bevor,
dass sie in Deutschland nicht mehr lange willkommen sein könnten, so
wenig wie in Ungarn, Estland oder der Slowakei. Also nur durch und
hinein, solange die Tür einen Spalt offen ist! Welcher Migrant macht sich
die Sorgen der Paradiesbesitzer? Die Unwilligen unter den Europäern
haben es gleich gesagt: sie haben kein Paradies zu bieten. Sind sie ver-
dammte Egoisten oder bloß ehrlich? Die Deutschen aber, die ehrlich bleiben und keine Egoisten werden möchten, stehen mit ihren Sorgen um die
Migranten plötzlich als Luxusgeschöpfe da – und dann, wenn auch ihre
Grenze noch zugeht, als doppelte Egoisten; und hinterher auch noch als
Tartuffes, als Heuchler guten Willens. Selbstlosigkeit setzt keine Normal-
bürger voraus, sondern Übermenschen – als Individuen erscheinen solche
sporadisch genug, im Kollektiv sind sie die reine Fiktion – und, nach dem
Richtmaß ziviler Vernunft, nicht einmal sonderlich wünschbar.

Oder sind die Deutschen nur schlau? Kennen sie eine Hintertür aus der
Menschlichkeit in die Betriebswirtschaft oder gar in die Demographie?
Werden die Flüchtlinge gerade die Stellen stopfen, die wir nicht mehr
besetzen können, z.B. die kopflastig gewordene Alterspyramide unterfüt-
tern? Sind sie willkommen, weil … ? – Dieses Kalkül passt sehr wenig zu
einer Willkommenskultur, und es geht nicht einmal auf. Die Zuwanderer
sehen sich nicht als Lückenbüßer, sie kommen – wenn schon gerechnet
werden muss – als Konkurrenten um gute Stellen, denn sie wünschen sich,
wie jedermann, ein gutes Leben. Das einzige, was sich die Deutschen mit
diesem Argument einhandeln, ist noch etwas mehr Unpopularität bei
denen, die sich die Sorgen der Deutschen wünschen – weltmeisterliche
Exportverhältnisse statt Schuldendruck und Arbeitslosigkeit.

So fremd sind sie uns ja auch gar nicht, diese jungen Männer, diese
Familien mit Kindern, die auch bei schwersten Strapazen noch verhüllten
Frauen. Wir begegnen ihnen längst in jeder europäischen Großstadt,
inzwischen fast in jedem Dorf. Erschreckend ist ihre geballte Menge,
verstörend ihre Entschlossenheit; hier kommen die Pendler der Globalisierung, ausgestattet immer noch mit einem Existenzminimum, dem Handy,
dem Spiegelchen in der Hand, das ihnen jederzeit und überall eine bessere
Welt vor Augen führt. Viele dieser jungen Leute könnten unsere Kinder

131

sein – und je verzweifelter wir sie auflaufen lassen, desto ominöser wird die Ähnlichkeit. Die Arbeitslosen jenseits der Schranke beginnen denen diesseits der Schranke zu gleichen – in Spanien sind es 50%. Müssen wir darauf warten, bis sie sich gegen die Migranten bewaffnen – im Kampf um Stellen, die sie selbst nicht haben?

Wir hören sie längst, die Stimmen, die sich nicht genieren, die Flüchtlinge als ›privilegiert‹ zu brandmarken. Sollen die etwa, mit unserem Steuergeld, gratis bekommen, was zu viele in Europa selbst entbehren? Loggt man sich in die ›sozial‹ genannten Medien ein, so wird einem unzweideutig genug gesagt, was hier überfällig sei: kurzer Prozess! Das wirklich Neue, das Unverzeihliche an diesen Flüchtlingen ist eigentlich nur, dass uns ihre Masse zwingt, uns selbst zu bewegen. An den Stränden von Lesbos und Kos stoßen sie auf reguläre Touristen, die man an ihrer Textilfreiheit erkennt; dass diese auch nicht wegkommen, tröstet die Einheimischen, die sonst nicht wüssten, womit sie die Flüchtlinge ernähren könnten. Aus Athen, dem Zentrum der Schuldenkrise, haben sie keine Hilfe zu erwarten. *Das schaffen wir*, hat Frau *Merkel* tapfer versprochen. Aber ihre Wähler wollen ja nicht ewig die Dummen sein, und eine zu handfeste Mahnung an östliche Nachbarn, sie möchten die Solidarität bitte nicht schuldig bleiben, die sie selbst beanspruchten, macht die guten Deutschen dort über Nacht wieder zu hässlichen. Kurz, und gar nicht gut: wenn Deutschland doch nicht darum herumkommt, um seine Wirtschaftskraft eine Grenze zu errichten: was wird sie aus den Deutschen gemacht haben? Was sie aus der Einheit Europas macht, ist schon überdeutlich: der Abstand innerhalb der Union droht sich zum Ab*grund* zu weiten, der alle guten Vorsätze eines mühsam befriedeten Kontinents verschlingt.

Natürlich war es naheliegend, sogar ehrenhaft, an eine gemeinsame Flüchtlingspolitik nie gedacht zu haben, weniger noch als an eine gemeinsame Wirtschafts- oder Außenpolitik, denn das Problem der Flucht sollte sich ja für immer erledigt haben – durch freien Personenverkehr in den Grenzen der EU. Das Kuriose dieser Grenzen zeigte sich allerdings schon früher an ihren Widersprüchen; etwa dem, dass der freie Verkehr gerade für die nächsten Nachbarn am fühlbarsten eingeschränkt war. Wer im Westbalkan sein Leben durch Umzug in die EU verbessern wollte, durfte kein ›echter‹ Flüchtling sein; Anspruch auf Asyl hatte nur, wer nachweislich an Leib und Leben bedroht war. Und damit hatte er, aus europäischer Sicht, Teil einer Minderheit zu bleiben; dafür sorgte man etwa, indem man die konsularischen Asylbegehren im Lande selbst unterband, legale Fluchtwege, vor allem durch die Luft, abschnitt, die Zusammenfassung von Flüchtlingen in Lagern gleich nebenan begünstigte, wenn auch nicht so weit, dass man das Nachbarland wirksam unterstützt und den Zusammengefassten eine Perspektive eröffnet hätte. Wer aus diesen Schutzzonen aus- und doch noch nach Europa durchbrach, der sollte im ersten Land, wo er landete, definitiv aufgefangen werden, darauf hatte man sich in Dublin geeinigt.

Das war die europäische Konstruktion der Welt, und sie versprach Sicherheit genug, solange das eigene Randgebiet den Schutzdienst übernahm. Es dafür pfleglich zu behandeln, war nicht vorgesehen; das sparte man sich, als man die Griechen zu sparen zwang. Solange Machthaber wie *Mubarak* oder *Gaddafi* als Türwächter gegen afrikanischen Zudrang dienten, schien für das Gröbste gesorgt, und für das noch Gröbere hatte man immer noch die amerikanische Schutzmacht. Erst als die Löcher, die sie in das fragile Konstrukt globaler Sicherheit gerissen hatte, schwarz wurden und die Bombensaat wahrlich grenzenlos aufging, gab es für die falsche Insel Europa keine haltbaren Grenzen mehr. Es wurde – scheinbar über Nacht – zum unmittelbaren Nachbarland jedes Unglücks, mit dem es nicht hatte rechnen wollen. *Gouverner, c'est prévoir*, sagt die alte Politikerweisheit: und plötzlich machte die Unfähigkeit oder der Unwille zur Voraussicht Europa selbst unregierbar. Jetzt fehlt es dem glücklichen Land, dem scheinbar nichts fehlte, plötzlich an allem, seine Errungenschaft zu verteidigen – vor sich selbst, gegen sich selbst?

Wirtschaft, *Horatio*, Wirtschaft, begründete *Hamlet* die Sparsamkeit des dänischen Königshofs, als er die Totenfeier für den königlichen Vater gleich mit der neuen Hochzeit der königlichen Mutter zusammenlegte.

It's the economy, stupid, hieß der Satz in *Clintons* Wahlkampagne. Aber offenbar war die europäische Ökonomie selbst so dumm, am falschen Ort zu sparen. An Phantasie in eigener Sache? Hat es zu wenig in seine Erinnerung investiert? Aber wie soll das gehen?

Was aus Not und Blut entstanden ist, wird nicht dabei bleiben; der Erfolg entfernt es von der Not, der Friede vom Blut. Selbst die Erinnerung daran verfliegt, und wer sie nachträgt, bringt sich in den Geruch des moralinsauren Spielverderbers. Was einem im Alltag nicht mehr fühlbar begegnet, lagert man an die sogenannte Erinnerungskultur aus.

Nun plötzlich werden Europa Jammer und Elend aus scheinbar heiterem Himmel – was heute heißen muss: aus der gewohnten medialen Entfernung – ins Haus getragen, ohne Respekt für seine Schwelle und so leibhaft wie möglich. Und da zeigt sich: es gibt auf diesem zugleich globalisierten und geschrumpften Planeten keinen Frieden im Reservat – auch nicht mit dem Sicherheitsapparat eines *gated village*, der sich eher gegen seine Veranstalter richtet, als seinen Zweck zu erfüllen. Auch die Jagd auf Sündenböcke macht Europa nicht glaubwürdiger – als wären die ›Schlepper‹ die Ursache des Übels, das sie anzeigen. Für Hoffnungslose bleiben sie die einzige Chance zur Flucht; dass sie den Preis dafür maximieren, würde man bei anderen Geschäften als normal betrachten. ›Globalisierung‹ lebt nicht nur vom immer schnelleren Austausch von Nachrichten und Gütern, sie schärft auch das Bewusstsein von der ungleichen Verteilung der Lebenschancen und bewegt immer mehr Menschen dazu, den Ort ihrer Herkunft zu verlassen, auch ohne jene Not, die wir von Flüchtlingen verlangen. Wo immer wir die Grenze zwischen Innen und Außen ziehen: auch auf unserer Seite bleiben qualifizierte junge Leute genug, die nicht stellenloser werden können, als sie schon sind. Und auch von ihnen fliehen inzwischen erschreckend viele nicht *vor* den Waffen, sondern *zu* den Waffen. Bis gestern wussten sie nichts vom Islam, heute ist ihnen der *Dschihad* heilig. Auf der anderen Seite fliehen wiederum viele vor der Pflicht, Waffen zu ergreifen – sie fliehen vor Bürgerkriegen ohne Bürger und ohne Hoffnung, und gleich stehen sie bei uns wieder vor einer Rampe: Wie sortiert man die wirklich Friedfertigen aus? Sehr möglich, dass sie es bei dieser Behandlung schon morgen nicht mehr sind; das nennt man eine *self-fulfilling prophecy*. Ein gewisser *Mohammed Atta*, 1968 in Ägypten geboren, der mit einem Teppichmesser ein Passagierflugzeug kaperte und in einen Turm des World Trade Center steuerte, hat in Hamburg Städtebau studiert und seine Abschlussarbeit der Konservierung Aleppos gewidmet. Sie hat sich inzwischen erledigt – durch das Bombardement des eigenen Regimes, und man kann Attas Früchte förmlich nachwachsen sehen.

Heute fehlt es dem politischen Europa gerade da, wo man seine Stärke vermutet hätte: an wirksamer Erinnerung. Diejenige an bewältigte, gar versöhnte Trennungen im Dreißigjährigen Krieg schien so gut aufgehoben – im dreifachen Sinn *Hegels*: konserviert, negiert, sublimiert, wobei keine dieser Komponenten entbehrlich ist. Nur so widersprüchlich kann die Verbindung belastbar und tragfähig sein wie der heterogene Granit. Aber auch wenn *Goethe* sein Lieblingsgestein gern von Wasser gebildet gesehen hätte: es bedurfte des höllischen Feuers, und davon sollte das schreckliche 20. Jahrhundert für alle Zeiten genug geliefert haben. Nun aber sieht es so aus, als sei der europäischen Architektur dieses Fundament in aller Stille abhandengekommen. Zu lange ist er schon her, der Sünden- und Trauerfall Europas, als dass es sich im Unglück des Nahen Ostens, in den fortgesetzten Kriegen auf dem Globus, wiedererkannt, noch mehr; seine Beteiligung daran anerkannt hätte – und seine Verantwortung für die Folgen.

Eigentlich lautet mein Thema: »Europa und das Vergessen«. Vergessen ist natürlich. – Es ist unverzeihlich. – Vergessen ist eine Gnade. – Niemals vergessen! (Diese Devise habe ich vom Ungarn-Aufstand 1956 her in Erinnerung.) Vergessen oder erinnern? Es kommt darauf an. Worauf? Die beiden dreißigjährigen Kriege der europäischen Geschichte geben eine entgegengesetzte Antwort.

Der erste wurde 1648 in Münster und Osnabrück mit der Ausrufung einer allgemeinen *Amnesie* beendet. Eine Amnestie hätte die böse Tat immer noch durchscheinen lassen. Hier aber sollte sie begraben werden. Zu viel gab es in diesem Krieg – in welchem nicht? –, was man weder verstehen noch vergeben konnte. Man musste es vergessen. Ich zitiere im Wortlaut:

> »Es seye beyderseiths ein ewige Vergessenheit vnd Vffhebung alles dessen / so von Anbeginn dieser Vnruhe an Orten vnd Enden / [...] von einem vnd andern Theil hin vnd wider feindtlich fürgangen. [...] Sondern alle vnd jede hin vnd her so woln für: als im Krieg / mit Worten / Schrifften oder Thätlichkeiten / zugefügte / Injurien / Gewaltthaten / Feindtlichkeiten / Schäden / Vnkosten / [...] sollen dergestalt gefallen vnd gäntzlich getilget seyn / daß alles das jenige / was solcher massen ein Theil gegen dem andern suchen möchte / in Ewigkeit vergessen vnd begraben seye.«

Ein umsichtiger Exorzismus: dem Kriegsteufel, und wäre er der beste Jurist, soll jede Hintertür zum nächsten Krieg verschlossen werden. Bevor wir uns über die Spekulation auf die Vertragtreue des Bösen mokieren, stellen wir uns doch bitte vor, es hätte nach dem ersten Akt des neueren dreißigjährigen Kriegs, auch Erster Weltkrieg genannt, also 1918, einen solchen Vertrag gegeben – statt desjenigen von Versailles. Möglich, dass es dann den zweiten Teil nicht hätte geben müssen. Den Nazis hätte der Nährstoff des Ressentiments für die Machtergreifung gefehlt, die Republik hätte eine Chance gehabt. Die deutschen Städte wären stehen geblieben, und Millionen Menschen am Leben.

Auch 6 Millionen Juden. Vor allem wegen des Holocaust durfte es nach 1945 keine Amnesie geben. Diesmal wurde das Gedächtnis zwingend gemacht. Die Erinnerung an ihre jüngste Geschichte sollte die Deutschen nicht nur begleiten, sondern verfolgen und verändern.

Aber Scham ist Sache des Individuums. Ein Kollektiv, von eigenen Opfern verstockt, findet nach einem verlorenen Krieg Dringenderes zu tun. Immerhin: es kann sich einem Ritual beugen, und als man aus dem Gröbsten heraus war, verbreitete sich auch der Konsens über deutsche Schuld. Man verhielt sich, ja: man handelte danach, auch wenn man zu hoffen wagte, nicht ewig darauf behaftet zu werden. Stemmte man nicht die Hauptlast der europäischen Vereinigung, sogar auf Kosten der eigenen? Je unbestrittener, grundsätzlich, die eigene Schuld, desto weiter entfernte man sich zugleich von Schuldgefühl; es wurde immer mehr etwas für den Sonntag, das Feuilleton, eben: die ›Erinnerungskultur‹. Ihr Dilemma kam oft als schwarzer Witz zum Vorschein, etwa bei Mahnmal-Diskussionen. Demjenigen für die ermordeten Juden in Berlin besorgte ausgerechnet jene Firma den Schutzfirnis gegen die gefürchteten Sprayer, die früher das Gas für die Lager geliefert hatte; der jüdische Baumeister fand nichts mehr dabei. Im Übrigen wurde *György Konráds* Wunsch – nur ein Jude konnte ihn aussprechen –, die Deutschen möchten da »gerne hingehen«, von vielen Besuchern durchaus erfüllt, und dass die Stelen heute brüchig werden, haben sie mit jedem alten Friedhof gemeinsam.

Dennoch: Schuld- und Opferstolz bringen verrenkte Identitäten hervor. Als ich einen jüdischen Freund darauf ansprach, gab er die für einen Psychoanalytiker untypische Antwort: *vergessen!* – Auch Vergessen ist so unterschiedlich wie die Köpfe, in denen es sich ereignet. Schlaumeiern dient es zur eigenen Entlastung, Erschöpften aber auch einmal zur Suspendierung der Schuldfrage, wie im Frieden von Münster und Osnabrück. Es gibt obszönes Vergessen und eines, das dem Feind von gestern Raum lässt zum Frieden mit sich selbst – dann kann man ihm gönnen, was er sich zu fordern hütet. Bei Hölderlin ist einmal von »tapfer Vergessen« die Rede – »Kolonie liebt, und tapfer Vergessen der Geist« heißt eine gestrichene Stelle in *Brod und Wein*, der man die Energie des Losreißens von allem Liebgewordenen anhören kann. Denn die Kolonie, die hier gemeint ist, ist kein weit entfernter Tatort der Ausbeutung, es ist der fremde Ort, an den man selbst umsiedelt mit Sack und Pack, wie die Flüchtlinge heute, um sich eine neue Existenz zu schaffen.

In dieser Bewegung die eigene Geschichte wiederzufinden, hat Europa vergessen. Die koloniale Vergangenheit blieb von der Erinnerungskultur ausgespart: Jetzt holen uns die vergessenen Tatsachen ein, in Menschengestalt. Und Europa wird vieles von seiner Erinnerungskultur tapfer vergessen *müssen*, um sie für diejenigen, die es davon ausgeschlossen hat, erträglich zu machen – und für sich selbst tragfähig: als Friedensprojekt unter veränderten Umständen, für neue Verhältnisse. Wird es sich noch einmal überwinden können, das heißt: dem Rückfall in nationalen Opportunismus entgehen? Die Zeichen stehen nicht gut.

Erinnert man sich noch an *Fukuyamas* Formel vom *Ende der Geschichte*, ausgerufen am Ende des Kalten Kriegs? In gewissem Sinn behielt er recht. Die digitale Revolution hat das kollektive Gedächtnis an Suchmaschinen ausgelagert; es hat sich quantitativ vervielfacht und ist für jedermann zugänglich, für niemanden verbindlich. Die Multiplikation von Informationen, denen das Gehirn keinen Rang mehr zuteilen kann – das übernimmt der Markt –, macht alle gleich gültig, und jede gleichgültig.

Aber das ›Ende der Geschichte‹ war damals auch der Anfang der *Narrative* – das Fremdwort erschien im allgemeinen Sprachgebrauch. Es beruhte auf der Annahme, Geschichte sei ohnehin ein Konstrukt, insofern mach- und wählbar; damit verlor die Vergangenheit ihr spezifisches Gewicht, ihre prägende Kraft. Da hieß es dann, Europa fehle das Narrativ für ein ordentliches Wir-Gefühl. Für den Schriftsteller eine interessante Feststellung; plötzlich erhält er Konkurrenz von Fachleuten des Marketings. Wenn ein Narrativ die halbe Marke ist, muss sich Europa nur besser verkaufen, zuerst den Europäern selbst. Dass sich Deutschland den Flüchtlingen erfolgreich als Wohlstandsparadies verkauft hat, ist ein paradoxer Gewinn seiner furchtbaren Geschichte. Gerade auf deutschem Boden hoffen Ausländer, am wenigsten ausgegrenzt zu werden. Hitler scheint vergessen; eine Täuschung, von der das Narrativ profitiert. Die Geschichte wüsste es besser und schlimmer, wenn man noch etwas von ihr wissen wollte; wenn nicht, zeigt es sich auch unerkannt, in der Praxis wiederholter Xenophobie, auch schon wieder im Vollbesitz empörter Selbstgerechtigkeit. Die Fremden kommen? Da ist schon klar, wer das Opfer ist: wir. Das ist das Narrativ der *Pegida*, ausgeschrieben: »Patriotische Europäer gegen die Islamisierung des Abendlandes«. Die Schauplätze dieses Narrativs sind variabel; gemeinsam ist ihnen die demonstrative Blindheit gegen seine Geschichte. Faktisch sind wir ja von einer Islamisierung des Westens sehr viel weiter entfernt als von einer Verwestlichung des Islam, die gerade in der medialen Kompetenz seiner Extremisten zum Ausdruck kommt. An der Abkürzung ›Pegida‹ mag alles falsch sein, aber das Ressentiment dahinter ist echt. Schonungslos deckt das vergiftete Pflaster die Lücke der Erinnerungskultur auf: Man kann auch sie vergessen.

Daran ist nichts Tapferes mehr. Es ist die Stunde der Dammbauer, nur fehlen ihnen die Fundamente. Wo liegen die Grenzen des Tragbaren, und für wen? Man weiß es immer erst, wenn sie überschritten sind. Grillparzers pessimistische Kurve beginnt mit Humanität: »Von der Humanität über die Nationalität zur Bestialität«. Was berechtigt uns eigentlich, ›Menschlichkeit‹ als sicheren Wert zu betrachten? Die menschliche Geschichte jedenfalls nicht. Wir wissen nicht einmal, ob das Tier *homo sapiens* auf Überleben programmiert ist, können immerhin ahnen: um welchen Preis. Nach dem ›Ende der Geschichte‹ hat ein auf Erfolg getrimmter *Darwinismus* das Steuer übernommen, und an der kybernetischen Vernunft seines Systems sind Zweifel nicht nur erlaubt, sondern dringend geboten – »ich sehe nicht schwarz, ich sehe nur«, hat *Karl Kraus* gesagt. Die Weltgesellschaft ist von der Beherrschung der fabelhaften Technologien, die ihr Großhirn entwickelt hat, noch so weit entfernt, dass bei jedem Konflikt der Rückfall ins limbische System droht. Auch die

Gewalt ist so erfinderisch, dass sie inmitten der Zivilisation jederzeit als Sachzwang verkleidet auftreten kann. Alles spricht dafür, dass wir gerade erst den Anfang einer Menschenwanderung erleben. Wenn sie sich durch Millionen von Klima-Flüchtlingen verstärkt, dann kommt die Einsicht zu spät, dass der Dammbau schon früher und an einem anderen Ort hätte beginnen müssen. Sagen wir es nicht so barock wie Gryphius: mit einem anderen Umgang mit der Endlichkeit unserer Ressourcen; eingeschlossen derjenigen unserer persönlichen Existenz.

Die Indianer an der amerikanischen Pazifikküste hatten einen merkwürdigen Brauch, konfliktträchtigen Besitz friedenstiftend aus der Welt zu schaffen. Sie richteten sogenannte *Potlatch*-Zeremonien aus, bei denen sie sich gegenseitig an Gaben überboten, eine Verschwendung, welche die weiße Obrigkeit polizeilich verbot. Sie hielt diese Sünde am gesunden Egoismus für strafwürdig und obszön. Aber sie hatte eine ähnliche Weisheit wie der *Kula*-Ring, in dem die Bewohner der zu Papua-Neuguinea gehörenden Trobriand-Inseln ihre Wertstücke zwischen den im Kreis angeordneten Inseln rituell zirkulieren lassen: Halsketten aus roten Muscheln im Uhrzeigersinn, in der Gegenrichtung Armbänder aus weißen Muscheln. Was diese Outrigger-Fahrten von der kapitalistischen Geldzirkulation unterscheidet, ist zweierlei: die Beteiligten wissen, dass der Wert dieser Gaben vor allem darin besteht, dass sie der Verbindung der Geber dienen. Und zugleich erfahren sie, und zwar nicht erst durch die Biologie, dass sie ihre Schätze nur geliehen haben. Das einzige Kapital, das sich vermehrt, ist der gegenseitige Zusammenhalt.

In der EU redet man von *Kohäsion*: und auch da ist sie im Kern keine Sache des Lastenausgleichs, sondern der Gastlichkeit für andere. Wer an einem Ort bleiben, ein Haus bauen darf, zahlt seinen Dank dafür, indem er es für diejenigen offenhält, die dieses Glück entbehren. Von der Gastfreundschaft leiteten die Griechen den Zunamen ihres höchsten Gottes her: *Xenios*, der gastliche Zeus, Schützer der Fremden. Ich bin seinesgleichen: ein Gast, auch im eigenen Haus. *Rimbaud* geht noch weiter: Ich selbst bin ein anderer. *Je est un autre.* Dann ist, was Christen Nächstenliebe nennen, Egoismus in seiner erträglichsten Form: der neugierigen.

Und was ist mit dem religiösen Fundamentalismus?

Jetzt habe ich eine Provokation für Sie:

> »Das eigentliche, einzige und tiefste Thema der Welt- und Menschheitsgeschichte, dem alle andern untergeordnet sind, bleibt der Konflikt des Unglaubens mit dem Glauben. Alle Epochen, in denen der Glaube herrscht, unter welcher Gestalt er auch wolle, sind glänzend, herzerhebend und fruchtbar für Mitwelt und Nachwelt. Alle Epo-

chen dagegen, in welchen der Unglaube, in welcher Form es sei, einen kümmerlichen Sieg behauptet, und wenn sie auch einen Augenblick mit einem Scheinglanz prahlen sollten, verschwinden vor der Nachwelt, weil sich niemand gern mit Erkenntnis des Unfruchtbaren abquälen mag.«

Ein starkes Stück. Der Verfasser spielte, als er dies schrieb, selbst mit dem Gedanken, Muslim zu werden. Es war Goethe, das selbsternannte ›Weltkind‹, der sich früher auch einen »dezidierten Nicht-Christen« genannt hatte. Zur Erinnerung: Auch bei uns sind Hexen verbrannt, Ketzer gevierteilt, Bilder gestürmt worden – im Namen des rechten Glaubens. Dass wir uns heute auf *shitstorms*, *public shaming* und *Mohammed*-Karikaturen beschränken, macht uns nicht glaubwürdiger für Menschen, die lieber in einem ›heilig‹ genannten Krieg sterben, als in einer Wohlstands- und Wohlfühlgesellschaft nicht zu leben.

Zum Schluss eine persönliche Fußnote. Hier in Osnabrück hat der katholische Kaiser mit den evangelischen Schweden Frieden gemacht. Ich bin, bis heute, *stakeholder* in diesem Frieden.

Schon mein Vater, geboren 1872, hieß *Adolf*, nach dem Schwedenkönig, für ihn: der Retter des wahren Glaubens. Er hat mir seinen Namen vererbt, in einer Haustaufe; mit 62 genierte er sich, als Lehrer und Respektsperson noch einmal Vater geworden zu sein. Es genierte ihn viel weniger, dass 1934 ein anderer Adolf – aber so wurde er bei uns nie genannt – an die Macht gekommen war. Erstens war der in der Politik, zweitens katholisch, und drittens war mein Vater vor ihm da gewesen.

Als er selbst nicht mehr da war und ich unter die Leute kam, auch nach Deutschland, war auch der andere Adolf tot, aber sein Schatten allgegenwärtig, und ich hätte ganz gerne anders geheißen. Zu oft musste ich erleben, dass deutschen Freunden mein Vorname nicht über die Lippen wollte. Als mich der Emigrant *Peter Demetz* einem amerikanischen Publikum vorstellte, hieß ich *Alfred*, unkorrigierbar; das ist, unter jüdischen Bekannten, schon fast regelmäßig mein wahrer Name geworden. Der Teufel wollte ja, dass auch Eichmann wieder Adolf heißen musste – der Logistiker des Bösen, der nicht (nach *Hanna Ahrendt*) banal sein, sondern (nach *Ben Gurion*) als Unmensch das Seine zur Fixierung der jüdischen Identität auf den Holocaust beitragen musste. Wer war ich, damit zu rechten? Aber stand es mir frei, den Namen, den mir mein Vater hinterlassen hatte, zu wechseln wie in schmutziges Hemd?

Jetzt darf ich, 2015, in Osnabrück, mit dem Namen zu Ihnen reden, auf den ich getauft bin – den Namen eines Herrn, der 1648 schon längst gefallen war, für seinen Glauben; da ist es wohl das Wenigste, dass ich zu unserem Namen stehe. Dabei war seine Tochter, *Christina*, damals schon zum Katholizismus unterwegs und für ihren neuen – den alten – Glauben zur Abdankung bereit. Längst waren solidere Interessen als konfessionelle im Spiel. Dabei befand sich Schweden, machtpolitisch gesprochen, ebenso auf dem Rückzug aus der großen Weltgeschichte wie die Schweiz, mit der es in der amerikanischen Provinz gern verwechselt wird. *Oh, you are Swedish?* –, bekomme ich da zu hören, und hüte mich längst, das Missverständnis richtigzustellen.

Dass die Schweiz im Übrigen – anders als das benachbarte Graubünden – seinen Konfessionsstreit unter Verschluss hielt und darum *nicht* in den Dreißigjährigen Krieg hineingezogen wurde, war der Anfang des neutralitätspolitischen Sonderfalls. Für das übrige Reich war Gott, der evangelische so wenig wie der katholische, keine ›feste Burg‹ mehr für niemand, und einem großen Dichter unter den kleinen Tätern, dem vielfach maskierten *Grimmelshausen*, verdanken wir ein wundersames Gegenbild der Schweiz, durch welche sein *Simplizissimus* damals mit weichgekochten Erbsen im Schuh nach Maria Einsiedeln gepilgert ist. Da sah er, fast ungläubig, statt Blut und Tränen Milch und Honig fließen und wollte sogar den Feigenbaum Früchte tragen sehen – was dank Klima-Veränderung heute so normal geworden ist wie die Palme im Vorgarten, im 17. Jahrhundert aber eine Fata Morgana gewesen sein muss.

(In Klammern: Ein ähnliches Paradies sehen die Flüchtlinge heute in Deutschland, und – mit Abstand – auch in Schweden. Das könnte uns freuen, statt uns zu empören oder zu beschämen.)

So entstamme ich, namens Adolf, aus jenem Land Europas, das der Basler Bürgermeister *Wettstein*, auch ohne Mandat, aus der Jurisdiktion des Reiches hinausverhandelt hat. Es ist das Land, das seit dem Westfälischen Frieden am meisten von Glück reden kann, und es am wenigsten gern tut – für diese Verfassung kennen wir ein unübersetzbares schweizerdeutsches Wort, das Sie trotzdem verstehen werden: *heimlifeiß*. Etwa: sehr wohlgenährt, aber das soll man uns lieber nicht ansehen. Das unterscheidet Schweizer von Murmeltieren, aber auch bei uns beginnt man heute wohl oder übel aus dem langen Frieden mit sich selbst zu erwachen. Wir müssen sogar, angesichts der Not der Welt, wieder vom eigenen Glück reden lernen, um es, was in unsrer Kraft steht, mit anderen zu teilen; was zuerst heißt: an ihrem Unglück teilnehmen. Ich denke, Bürgermeister Wettstein, meinem entfernten Vorfahr mütterlicherseits, wird es auf seiner Reise in die entmilitarisierte Zone von Münster und Osnabrück noch faustdick genug begegnet sein. Der Krieg ging ja noch weiter, und das Militär hoffte, wie immer, noch schnell jene Tatsachen zu schaffen, die ihren Gesandten – wie sagt man doch? – eine ›starke Verhandlungspositi-

on‹ sicherten. Ein Name wie meiner schlägt einen Bogen vom ersten dreißigjährigen Krieg Europas zu seinem zweiten: vor einem Jahr war ich noch
sicherer als heute, es sei der letzte gewesen. Ein Name ist kein Pappenstiel,
wie das Märchen vom *Rumpelstilzchen* beweist. Auch die Heiligen- und
Märtyrernamen des alten Kalenders versicherten den Namenträger eines
verpflichtenden Zusammenhangs. Der Einzelne stammte nicht nur von
seinen Eltern ab, er hatte einen Patron im Himmel, ein Vor-Bild, dem man

sich nachschaffen musste, wie ja der Mensch selbst, in der Genesis, nach dem Bilde Gottes geschaffen war. Anders als ›*Kevin* – allein zu Haus‹, der einmal auf einen englischen HSV-Stürmer getauft wurde, bekommt ein Adolf die Gesellschaft lebenslänglich eingetränkt, in die er mit seinem Namen gerät.

Aber nun wissen Sie, wie viel mir daran liegt, dass der Frieden von Osnabrück immer noch hält,

Adolf Muschg mit (v.l.) Bürgermeister Burkhard Jasper,
Universitätspräsident Wolfgang Lücke und Landrat Michael
Lübbersmann

alles inbegriffen: die Erinnerung an den Retter des wahren Glaubens, den
Abfall seiner Tochter von diesem Glauben, die amerikanische Verwechs-
lung der Schweiz mit Schweden, sogar meine mögliche Verwandtschaft mit
dem Basler Bürgermeister Wettstein – kurzum: alles inbegriffen, was mit
meinem Namen an *Mehrdeutigkeit* möglich ist. Denn diese habe ich zu
meinem Beruf gemacht, und vielleicht ist sie sogar die Chance der Flüchtlingspolitik, die es nicht gibt. Aber Flüchtlinge gibt es, sie haben auch
Namen, ein Gesicht und eine Hoffnung, es sind, in einem Wort, Menschen, nur eben andere – wie wir selbst.

Matthias Platzeck, Roland Czada, Irina Scherbakowa

Druschba?! – Welchen Weg nimmt das deutsch-russische Verhältnis?

Podiumsveranstaltung in der Aula der Universität
am 29. Oktober 2015

Matthias Platzeck	Vorsitzender des Deutsch-Russischen Forums e.V., Berlin
Dr. Irina Scherbakowa	Germanistin und Kulturwissenschaftlerin, Moskau
Prof. Dr. Roland Czada	Universität Osnabrück – Gesprächsleitung

Roland Czada: Universitätspräsident *Lücke* stellte in seiner Begrüßung die Frage, ob es angesichts der jüngsten Konfrontationen zwischen Russland und den Staaten der Europäischen Union überhaupt noch ein besonderes »deutsch-russisches« Verhältnis gibt, das mit den Beziehungen zu keiner anderen Nation vergleichbar wäre.

Heute ist das Bild mehr als eingetrübt, und unser Friedensgespräch soll auch der Frage nachgehen, wie das zu ändern, wieder zum Besseren zu wenden wäre. Dazu haben wir zwei Podiumsgäste eingeladen, die über ein hohes Maß an Anschauung, Erfahrung, Wissen und Urteilsvermögen verfügen, um uns in dieser Sache Orientierung geben zu können.

Irina Scherbakowa: Leider sind wir in Russland sehr mit dieser Problematik beschäftigt. Morgens beginnen wir damit, darüber nachzudenken, wie es um den Rubel steht und wer mit wem in der Politik über was verhandelt hat. Mein Fach und meine Interessen gelten der Geschichte, und mein ganzes berufliches Leben war mehr oder weniger mit Deutschland verbunden. Es ging mir dabei um die Bedeutung der deutschen Literatur für Russland und um die Möglichkeit, Erinnerungen und Kenntnisse über Literatur, Kultur, Diktatur und Krieg zu vermitteln. Welche deutsche Literatur wird in Russland in breiten Kreisen noch gelesen? Zu den meist gelesenen ausländischen Schriftstellern in Russland gehört tatsächlich der in Osnabrück geborene *Erich Maria Remarque*. Die meisten seiner Bücher sind auch auf Russisch erschienen. Sein Buch *Drei Kameraden* gehört zu den sehr bekannten und geliebten Büchern. Weiter gehört *Thomas Mann* auf diese Liste, besonders mit seinem Werk *Joseph und seine Brüder*. Und *Heinrich Böll* wird in Russland sogar mehr gelesen als in Deutschland.

Das Gastspiel *Bertolt Brechts* mit dem Berliner Ensemble während des Kalten Krieges im Jahr 1955 war eines der wichtigsten kulturellen Ereignisse in Russland. Erst nachdem man Brecht gesehen hat, fand man bei uns den Weg zum modernen Theater. Bis heute gehört die *Dreigroschenoper* zu den am meisten aufgeführten Stücken in Russland.

Umgekehrt kann man fragen, was die russische Literatur für Deutschland einmal bedeutete, *Tolstoi*, *Dostojewski* oder *Tschechow*. Tschechow gehört nach wie vor zu den am meisten aufgeführten Theaterautoren in Deutschland. Das ist kein Zufall und gehört zu unserer gemeinsamen Geschichte. Unsere Vorstellungen von den Napoleonischen Kriegen von 1805 bis 1812 beruhen beiderseits sehr stark auf Tolstois *Krieg und Frieden*. Deutschland war immer wichtig für Russland. Natürlich hat man im 18. Jahrhundert und in der ersten Hälfte des 19. Jahrhunderts in adeligen und gebildeten Kreisen in Russland Französisch gesprochen, und die französische Kultur spielte eine große Rolle. Aber die Deutschen waren immer mittendrin in Russland. Es gibt keine einzige große bürgerliche deutsche Familie im 18. und 19. Jahrhundert, von der nicht irgendein Vertreter irgendwann einmal in Russland gelebt hat. In der Wissenschaft, beim Militär, in der Bildung, in der Medizin. Der deutsche Arzt *Friedrich Joseph Haass* z.B. war der erste Mediziner in Russland, der sich damit befasste, das Schicksal der Häftlinge in den Gefängnissen zu erleichtern. Seine Person ist ein Symbol dafür, wie komplex die deutsch-russischen Beziehungen waren.

Das 20. Jahrhundert hat Russland und Deutschland auf eine sehr tragische und schreckliche, aber auch unzertrennliche Weise miteinander verbunden. Dazu gehören die Erfahrungen der Diktaturen und der Kriege. Deswegen ist es kein Zufall, dass man in Deutschland eine besondere Beziehung zu Russland hat. Das haben wir in Russland am Anfang der Perestroika und am Ende der 1980er Jahre ganz stark gespürt. Denn es waren die Deutschen, die uns wirklich geholfen haben. Und das kam nicht nur von oben. Es war nicht nur eine Gegenleistung von Bundeskanzler *Helmut Kohl* für die Öffnung der Mauer und die Wiedervereinigung, dass Deutschland sehr viele Lebensmittel nach Russland, das in einer furchtbaren Situation war, geschickt hat. Es kam auch von unten: Jeder bei uns hat einmal Pakete erhalten, insbesondere solche Menschen, denen es schlecht ging. Es ist eine böswillige Interpretation, wenn behauptet wird, man habe uns ›erniedrigt‹, dadurch dass Kriegsveteranen diese Pakete aus Deutschland bekamen. Ich habe nicht einen solchen Kriegsveteranen erlebt – und mein eigener Vater gehörte dazu –, der diese Geste der Zivilgesellschaft aus

Deutschland als Erniedrigung empfunden hätte. Aus dieser Geste sprach für uns das Verständnis dafür, wie schwierig damals die Situation in Russland war. Manchmal wird heute vergessen, dass man es auch der demokratischen Bewegung bei uns und dem davon ausgehenden Druck auf Gorbatschow zu verdanken hat, dass die DDR frei wurde und es die Wiedervereinigung gab.

Wir waren zwischen 1988 und 1990 in Russland ständig auf Demonstrationen. Millionen gingen für Demokratie, Freiheit und die Abschaffung des Einparteiensystems auf die Straße. Das war eine gute Grundlage für die Beziehungen, die dann entstanden, etwa in der Wirtschaft oder zwischen den Historikern, unten denen die Deutschen zu den Ersten gehörten, die in den erstmals geöffneten Archiven arbeiteten. In der heutigen offiziellen Propaganda bei uns heißt es oft, Russland sei erniedrigt worden und es habe keine Gespräche auf Augenhöhe gegeben. Als Vertreterin der Zivilgesellschaft, als Historikerin und Germanistin kann ich sagen, dass ich das nie erlebt habe. Umgekehrt: Deutschland war für uns ein Beispiel dafür, dass es möglich ist, mit einer so negativen Vergangenheit und Diktaturerfahrung eine Demokratie aufzubauen. Das haben wir auch für uns erhofft.

Aber wir müssen auch darüber sprechen, wie die Situation sich veränderte und welche Hoffnungen wir in den 1990er Jahren in Russland hegten, hinsichtlich des Aufbaus der Demokratie und eines Mehrparteiensystems. Eigentlich sind nur die Hoffnungen geblieben, denn die Situation hat sich in den letzten zwei Jahren dramatisch verschärft. Viele Menschen in Russland glauben, angesteckt durch eine massive Propaganda, dass sie wieder in einer belagerten Festung gelandet und von Feinden umringt sind. Zum ersten Mal seit vielen Jahren werden die Deutschen auch in Umfragen nicht mehr durchweg als Freunde bezeichnet.

Ich glaube, heute neigt man im Westen oft und erst recht in Russland dazu, den Begriff des Landes mit dem des Staates zu verwechseln. Wenn man das, was in Russland passiert, kritisiert, wird oft gesagt, man sei kein Patriot. Damit ist aber nicht gemeint, dass man das Land nicht liebt, sondern dass man den Staat kritisiert. Dass man den Staat mit dem Land verwechselt, gehört seit Jahrhunderten ebenso zu den russischen Verhältnissen wie die Verwechselung der Macht mit den Menschen. Zwischen beiden Seiten möchte ich ganz deutlich unterscheiden, und zwar auch in Bezug auf die menschlichen Beziehungen zwischen Deutschland und Russland und das, was in der Politik passiert.

Matthias Platzeck: Bei allem Pessimismus, der in Ihren Worten mitklingt, Frau Scherbakowa, machen Sie mir trotzdem Hoffnung. Ich teile die Ansicht, dass es zwischen Deutschland und Russland eine Bindung gibt, die sehr tief gründet und schwierigste Zeiten und Ereignisse überdauert hat. Im siebzigsten Jahr nach dem Ende des Zweiten Weltkriegs und der Befreiung vom Faschismus habe ich manchmal den Eindruck, dass wir das, was die Völker der Sowjetunion – und speziell die Russen, Ukrainer und Weißrussen – uns angeboten haben, nicht hinreichend zu würdigen wissen. Trotz eines beispiellosen Vernichtungskriegs, den Deutschland von 1941 bis 1945 im Osten geführt hat, wurden uns Vergebung, Partnerschaft und sogar Freundschaft angeboten. Angesichts der Tatsache, dass jede Familie dort Opfer zu beklagen hatte, war das etwas absolut Außergewöhnliches und nicht Erwartbares.

Ich glaube, dass wir in Bezug auf unsere Maßstäbe und Perspektiven auf Russland und andere Völker östlich von uns noch einmal in uns gehen sollten. Als Kurator des *Johannes-Rau*-Begegnungszentrums habe ich vor Kurzem an einer Gedenkreise zu den Stätten der Vernichtung in Weißrussland teilgenommen. Es fällt auf, dass wir Gedenkfeiern an anderen Orten, zu Recht, sehr hochrangig ausgerichtet haben, etwa in der Normandie, wo der Eröffnung der zweiten Front im Weltkrieg mit vielen Staatsgästen gedacht wurde, oder den Jahrestag der Vernichtung des französischen Dorfes Oradour-sur-Glane, oder auch von Lidice in Tschechien. In Weißrussland begegnen uns 629 komplett vernichtete und zerstörte Orte, in denen, wie in Oradour und Lidice, alle Einwohner umgebracht wurden. Unser Gedenken daran erscheint mir kaum angemessen und gleichrangig. Diese Dimension des angerichteten Leids ist uns überhaupt nicht präsent. Größtenteils kennen wir diese 629 Orte nicht. Die 27 Millionen Toten der Völker der Sowjetunion haben bei uns nicht denselben Stellenwert wie andere, derer wir zu Recht gedenken. Wir sind da mindestens nachlässig, wenn nicht gar ungerecht.

Ich komme aus der Bürgerbewegung der DDR und hatte 1989 natürlich auch Träume und Hoffnungen. Ich war überzeugt, dass wir das Problem der Friedenserhaltung, bezogen auf den Gegensatz zwischen Ost und West, positiv gelöst hätten. Manche sprachen vom ›Ende der Geschichte‹ und dass sich alles in Harmonie auflösen werde. Keine Hoffnung ist schwerer enttäuscht worden und kein Irrtum war größer. Heute würde ich uns fast als Romantiker bezeichnen. Wir hatten vergessen, dass Politik aus drei Dingen besteht: Interessen, Interessen und nochmals Interessen. Viele unserer damaligen Hoffnungen wurden zertrümmert. Wir mussten lernen, dass Krieg nicht gebannt, sondern näher herangerückt ist. Es zeigen sich so viele Konfliktlinien, wie es sie nicht einmal im Kalten Krieg gab. Die Konflikte sind unüberschaubarer und unberechenbarer geworden. *Willy Brandt* sagte schon in den 1980er Jahren, dass der Ost-West-Konflikt lösbar sei und der bleibende, uns begleitende Konflikt der Nord-Süd-

Konflikt sein werde. Damit hatte er Recht: Was wir heute erleben, ist auch ein Ausfluss des Nord-Süd-Konfliktes.

Die Hoffnungen, von denen auch Frau Scherbakowa sprach, haben sich nicht erfüllt. Die bis vor ein paar Jahren gefeierte Partnerschaft mit Russland war seit 1990 nicht so gut gegründet und fundamentiert, wie sie hätte sein müssen. Im Westen, und besonders in Deutschland, dachten viele, dass es nur eine Frage der Zeit und des guten Zuredens sei, bis Russland so wird wie wir – in der Annahme, dass alle Länder irgendwann so werden müssten wie wir, da wir das beste Wertesystem, das beste politische System, die beste Form des gesellschaftlichen Umgangs miteinander haben, und dass eigentlich gar keine andere Wahl bleibe. Nun stellen wir relativ ernüchtert fest, dass dieser Prozess so nicht läuft. Die Völker des Ostens sind nicht so wie wir geworden und werden es vielleicht auch auf absehbare Zeit nicht. Wir müssen aber Respekt entwickeln gegenüber anderen Wegen, anderen Formen des gesellschaftlichen Miteinanders, gegenüber anderen Kulturen, Traditionen und Mentalitäten, die voraussichtlich Bestand haben werden. Wir müssen einsehen, dass das Spektrum breiter ist und dass unsere Art, die Welt zu sehen, nicht die allein selig machende ist. Wir neigen dazu, an manchen Stellen andere Gesellschaften zu überfordern, so auch die russische. Aber alles braucht seine Zeit, und wir müssen auch unsere Maßstäbe überprüfen. Ich teile die Kritik bezüglich der homophoben Gesetzgebung in Russland. Trotzdem ist daran zu erinnern, wo Deutschland in diesen Fragen in den 1950er oder 1960er Jahren stand. Alle Gesellschaften und auch die Zivilgesellschaft brauchen Zeit, um sich zu entfalten. Darum wäre es vermessen, wenn wir nach 70 Jahren Demokratie bei uns von anderen erwarten, das Gleiche in wesentlich kürzerer Zeitspanne zu erreichen.

In Kürze werden wir in Potsdam nach längerer Pause den *Petersburger Dialog* wieder aufnehmen. Der deutsche Teilnehmerkreis ist teils neu strukturiert und zusammengesetzt. Es sind mehr Organisationen, Vereine und Verbände dazugekommen, z.B. Greenpeace und der Deutsche Gewerkschaftsbund. Wir wollen die Tage nutzen, um Wege zu suchen, wie wir wieder zueinanderkommen. In den zurückliegenden zwei Jahren ist vieles im deutsch-russischen Verhältnis kaputtgegangen, von dem wir dachten, dass es Bestand haben wird. Dass Deutschland in der Beliebtheit bei den Russen von Platz 1 auf Platz 38 abgerutscht ist, spürt man an manchen Stellen deutlich. Wenn die deutsche Wirtschaft sagt, dass sie in Russland seit vielen Monaten keine Investition mehr unternommen hat, dann ist das ein deutliches Zeichen für die Zustände, die zwischen unseren Ländern eingetreten sind.

Die Aufgabe der Entwicklung der zivilgesellschaftlichen Beziehungen zwischen Deutschland und Russland habe ich bewusst gewählt. Ich habe vier Kinder und vier Enkel und möchte meinen Beitrag dazu leisten, dass das große Glück, meine bisherigen Lebensjahre in Frieden verbracht zu haben, auch meinen Kindern und Enkeln zuteilwerden kann. Ich glaube, dass eine friedliche Zukunft *gegen* oder *ohne* Russland nicht möglich sein wird. Und ich möchte meine Kraft dazu verwenden, möglichst viel miteinander zu organisieren, um wieder aus der Konfrontation herauszukommen.

Roland Czada: Herr Platzeck, Sie sagen, die Partnerschaft zwischen Russland und Deutschland sei nicht so gut gegründet gewesen wie erhofft. Wir würden unsere Partner mit Erwartungen überfordern. Ist dies nicht auch ein Problem im europäischen Kontext? Deutschland richtet in der Energiepolitik, in der Flüchtlingspolitik, in der Eurokrise viele Erwartungen an seine Nachbarländer, oft ohne Verständnis für die dortigen Situationen. Krankt daran vielleicht auch das deutsch-russische Verhältnis?

Frau Scherbakowa sagte, auf beiden Seiten gebe es ein Bedrohungsgefühl. Hat sich deshalb die Beliebtheit der Deutschen in Russland verringert? Falls ja, wäre dies nicht auch eine Folge gelenkter medialer Propaganda, auf die man sich in Russland hervorragend versteht?

In Deutschland gibt es das Gegeneinander der ›Russlandversteher‹ oder auch ›Putinversteher‹ und anderer, die auf ein altes Feindbild gegenüber Russland aus dem Kalten Krieg zurückgreifen.

Frau Scherbakowa, wie sieht das in Russland aus? Gibt es dort einen Diskurs über Deutschland, der nicht von solchen Bedrohungsängsten überlagert ist? Gibt es bei Ihnen ›Deutschlandversteher‹?

Irina Scherbakowa: Ich sehe ein Problem darin, dass man Außenpolitik und Friedensgeschichte getrennt von der Innenpolitik in Russland betrachtet. Man sagt dann, dass in Russland zwar nicht alles zum Besten steht und die Demokratie auf der Strecke geblieben sei, aber dass Russland dafür eben noch Zeit brauche. Für die Menschen in Russland steht indessen nicht Deutschland oder der Westen im Vordergrund des Interesses. Das Problem liegt in der innenpolitischen Situation in Russland, und es geht um die Frage, in welchem Land wir eigentlich leben. Die Propaganda richtet die ganze Aufmerksamkeit auf die Außenpolitik – Ukraine, Syrien, der böse Westen, Europa mit Flüchtlingen überfüllt –, weil man Menschen so von der innenpolitischen Lage bei uns ablenken kann. Einen Großteil meines Lebens habe ich unter dem Sowjetregime verbracht. Ich weiß, was es bedeutet, unter einer Diktatur zu leben. Heute haben wir in vielerlei Hinsicht eine andere Situation, die es z.B. möglich macht, dass ich noch kein Ausreisevisum brauche und an dieser Diskussion teilnehmen kann. Allerdings registrieren wir während der letzten 15 Jahre einen Abbau der schwachen Anfänge der Demokratie. In den 1990er Jahren gab es den Versuch, eine Demokratie aufzubauen, ein Mehrparteiensystem einzuführen und ein freies Land zu entwickeln. Jetzt ändert sich alles, es gibt Verschärfungen der Gesetzgebung auf allen Ebenen. Als Beispiel kann man die Lage von Homosexuellen anführen, die sich sehr verschlechtert hat.

Was uns Sorgen und Ängste bereitet, ist die Entwicklung der letzten Jahre. Wir haben keine freien Wahlen und keine echten Parteien mehr. Die größte Partei ist ein Arm der Macht, und die anderen Parteien tun nur so, als seien sie anders. Ich könnte hier ausführen, wie auf regionaler Ebene die Opposition bei dem Versuch, sich an Wahlen zu beteiligen, diffamiert und beschuldigt wird. Wir erleben, dass sich die Macht mehr und mehr auf eine Person konzentriert. Ich glaube nicht, dass Russland dazu verdammt ist und war, so paternalistisch zu sein. Dazu hat erst die Entwicklung der letzten Jahre geführt. Diese Entwicklung dient allein dem Machterhalt des Präsidenten. Der Anteil von Kritikern der heutigen russischen Politik wird auf höchstens 11% geschätzt. Ihnen wird erklärt, 80% der Bevölkerung unterstützten die gegenwärtige Regierung. Ich frage, warum hat man dann so eine schreckliche Angst vor diesen Kritikern? Warum hat man Angst vor einer so kleinen und schwachen Opposition? Wahrscheinlich ist die Opposition wirklich so schwach durch die Entwicklung und Propaganda der letzten Jahre.

Man möge einmal bedenken, was es für eine NGO wie *Memorial* bedeutet, in Russland zu überleben. In Deutschland kann sich wahrscheinlich niemand vorstellen, wie wir durch die Gesetzgebung gefesselt werden. Noch im Jahr 2000 gab es in Russland 80.000 verschiedene NGOs, darunter viele menschenrechtlich orientierte Organisationen. Die meisten existieren nicht mehr. Es ist kaum möglich, als NGO unter dem Druck der Gesetzgebung zu überleben. Warum hat der Staat solche Angst und führt sogar die Zensur ein, im Internet wie bei den freien Medien? An einer Hand lässt sich abzählen, wie viele freie, d.h. kritische Medien es noch gibt.

Ausschlaggebend dafür ist, dass die Modernisierung in Russland nicht geschafft wurde und es darüber eine große Frustration gibt. Daher kommt das Gefühl, betrogen worden zu sein, und zwar auch vom Westen. Es gibt allerdings unterschiedliche Gründe, warum man die Modernisierung nicht geschafft hat, unter anderem sind dies die weit verbreitete Korruption und die Abschaffung der Freiheit. Wirtschaft braucht aber Freiheit, Investitionen brauchen Freiheit, Zuverlässigkeit und einen Rechtsstaat. Russland ist bis heute kein Rechtsstaat. Wir haben versucht, diesen in den 1990er

Jahren aufzubauen; er kam nicht zustande. Heute werden kleine Geschäftsleute, NGO-Vertreter und einfache Menschen nicht durch das Recht geschützt. Dass es sogar so weit kommt, dass ein Krieg in der Ukraine geführt wird, haben wir nicht geglaubt. Doch wir haben den Westen immer vor der gefährlichen politischen Entwicklung gewarnt, auch in Deutschland, etwa beim ›Petersburger Dialog‹. Aber nur ein Teil der deutschen Gesellschaft hat diese Warnsignale wahrgenommen. Und auch deswegen gibt es diesen Riss in der deutschen Gesellschaft, bezogen auf Russland.

Matthias Platzeck: Ich habe von libertär und europäisch ausgerichteten russischen Freunden eine andere Wahrnehmung der 1990er Jahre in Russland kennengelernt, insbesondere bezüglich der zweiten Hälfte des Jahrzehnts, die für viele bis heute ein Trauma bedeutet. Das muss man berücksichtigen, um zu verstehen, warum Begriffen wie Privatisierung, Marktwirtschaft oder Demokratie von nicht wenigen keine positive Bedeutung beigemessen wird. In dieser Zeit, unter Präsident *Boris Jelzin*, wurden die Gehälter nur unregelmäßig ausgezahlt, Rentenzahlungen erfolgten willkürlich, Oligarchien entstanden und das Gesundheitssystem geriet an seine Grenzen. Was bei uns als Zeichen eines Aufbruchs gesehen wurde, war für viele Russen ein gesellschaftlicher Zusammenbruch. Das erklärt auch zum Teil die Anfangseuphorie für Wladimir Putin, denn erst kommt, frei nach *Bert Brecht*, ›das Fressen und dann die Moral‹. Freunde sagten mir, dass ihnen die Pressefreiheit nichts nütze, wenn sie ihre Familie nicht mehr ernähren könnten. Diese Stimmung muss man zur Kenntnis nehmen, darauf fußte die Begeisterung für den neuen Präsidenten.

Putin hat es fatalerweise nicht geschafft, in der Hochzeit seines Ansehens, seiner Macht und seiner Möglichkeiten, die ihm fast demokratisch verliehen worden sind, die Gesellschaft, die Wirtschaft und die Industrie zu modernisieren. Dafür gab es Chancen; er hat sie nicht ergriffen. Ein anderer seiner Fehler kommt in der Politik offenbar immer wieder vor und hat dieselben negativen Folgen: Die Amerikaner haben für ihre Demokratie als eine der ersten Regeln festgelegt, dass ein Präsident nach zwei Legislaturperioden aus dem Amt scheiden muss, und sei er auch noch so beliebt bei der Bevölkerung. Dafür gibt es gute Gründe. Nach so einer langen und intensiven politischen Gestaltungszeit, wie Putin sie in Russland erlebte, bilden sich Verkrustungen, Seilschaften und letztlich eine Corona von JaSagern. Der Kernfehler war, dass Putin wiederkam, weil er sich für unersetzbar hält. Er verfolgte keinen Ansatz der Modernisierung mehr, er setzte nur noch auf Sicherheit. Aus dieser Periode stammt die von Frau

Scherbakowa kritisierte Gesetzgebung. Und diesbezüglich ist von Putin tatsächlich nichts Gutes mehr zu erwarten.

Was man anerkennen muss – und nicht allein auf intensive, perfekt laufende Propaganda zurückführen kann –, ist das Faktum, dass Putin ein gewählter Präsident ist. Das muss man insbesondere im zwischenstaatlichen Umgang respektieren. Dies geschieht auch gegenüber anderen Regenten, die nicht unseren Idealvorstellungen entsprechen, z.B. unseren langjährigen saudischen Partnern. Es wäre eine große Tragik, aber ich vermute, dass Putin auch beim nächsten Mal, sollte er kandidieren, wieder gewählt wird. Ich halte jeden Versuch für sinnvoll, selbst den bösesten Gegner zu verstehen. Warum ›Verstehen‹ so eine Art Schimpfwort geworden ist, ist mir unbegreiflich. Es ist doch Basis jeder Analyse, dass ich verstehe, warum jemand etwas macht, was die Bedingungen sind, unter denen jemand etwas macht, und woraus sie sich herleiten. Ich muss mir die Mühe machen, diese zu verstehen.

Wenn in Deutschland das deutsch-russische Verhältnis oft kontrovers diskutiert wird, dann spielen dabei verschiedene Dinge mit hinein. Als Deutscher kann man zu Russland keine oberflächliche Beziehung haben. Viele Menschen bei uns verspüren eine schicksalhafte, emotionale Beziehung zu Russland. Das sorgt für eine engagierte Debatte. Hinzu kommt in den letzten zwei Jahren, dass nicht wenige Leute beklagen, die öffentliche Berichterstattung über Russland sei nicht ausgewogen, sondern einseitig. Das sorgt für noch mehr Emotionalität. Ich nehme übrigens wahr, dass es in dieser Frage einen Ost-West-Unterschied gibt. Auf Veranstaltungen in westlichen Bundesländern erlebe ich eine größere Reserviertheit gegenüber Russland als in den östlichen Bundesländern. Westdeutsche fordern mich als ehemaligen DDR-Bürger auf, gegenüber Russland mehr auf Distanz zu gehen, weil wir ja von den Russen besetzt worden seien. Ich antworte dann, dass ich die schlimme Zeit bis zu Stalins Tod nicht erlebt habe. In Potsdam, wo ich aufgewachsen bin, gab es zehntausende Russen. In den 1960er und 1970er Jahren haben wir sie nicht mehr als Besatzer erlebt, sondern als Nachbarn. Und in den 1980er Jahren haben sie uns sogar leidgetan, weil es vielen von ihnen materiell und finanziell schlechter ging als uns. Angstgefühle gegenüber den Russen hatten wir nicht, eher gab es ein gewachsenes gegenseitiges Verständnis. Angst verliert sich, wenn man näher dran ist.

An der Berichterstattung über Russland stören auch mich häufig eine fehlende Differenzierung und der Rückfall in die Muster des Kalten Krieges. Oft wurde schnell und ohne tiefgreifende Analyse festgestellt, dass Brüssel oder Washington die Adressen des Guten sind und Moskau die

Adresse des Bösen. – Mit solchen Zuschreibungen kommen wir aber miteinander nicht weiter.

Roland Czada: Sie beide sagten, dass nach 1989 in Russland eine Modernisierung und Demokratisierung nicht erreicht wurde. Was waren die Gründe dafür? Ist die marktwirtschaftliche Transformation an Korruption und entstehenden Oligarchien gescheitert?

Auch in Deutschland gab es nach 1989 so etwas wie ›Vereinigungskriminalität‹. Kriminelle Machenschaften waren nach dem Zusammenbruch der Sowjetunion, was die Aneignung von Unternehmen und Rohstoffen betraf, in Russland wohl in weit größerem Ausmaß vorgekommen. Putin trat als Hoffnungsträger an, der mit Chaos und Korruption aufzuräumen versprach. Warum gelang das nicht? Sind in Russland aufgrund seiner vormals zaristischen Staatstradition Demokratie und Marktwirtschaft zum Scheitern verurteilt? Ist die russische Gesellschaft vielleicht anhaltend ›autoritär‹ und gilt für sie, was die ins Exil vertriebenen Theoretiker des Frankfurter Instituts für Sozialforschung nach 1945 den Deutschen bescheinigten, nämlich einen »autoritären Charakter« zu haben? Unstreitig ist ja, dass die Deutschen inzwischen zu einer westlichen Nation geworden sind; in Russland scheint es nicht gelingen zu können.

Irina Scherbakowa: Ich glaube, dass Deutschland ein Beispiel für uns ist, wie man aus einer fürchterlichen Diktatur eine Demokratie aufbauen kann und dabei nicht die Vergangenheit verneint. Das Letztere ist Russland zum Verhängnis geworden. Heute ist die vorherrschende Meinung bei uns, dass unsere Vergangenheit gar nicht so schlimm war. Es gibt einen Lackmustest dafür: die Sicht auf die Figur Stalins. Ich glaube allerdings nicht, dass es wegen der historischen Entwicklung in Russland hoffnungslos ist, eine Demokratie aufzubauen. Die Merkmale dafür sind Transparenz, Pressefreiheit, ein funktionierendes Rechtssystem und freie Wahlen. Das alles versuchte man in der ersten Hälfte der 1990er Jahre. Jelzin wurde damals im Fernsehen so hart kritisiert und verspottet, wie man es sich heute kaum vorstellen kann. Die Schattenseite ist, dass es zu einer wirtschaftlichen Katastrophe kam. Aber das war kein Wunder, nach siebzig Jahren Sowjetunion. Am Ende der Regierungszeit *Breschnews* war das Land absolut pleite, und nichts funktionierte. Man stand in Schlangen vor den Läden um Brot an. Das hatte man vorher nur im Krieg erlebt. Durch den Rüstungswettlauf mit dem Westen geriet man endgültig in die Pleite. Die DDR war damals schon bankrott, aber Russland erst recht. Dass sich das Sowjetimperium auflöste, war keine Verschwörung von *Gorbatschow* und Jelzin, wie oft gesagt wird. Der Grund dafür lag darin, dass die ehemaligen

Sowjetrepubliken in der damaligen Misere glaubten, diese allein besser überwinden zu können. Die Baltischen Republiken haben es geschafft.

Warum hat die heutige Macht es nicht geschafft, die Wirtschaft zu modernisieren; warum die Korruption nicht besiegt, was Putin so oft proklamierte? In Russland gibt es seit Mitte der 1990er Jahre nur deshalb keine ›Oligarchen‹ mehr, weil sie seitdem auch die politische Macht haben und Staatsposten bekleiden. Die Modernisierung der Wirtschaft ist nicht gelungen, weil seit Beginn der Nulljahre keine Rede mehr von Demokratie war. Über Demokratie, Pressefreiheit und Transparenz wurde nicht mehr gesprochen. Die Parole war stattdessen, dass fortan ›das Gesetz‹ in Russland herrschen werde. Aber ohne Demokratie und Transparenz gibt es keine rechtsstaatliche Gesetzlichkeit.

Hinzu kam die Illusion, dass der Zynismus und die Bereicherung der oberen Schicht, also derjenigen, die die Staatsbürokratie ausmachten, zu Putins Zeiten abgebaut worden wäre. Das Gegenteil ist der Fall, und das Problem hat ganz andere Dimensionen angenommen, indem der Prozess der Verstaatlichung sich beschleunigt hat. Heute haben wir die Macht der staatlichen Konzerne. Es gibt keine Oligarchen mehr, sondern Wirtschaftsunternehmen, die fast alle staatlich sind. Die Unterstützung Putins durch die Bevölkerung beruht darauf, dass sehr viele Menschen durch die immens gewachsene Bürokratie an den Staat gebunden sind. Die Bürokratie in Russland ist viel größer geworden, als sie es in der Sowjetunion bereits war – somit war der Drachen nicht zu besiegen!

In der DDR und der Sowjetunion sind wir in Gesellschaften mit kommunistischen Regimen ohne Freiheit aufgewachsen. Und die damals vermittelte Ideologie mit ihren hehren Zielen wie Internationalismus und Antiimperialismus und den Maximen, sich nicht bereichern zu dürfen und solidarisch sein zu sollen, wirkte zunächst nach. Was dann aber passierte und immer stärker wurde, war ein unglaublicher Zynismus der Macht, der sich offen äußerte. Nun galt: Wir sind überhaupt keine Internationalisten, sogar Rassisten dürfen wir sein. An der Ukraine-Krise ist für mich schockierend, zu erleben, dass nicht ›die Imperialisten‹ die Bösen sind, sondern ›die Ukrainer‹, dass also eine ganze Nationalität der Feind ist. Das ist nun die ständige Behauptung der russischen Propaganda, und es verbreitet sich über die Schulhöfe bis hin in die Gespräche zu Hause in der Küche. Die Ukraine ist zum Feindesland geworden, und daraus entsteht Hass. Im Zusammenspiel mit dem Zynismus ist dieser Hass immer mehr zur Substanz der Macht geworden.

Roland Czada: Eine Tendenz vom Internationalismus zum militanten Nationalismus gibt es nicht nur in Russland. Auch die Ukraine scheint auf diesem Weg zu sein. Was kann da eigentlich die Sanktionspolitik des Westens gegenüber Russland bewirken? Stärken die Sanktionen nicht den Nationalismus und Putin? Erreichen sie womöglich das Gegenteil von dem, was sie erreichen sollen?

Und was ist von den Präsidialwahlen zu halten? Sind es, rein formal und abgesehen von der Propaganda, faire Wahlen? Wäre es denkbar, dass die Russen, sollte die Stimmung kippen, Putin durch einen anderen Präsidenten ersetzen könnten?

Irina Scherbakowa: Von normalen Wahlen kann keine Rede sein. Alle Fernsehkanäle sind verstaatlicht und es gibt keinerlei Transparenz. Also kann es keine freie Wahlwerbung geben. Zudem ist mit *Boris Nemzow* im Februar 2015 einer der möglichen Kandidaten erschossen worden. Andere wurden aus dem Lande geekelt, mussten fliehen, wurden verhaftet oder stehen unter Hausarrest wie *Alexei Nawalny*.

Die Sanktionen des Westens sind trotzdem wirkungsvoll. Sie waren eine berechtigte Reaktion auf Russlands Eingreifen in der Ukraine. Ich weiß, dass sehr viele Menschen auf der Krim nach Russland wollten. Aber darauf, wie das Referendum dort abgehalten wurde, wie Russland gegen das Budapester Abkommen gehandelt hat und den Frieden in Europa gefährdete, musste eine Reaktion vom Westen kommen. Natürlich kann man sagen, dass in der Ukraine vieles nicht so läuft, wie man es sich wünscht. Auch die Ukraine ist Erbin der sowjetischen Korruption und Diktatur. Aber seit einigen Wochen hört man bei uns nicht mehr viel über die Ukraine. Jetzt dreht sich alles um Syrien. In der Ukraine ist weiterhin Krieg, und es gibt keinen Frieden. Nur ist der Krieg weniger sichtbar, weil Russland aufgehört hat, mit Waffen und Militär massiv einzugreifen. Man hat auch im Donbas einen gefährlichen Drachen herausgelassen! Es gibt keine russische Familie, die nicht auch ukrainische Wurzeln hat. Es sind unvorstellbar viele familiäre Beziehungen dort auseinandergegangen. Auf diese unnachgiebige und kurzsichtige Politik Russlands musste der Westen reagieren.

Matthias Platzeck: Ich habe die westlichen Sanktionen aus zwei Gründen für falsch gehalten. Zum einen fällt es der russischen Führung nun leicht, die von ganz anderen Ursachen herrührende wirtschaftliche Misere einfach dem Westen anzulasten. Zum andern lehrt die Erfahrung, dass die russische Administration, wie sie von Putin geprägt wurde, nicht aufgrund von Sanktionen einlenken wird, ganz im Gegenteil. Darum halte ich die Sanktionen nicht für klug. Ich hoffe darauf, dass mit dem ›Minsk II‹-Abkommen vom Februar 2015 der Schritt vom Waffenstillstand in der

Ukraine zu einer Friedenslösung gemacht wird und dass dann die Sanktionen aufgehoben werden.

In ganz Europa, nicht nur in Russland, haben wir ein schleichendes, noch nicht richtig erkanntes Problem, und das ist die Auseinandersetzung zwischen libertären und autokratischen Grundlagen von Gesellschaften. In Russland hat sich ein Regime mit ausgesprochen autokratischen Zügen herausgebildet. Dabei spielt übrigens die russisch-orthodoxe Kirche eine problematische Rolle, wenn z.B. Priester Waffen segnen, was im Ukraine-Krieg auf beiden Seiten geschah. Zwischen Staats- und Kirchenführung ist dort ein bedenkliches Bündnis zur gegenseitigen Stärkung geschlossen worden. Aber auch in der Europäischen Union gibt es Alarmsignale. In Ungarn ist derzeit wenig von unseren Werten zu entdecken. Wenn in Polen nach den Präsidialwahlen die Partei des früheren Ministerpräsidenten *Kaczynski* auch die Parlamentswahlen gewinnen wird, werden dort unsere Vorstellungen von Zukunfts- und Weltoffenheit enttäuscht werden. Für Frankreich kann man davon ausgehen, dass *Marine Le Pen* nach den nächsten Wahlen eine Schlüsselrolle spielen wird. Diese Prozesse finden mitten in Europa statt. Erklärungsmuster wie ›70 Jahre Kommunismus in Russland‹ oder ›12 Jahre Faschismus und 40 Jahre Kommunismus in der DDR‹ können für Frankreich nicht geltend gemac

Matthias Platzeck

werden, und auch für Belgien nicht, wo in Flandern Nationalisten großen Zuspruch bei Wahlen haben.

Selbst die deutsche Demokratie hat noch keinen Härtetest bestanden. Wir haben Jahrzehnte wirtschaftlichen Wachstums hinter uns, zwar mit kleinen Dellen, aber immer mit der Perspektive, dass es aufwärts geht. Ich hoffe sehr, dass unsere Demokratie Bestand hat, wenn es einmal 10 Jahre lang nicht mehr besser wird, wenn abgegeben und geteilt werden muss und der Wohlstand nicht mehr wächst. Deswegen bin ich vorsichtig mit Urteilen über Russland und die möglichen Auswirkungen seiner Geschichte.

Mein Anliegen ist es, dass wir unsere Werte, die ich für ein menschliches Miteinander für tragfähig halte, erfolgreich, lebhaft und ausgefüllt vorleben, sie auch in schweren Zeiten aufrechterhalten und dadurch andere motivieren, sie freiwillig zu übernehmen. Aber diese Werte sind nicht dafür geeignet, mit erhobenem Zeigefinger und oberlehrerhafter Attitüde anderen aufgezwungen zu werden.

Die Ereignisse auf der Krim waren Gegenstand eines Seminars in Sotschi unter dem Titel »Befindlichkeiten und Emotionen im Völkerrecht« im Rahmen des Petersburger Dialogs im Dezember 2014. Daran nahmen zahlreiche deutsche und russische Völker- und Verfassungsrechtler teil. Die Diskussions- und Trennlinien gingen quer durch die Gruppen der Deutschen wie auch der Russen. In dieser Frage treffen zwei völkerrechtliche Grundsätze aufeinander, die bisher so noch nicht ausgetragen wurden: Die territoriale Unversehrtheit eines Staates und das Selbstbestimmungsrecht von Völkern. Was ist zu tun, wenn ein Territorium wie das der Ukraine unangetastet bleiben soll, aber eine große russische Mehrheit in einem Teil dieses Territoriums sagt, dass sie nicht mehr mit den Ukrainern leben will? Das ist völkerrechtlich noch nicht entschieden und Gegenstand vieler Streitgespräche. Entsprechend den völkerrechtlichen Grundsätzen der Unversehrtheit eines existierenden Staates hätte Deutschland 1991 z.B. die Unabhängigkeitserklärungen Sloweniens und Kroatiens nicht anerkennen dürfen. Dem stand die geltende jugoslawische Verfassung entgegen. *Hans-Dietrich Genscher* setzte diese politische Entscheidung durch, die SPD stimmte im Bundestag dagegen. Wir sollten uns also, was die Krim betrifft, nicht über Russland erheben. Der Westen hat das Völkerrecht an vielen Stellen so ausgelegt und benutzt, wie es gerade gebraucht wurde. Als das Völkerrecht im Irak von den USA flagrant verletzt wurde und Zehntausende Tote zur Folge hatte, hat niemand Sanktionen gefordert.

Roland Czada: Die Konfliktlinien in den Kriegen auf der Krim und in Syrien haben welt- bzw. geopolitische Dimensionen. In diesem Zusammenhang taucht immer wieder die Frage nach den Zielen der russischen

Regierung auf. Ist es die Wiederherstellung des Territoriums der Sowjetunion oder des Zarenreichs? Gibt es überhaupt einen Plan oder ist es nur ein in der Politik nicht unübliches Spiel von Aktion und Reaktion?

Irina Scherbakowa: Ich will mich gar nicht hineinversetzen in die Pläne Putins. In Russland zerbrechen sich Kritiker, Politologen oder Journalisten die Köpfe darüber, was aus Russland werden soll und wohin es jetzt geht. Wer darauf eine Antwort weiß, müsste mit dem Friedensnobelpreis ausgezeichnet werden. Wie lebt man in einer Situation, in der man nicht weiß, wie die Zukunft aussehen wird? Aktuelle Meinungsumfragen zeigen, dass die Menschen ihr Leben hinsichtlich Arbeit, Geld und Gesundheit nur für zwei, drei Monate im Voraus planen. Das ist unerträglich und macht alle krank, Kritiker wie Anhänger der Regierung. Fragt man die Menschen nach ihrer Meinung zur Krise, zur Arbeit der Polizei und der Gerichte, bekommt man verheerend negative Antworten. Alle Hoffnung richtet sich nur auf eine einzige Führungsperson. Das macht alles sehr unsicher. Jedes Gerücht darüber, was ›da oben‹

Irina Scherbakowa

geschieht, macht die Menschen nervös. Das sind böse Symptome. Die Mehrheitsmeinung geht dahin, anzunehmen, Putin wolle mit seiner Politik die ›russische Welt‹ vereinigen. Um so etwas umzusetzen, müsste er den Leuten aber etwas anderes anbieten als nur nostalgische Gefühle oder Nationalstolz, nämlich eine sichere Existenz und wirtschaftlichen Erfolg. Jetzt ist es so, dass Kasachstan etwas Abstand zu nehmen scheint, *Luka-*

schenko in Weißrussland macht Tänze zwischen Russland und dem Westen, ganz zu schweigen von der Ukraine. Mit der jetzigen Politik kann man diese Welt nicht zusammenhalten. Auch wir haben nach dem Zerfall der Sowjetunion davon geträumt, dass so etwas wie die EU entstehen könnte. Die russische Sprache, die uns alle verbindet, hätte dafür die Grundlage sein können. Das alles ist heute nicht mehr in Sicht.

Was über Korruption und unangenehmen Nationalismus in Russland gesagt wurde, trifft sicher zu. Doch es gibt noch etwas dazwischen: Die russische Korruption und der Zynismus der Mächtigen waren so flächendeckend, dass beides einen Ansteckungseffekt auf viele gehabt hat, die mit Russland Geschäfte machten. So sehr wir uns gefreut haben, wenn große internationale Unternehmen nach Russland kamen, dass investiert wurde und gemeinsame Betriebe entstanden, so haben wir doch mit ansehen müssen, dass dabei oft Bestechungsgelder geflossen sind. Es ist schwer für Geschäftsleute, in Russland ›sauber‹ zu bleiben und sich nicht zu infizieren. Auf der Ebene der Entscheider in Russland hatte das die Wirkung, dass man sich sagte: Also ist der Westen käuflich und es geht nur um den Preis. Die Zivilgesellschaft und die Moral spielen keine Rolle, Geld entscheidet alles. – Das war ein sehr schlechtes Signal für beide Seiten.

Man muss in Deutschland erkennen, dass es Grenzen gibt, wenn man in Russland Geschäfte macht. Wenn man in Deutschland die vorhandene protestantische und ehrliche Tradition aufgibt und den Weg der russischen Korruption mitgeht, fühlen wir uns im Stich gelassen.

Matthias Platzeck: Für die außenpolitischen Ambitionen der russischen Regierung spielt deren Selbstverständnis eine wichtige Rolle. *Barack Obamas* Worte, wonach Russland nur noch eine Regionalmacht sei, hat viele, auch liberale Russen getroffen, und vor allem Putin selbst. Russland macht nun mit allen Mitteln seinen Anspruch deutlich, mehr als eine Regionalmacht zu sein. Als Feld, dies zu beweisen, wurde Syrien auserkoren. Zudem war Russlands einziger Marinestützpunkt am Mittelmeer, im syrischen Tartus, gefährdet. Es war klar, dass diese Basis nicht aufgegeben würde, zumal die Russen seit langem im Mittleren Osten sowohl Interessen als auch Kompetenzen haben. Man muss Putins Äußerungen ernstnehmen, um zu verstehen, worauf er immer wieder hinweist, wahrscheinlich aus eigener Angst. Zu den Vorgängen auf dem Majdan in Kiew betonte Putin stets, dass der damalige Präsident *Janukowytsch* der gewählte Präsident sei und, ob sympathisch oder nicht, entsprechend behandelt werden müsse. Unter Beteiligung des polnischen Außenministers *Sikorski* und von Außenminister *Steinmeier* wurde ein Übergangsvertrag geschlossen, der Neuwahlen vorsah und Janukowytsch einen ordentlichen Abgang aus dem

Amt ermöglichen sollte. Was tags darauf auf dem Majdan und im ukrainischen Parlament geschah, machte diesen Vertrag obsolet. Das machte Putin Angst. Seitdem wiederholt er so oft wie möglich – und bei *Bashar al-Assad* ganz genauso –, dass ein gewählter Präsident nicht durch einen Putsch aus dem Amt kommen darf. Putin sagt, das Assad als gewählter Präsident Russland ersucht habe, in Syrien militärisch einzugreifen. Dieses Verfahren ist durch das Völkerrecht legitimiert. Völkerrechtlich kompliziert ist eher, was unsere Verbündeten in Syrien tun, da sie nicht durch den gewählten Präsidenten gebeten wurden, militärisch einzugreifen. Das alles ist zu berücksichtigen, man muss die Sachverhalte benennen, wie sie sind.

Auf einer außenpolitischen Tagung in Moskau wurde gesagt, dass sich das Schicksal der Ukraine letztlich auch in Syrien entscheiden und alles seine Rückwirkungen haben werde. Vor Kurzem gab es nun Konsultationen zwischen russischen und amerikanischen Militärs, um die Konfliktgefahr einzudämmen. Es werden diplomatische Bemühungen der Außenminister Kerry und Lawrow hinzukommen, an denen auch der türkische, der saudische und weitere Außenminister beteiligt sind. Dabei werden hoffentlich Vorgehensweisen beschlossen, die zu einem besseren Miteinander führen. Schließlich treffen sich dort die Interessen der Russen, die amerikanischen Interessen und die Interessen der Europäer, die viel intensiver sind als früher. Millionen von Menschen warten in Flüchtlingslagern in und um Syrien und Irak auf ein Signal, ob sie eine Zukunft in ihren Heimatländern haben werden. Gelingt das nicht, werden wir viel größere Flüchtlingszüge erleben, als es im Moment der Fall ist. Die Vernunft obsiegt hoffentlich, und alle bewegen sich, die auf dem Spielfeld sind. Vielleicht muss man Assad einräumen, an einer Übergangsgestaltung beteiligt zu sein. Der Ruf danach, einen Diktator zu beseitigen, ist noch keine außenpolitische Strategie. Man muss wissen, was folgen soll. Im Irak und in Libyen sehen wir, dass eine falsche Strategie nur Chaos erzeugt. Für die Menschen ist es in beiden Ländern nicht besser geworden.

Publikum: Ein Grundsatz des Westfälischen Friedens ist der, dass die eine Partei immer so handeln sollte, dass das Ansehen der anderen Partei gemehrt wird. Wäre das immer befolgt worden, hätte es keinen Ersten und Zweiten Weltkrieg gegeben. Wie können wir heute die deutsch-russische Freundschaft mehren?

Matthias Platzeck: Ein Vorschlag wäre, von deutscher und europäischer Seite gegenüber der vorherrschenden Abschottungspolitik ›antizyklisch‹ zu handeln. Konkret könnte man Visaerleichterungen einführen für junge Russen, Studierende und andere, die herkommen wollen. Das wäre einer der besten Katalysatoren für ein besseres Miteinander. Präsident Putin würde man damit keinen Gefallen tun, er wäre nicht besonders froh, wenn viele Russen unkompliziert nach Deutschland reisen könnten. Wir brauchen neue Ideen und ungewöhnliche Maßnahmen, um eine Wiederannäherung zu erreichen.

Irina Scherbakowa: Den Vorschlag, die Vergabe von Visa zu erleichtern, finde ich gut, das wäre ein positives Signal. Allerdings haben in Russland nur 7% der Bevölkerung Ausreisedokumente. Sehr viele Menschen haben bis heute nicht ein einziges Mal ihren Ort verlassen.

Ich glaube letztlich nicht daran, dass Veränderungen in Richtung Demokratie in Russland von außen kommen können. Russland muss sich selbst verändern. Wichtig ist, dass man im Westen ernsthaft verfolgt, was in Russland geschieht, auch innenpolitisch. Wichtig ist auch, die bisher entstandenen, sehr zahlreichen Beziehungen zwischen den Partnerstädten, den NGOs, den Wissenschaftlern oder den kulturellen Kreisen fortzusetzen – entgegen der in Russland deutlichen Tendenz, diese Beziehungen abzubauen. Diese Tendenz ist sehr konservativ, traditionalistisch, orthodox. Man muss mit allen humanistischen Mitteln zu verhindern suchen, dass Russland sich abkapselt. Als Kulturwissenschaftlerin glaube ich fest daran, dass über die Kultur etwas zu bewirken ist. Was in Russland heute passiert, ist nicht nur eine Absage an die europäischen Werte, es ist zum Teil ein kultureller Rückschritt. Dem muss man sich entgegenstellen, allen bürokratischen Hindernissen zum Trotz. Dazu ein Beispiel: Um ein Paket aus Russland herauszubringen, das Dokumente aus unserem Memorial-Archiv für eine Ausstellung im Literaturhaus Berlin enthielt, brauchte ich fast 100 unterschiedliche Dokumente. Es ging um 10 kleine Bücher und 10 weitere Schriftstücke.

Publikum: Für mich waren die Ereignisse in der Ukraine und besonders im Gewerkschaftshaus von Odessa am 2. Mai 2014, bei denen 48 Menschen ums Leben kamen und mehr als 200 verletzt wurden, sehr beängstigend. Darüber wurden wir über Wochen durch unsere Medien nicht richtig informiert. Die Meinungs- und Medienfreiheit war eingeschränkt und die anti-russische Stimmung nahm zu. Herr Platzeck, gewährleistet unsere demokratische Öffentlichkeit noch Meinungsfreiheit?

Matthias Platzeck: Die Berichterstattung über Ereignisse wie die angesprochenen in Odessa wirkt auch auf mich oft sehr selektiv. Außenminister Steinmeier war dort und hat die ukrainische Regierung um Aufklärung gebeten, was nicht zufriedenstellend geschehen ist.[1]

160

Publikum: Ich verfolge außer deutschen auch russische und ukrainische Medien. Überall gibt es Beispiele für einseitige Berichterstattung. Sehr viele Jugendliche in Russland kommunizieren im Internet. Mein Eindruck ist, dass sie Deutschland weit weniger negativ sehen als die Eliten der Politik und der Wirtschaft. Wir haben gute Chancen, die Beziehungen zwischen Deutschland und Russland zu verbessern, wenn wir Städtepartnerschaften ausschöpfen und Jugendliche zusammenbringen.

Publikum: Vor Kurzem hat sich endlich die deutsche Bundesregierung, vertreten durch ihren Russland-Beauftragten *Gernot Erler*, in Minsk für die Verbrechen an Russen, Juden und anderen Menschen dort während des Zweiten Weltkriegs entschuldigt. Das ist ein guter Weg, und es ist wichtig, dass junge Leute, Schulen und Universitäten miteinander Austausch pflegen.

---

1 Siehe auch https://de.wikipedia.org/wiki/Ausschreitungen_in_Odessa_am_2._Mai_2014.

■ II. MUSICA PRO PACE 2015

Konzert zum Osnabrücker Friedenstag

Rudi Stephan: Musik für Orchester

Richard Strauss: Eine Alpensinfonie op. 64

Ausführende:

Osnabrücker Symphonieorchester
Andreas Hotz, Dirigent
In Kooperation mit den Bielefelder Philharmonikern

Montag, 7. Dezember, 20 Uhr, OsnabrückHalle

Einführung: apl. Prof. Dr. Stefan Hanheide
In Kooperation mit dem Theater Osnabrück

Plakat für »musica pro pace« 2015

Stefan Hanheide, Osnabrück

Die »Alpensinfonie« von Richard Strauss und die »Musik für Orchester« von Rudi Stephan in ihren Bezügen zum Ersten Weltkrieg

Einführung in das musica pro pace-Konzert
am 7. Dezember 2015 in der OsnabrückHalle

I. Tiefenschichten in der »Alpensinfonie« – Schon direkt nach der Uraufführung am 28. Oktober 1915 durch die Dresdner Staatskapelle in der Berliner Philharmonie wurde der »wenig originelle«[1], »triviale«[2], »nichtssagende«[3] Gehalt der Alpensinfonie, die »fast primitive Ursprünglichkeit und Unreflektiertheit«,[4] die man in dem Werk spüre, vielfach spöttisch bemängelt. Entsprechend schrieb *Anton Webern* am 29. Januar 1916 an *Schönberg* über die Alpensinfonie: »Ich muß denken an wandgroße Kitschgemälde, wie sie in Museen zu sehen sind.«[5]

Sollte der bedeutendste lebende deutsche Komponist auf dem Höhepunkt seines Schaffens ein Werk komponiert haben, das nichts anderes zum Ziel hat, als eine Gipfelbesteigung in den Alpen und den Wiederabstieg musikalisch zu schildern – und das nach so gedankenreichen Werken wie *Also sprach Zarathustra* und *Tod und Verklärung*? Auch *Salome*, *Elektra* und sogar der *Rosenkavalier* besitzen erheblich mehr Tiefendimension als eine Alpenbesteigung. Ein Werk noch dazu, das in der Überdimensionierung der Orchesterbesetzung einen neuen Höhepunkt setzte, eine Hybris, die ganz der Gigantomanie vor dem Ersten Weltkrieg entsprach? Die Presseberichte überschlugen sich bei der Bezifferung der beteiligten Musiker – von 107 war die Rede, aber auch von 120.[6]

Erst später wurde bekannt, dass Strauss lange geplant hatte, dem Werk die Überschrift »Der Antichrist, eine Alpensinfonie« zu geben. Am 5. August 1913 hatte er das Particell abgeschlossen, den auf wenigen Syste-

Richard Strauss,
Überschrift der Seite 1 des Particells der »Alpensinfonie« vom August 1913

men notierten thematischen Verlauf des Werkes vor der Übertragung in die Partitur. Dieses Particell trug als Überschrift den Hinweis auf den »Antichrist«, den er in der endgültigen Gestalt des Werkes verwarf. Sie verweist auf das gleichnamige Werk *Friedrich Nietzsches* aus dem Jahr 1888, das 1894 erstmals gedruckt erschienen war. In dessen knappem Vorwort ist zu lesen: »Man muß geübt sein, auf Bergen zu leben, – das erbärmliche Zeitgeschwätz von Politik und Völker-Selbstsucht unter sich zu sehn.«[7]

Der Weg in die Berge ist also Symbol für die Selbstdistanzierung von Politik und Gesellschaft, die verächtlich als »erbärmlich« betrachtet werden. Ähnliches vermutete auch *Julius Korngold* in seiner Besprechung der Wiener Erstaufführung am 5. Dezember 1915. Er begann mit den Worten:

> »Die mordende Granate entweiht die stillsten Hochgebirgsgipfel, Blut befleckt jungfräuliches Gestein. Und da meldet sich der Musiker und lädt zu einer beschaulichem Genusse wechselnder Naturbilder hingegebenen Alpenwanderung. Hörte der Künstler Strauss, der so oft dem Pulsschlag der Zeit gelauscht, gerade jetzt bewußt über das sie mächtig Bewegende hinweg?«[8]

Allerdings ging es in Nietzsches Spätschrift nicht primär darum, sondern um eine Abrechnung mit dem Christentum. Das wusste Strauss, der am 19. Mai 1911 in seinem Tagebuch notierte:

> »Mir ist absolut deutlich, daß die deutsche Nation nur durch die Befreiung vom Christentum neue Tatkraft gewinnen kann. [...] Ich will meine Alpensinfonie: den Antichrist nennen, als da ist: sittliche Reinigung aus eigener Kraft, Befreiung durch die Arbeit, Anbetung der ewigen herrlichen Natur.«[9]

Das Datum dieser Eintragung ist nicht ganz unerheblich; es ist der Tag nach Mahlers Tod (tatsächlich schon am 18. Mai), den Strauss einige Zeilen vorher erwähnt:

Richard Strauss, Tagebucheintrag am 19. Mai 1911:
»Gustav Mahler nach schwerer Krankheit am 19. Mai verschieden. Der Tod dieses hochstrebenden, idealen, energischen Künstlers ein schwerer Verlust.«

Einige Zeilen weiter heißt es auf der gleichen Tagebuchseite:

[handschriftlicher Tagebucheintrag]

Richard Strauss, Tagebucheintrag am 19. Mai 1911:
»Der Jude Mahler konnte im Christentum noch Erhebung gewinnen.«

Tatsächlich hatte Mahler vor allem in seiner Zweiten und Achten Sinfonie dezidiert christliche Ideen vertont. Dieser Position stellt sich Strauss entgegen. Er votiert gegen Religion und setzt auf eigene Kraft und Arbeit.
Eine bedeutende Rolle kommt der damit verbundenen Idee der »sittlichen Reinigung« und Befreiung zu, eine der zentralen Ideen der Zeit um 1914. Viele Intellektuelle erwarteten ›Reinigung‹ durch den Krieg, in Anlehnung an *Aristoteles*, der in der Tragödie Reinigung durch das Durchleben von Schrecken veranschlagte.
Bei *Thomas Mann* liest sich das im November 1914 so:

»Wir kannten sie ja, diese Welt des Friedens. [...] Wimmelte sie nicht von dem Ungeziefer des Geistes wie von Maden? Gor und stank sie nicht von den Zersetzungsstoffen der Zivilisation? [...] Wie hätte der Künstler, der Soldat im Künstler, nicht Gott loben sollen für den Zusammenbruch einer Friedenswelt, die er so satt, so überaus satt hatte? Krieg! Es war Reinigung, Befreiung, was wir empfanden, und eine ungeheure Hoffnung«.[10]

Romain Rolland nannte den Aufsatz von Thomas Mann »das Schrecklichste, was ich bisher von einem deutschen Intellektuellen gelesen habe«.[11]

Dass die Alpensinfonie eine Verherrlichung der Natur darstellt, ist kaum zu bestreiten. Ob darin auch die weiteren genannten Ideen enthalten sind, die ›sittliche Reinigung aus eigener Kraft‹ und die ›Befreiung durch die Arbeit‹, wird in der Strauss-Forschung kontrovers diskutiert. Die Unsicherheit in der Deutung des Werkes hängt mit seiner langen und bewegten Geschichte zusammen. Die Idee, eine abenteuerliche Bergwanderung mit einem Unwetter musikalisch darzustellen, kam schon dem 15-jährigen Strauss im Jahr 1879. Zwanzig Jahre später plante er, in einem nun viersätzigen Werk die Tragödie eines Künstlers zu gestalten, der sich nach dem Ende einer verbotenen Liebesbeziehung in den Wahnsinn stürzte. Wiederum 10 Jahre später, 1911, gab es eine zweiteilige Konzeption, deren erster Teil eine Bergbesteigung darstellen sollte. Schließlich entschloss sich Strauss zu einer einsätzigen Fassung, die jedenfalls vordergründig dieser

Bergbesteigung gewidmet ist, allerdings im fertigen Particell vom August 1913 in der Überschrift immer noch den Begriff »Antichrist« führt. Das lässt den Schluss zu, dass Strauss diese Momente immer noch enthalten sah. Wenn er diesen Titel eliminierte, scheint es eher eine Verschleierung des programmatischen Gehalts zu sein und weniger dessen Verwerfung.[12] Denn auch weitere tiefere Dimensionen lassen sich im fertigen Werk erkennen. Die Befreiung von der als unerträglich erfahrenen Alltagswelt durch Besteigung eines Gipfels wurde bereits genannt.

An *Hugo von Hofmannsthal* schrieb Strauss am 30. März 1915:

> »Aber die Politik: die wollen wir denn doch ein bißchen aus der Entfernung betrachten und die Sorge dafür denen überlassen, die sie angeht. Nur Arbeit kann uns trösten.«[13]

Arbeit findet sich im Programm der Alpensinfonie in Form der anstrengenden Besteigung eines Gipfels. Wenn Komponisten in ihrem Metier von Arbeit sprechen, meinen sie damit vielfach die Verwendung kontrapunktischer Techniken, also Themenumkehrung, -vergrößerung, -verkleinerung und Imitation. All das findet sich in der Alpensinfonie (allerdings nicht nur in diesem Werk von Strauss). An zwei Beispielen sei das verdeutlicht. Das Sonnenaufgangs-Thema, das erstmals in dem entsprechend betitelten Abschnitt (Ziffer 7)[14] erscheint, erklingt am Schluss des Werkes zu Beginn des Sonnenuntergangs-Abschnitt in der vierfachen Vergrößerung (Ziffer 129) und etwas später in der Umkehrung (5 Takte nach Ziffer 143). Das Anstiegs-Thema, das erstmals am Beginn des so betitelten Abschnitts erklingt (5 Takte nach Ziffer 11), wird sodann in einer Umkehrungsvariante imitiert (Ziffer 13). Am Ende des Werkes, wo es nach dem Gewitter und Sturm um den Abstieg geht, erscheint dieses Anstiegs-Thema in Umkehrung und Vergrößerung im fff in den Trompeten und Tenortuben (3 Takte nach Ziffer 124).

Eine besondere Rolle spielt der Sturm im letzten Drittel des Werkes. Strauss bringt diesen Sturm in heftigsten Klangwirkungen hervor. Danach folgen der Sonnenuntergang und die absolute Beruhigung. Man kann in dieser Abfolge eine reinigende Wirkung ausmachen – nicht umsonst ist das reinigende Gewitter sprichwörtlich. Der Sturm also als reinigende Kraft,[15] als Katharsis. Richard Strauss erreicht diese Reinigung, die er in der Alpensinfonie vermitteln wollte, allein in und durch Musik – »aus eigener Kraft«, wie er schrieb. Thomas Mann feierte dagegen den Krieg mit seinem unendlich erzeugten Leid als ›Reinigung‹.

Strauss' Werk wurde bis zum Ende der Konzertsaison 1916/17 in 45 (!) Städten aufgeführt.[16] Besprechungen standen häufig an prominenter Stelle in den Tageszeitungen. Die Zahl 45 ist zunächst beeindruckend, weil es zeigt, dass diese überdimensionierte Besetzung trotz der Einbußen, die die Orchester durch den Kriegseinsatz der Musiker zu erleiden hatten, noch realisiert werden konnte. Es zeigt sich ferner, wie wichtig den Menschen die Aufrechterhaltung des Kulturlebens im Krieg war. Seit jeher wollte die politische Propaganda mit einem blühenden Kulturleben während des Krieges die eigene Stärke gegenüber dem Kriegsgegner bezeugen, schon in der Zeit von Ludwig XIV. lässt sich diese Praxis finden.[17] Aber viele Zeugnisse berichten davon, dass die Menschen im Ersten Weltkrieg nach Musik dürsteten. Sie bedeutete Ablenkung und moralische Stärkung gegenüber den zahlreichen betrüblichen Nachrichten von den Kriegsschauplätzen.[18] Gerade in diesem Sinne konnte der Alpensinfonie eine tröstende Botschaft entnommen werden, dass auch nach dem heftigsten und gefahrvollsten Sturm wieder Stille und Frieden einkehren.

Wenn man also Tiefenschichten in der Alpensinfonie ausmachen will, kann es erstens die Flucht in die Bergwelt als Selbstdistanzierung von Politik und Gesellschaft sein. Zweitens bietet sich die Hinwendung zur Arbeit in der Bergbesteigung und in der kompositorischen Arbeit an. Drittens ist es die reinigende Wirkung des in Musik dargestellten Gewitters.

II. *Zur politischen Haltung von Richard Strauss im Ersten Weltkrieg*[19] – Die in der Alpensinfonie erkannten Denkweisen lassen sich in den Haltungen des Komponisten zum Ersten Weltkrieg in Teilen wiedererkennen. Zu Beginn des Krieges stand Strauss, wie der allergrößte Teil der deutschen Bevölkerung, eindeutig hinter der Kriegführung des Deutschen Reiches. In einem Brief an *Gerty von Hofmannsthal* vom 22. August 1914 schreibt er:

> »Es ist eine große herrliche Zeit und unsere beiden Völker haben sich wirklich großartig gehalten; man schämt sich nachträglich jedes bösen kritischen Wortes, das man je über dies brave, starke deutsche Volk gesagt hat. Man hat das erhebende Bewußtsein, daß dies Land und Volk erst am Anfang einer großen Entwicklung steht und die Hegemonie über Europa unbedingt bekommen muß und wird«.[20]

In dem Brief an die Frau des Dichters seiner Opernlibretti macht Strauss sich Sorgen um dessen Gesundheit. Zu Kriegsbeginn, bevor er sich nach einer Unterbrechung wieder der Alpensinfonie zuwandte, arbeitete Strauss an der Vertonung der *Frau ohne Schatten* auf einen erst zum Teil fertigen Text Hofmannsthals. Dessen freiwillige Meldung zum Kriegsdienst kritisierte Strauss, weil er der Meinung war, dass künstlerische Arbeit ein höherwertiger Dienst für das eigene Land sei.[21] Am 8. Oktober 1914 äußert er gegenüber Hugo von Hofmannsthal Lob für die Armee und somit moralische Unterstützung für den Dichter im Kriegsdienst, macht aber wiederum auch kritische Bemerkungen:

> »Inmitten all des Unerfreulichen, das – ausgenommen die glänzenden Taten unserer Armee – dieser Krieg bringt, ist fleißiges Arbeiten die einzige Rettung. Sonst käme man um vor Ärger über die Talentlosigkeit unserer Diplomatie, unserer Presse, des Kaisers Entschuldigungstelegramm an Wilson und all die Würdelosigkeiten, die man sich zuschulden kommen lässt. Und wie behandelt man die Künstler: der Kaiser reduziert die Gagen am Hoftheater, die Herzogin von Meiningen setzt ihr Orchester auf die Straße, *Reinhardt* spielt *Shakespeare*, das Theater in Frankfurt spielt *Carmen, Mignon, Hoffmanns Erzählungen* – wer wird aus diesem deutschen Volke klug, dieser Mischung von Talentlosigkeit und Genie, Heroismus und Bedientenhaftigkeit?«[22]

Mit Beginn des Krieges wurde in Europa vielfach die Praxis geübt, Werke von Komponisten, die der Seite des Kriegsfeindes angehörten, von den Spielplänen zu streichen und durch solche der eigenen Seite zu ersetzen. Dagegen opponierten allerdings Teile der Musikpresse. Man beschränkte sich bald zumeist auf die Streichung von Werken lebender Komponisten.[23] Kurz nach dem Jahreswechsel äußert Strauss, er habe jetzt genug vom Kriege und vom Verzicht auf fremde Kunst:

> »sollen wir nie mehr den Louvre, nie mehr die National Gallery sehen? Und Italien? Ich soll im April in Rom, wo man unlängst mit unerhörtem Erfolg das *Heldenleben* gespielt hat, zwei Konzerte dirigieren: noch sind sie nicht abgesagt.«[24]

Strauss, der selbst den Verzicht auf Werke feindlicher Ausländer befürwortet hatte, spürte, dass er zu den Leidtragenden solcher Verfahrensweise zählte.

Strauss hat sich weder in einem seiner Werke noch in einer offiziellen Stellungnahme explizit zum Krieg geäußert. Seine öffentliche Zurückhaltung wurde ihm bald zum Vorwurf gemacht. So erfuhr er Kritik aufgrund seiner Weigerung, die Erklärung *An die Kulturwelt*[25] vom 4. Oktober 1914 zu unterschreiben (s.u.). Er selbst kritisierte dagegen im Februar 1915 diejenigen Komponisten, die Stellung zum Krieg bezogen:

»Traurig genug, daß wir gereiften, ernst und künstlerischen Idealen treu arbeitenden Künstler solche Rücksichten nehmen müssen auf Menschen, denen die große Zeit nur Vorwand ist, um ihre eigenen mittelmäßigen Leistungen an die Oberfläche zu bringen, die gute Ge-legenheit sehen, wirkliche Künstler als hohle Ästheten und schlechte Patrioten zu verschreien, die vergessen, daß ich in Friedenszeiten mein *Heldenleben*, den *Bardengesang*, Schlachtlieder, Militärmärsche geschrieben habe, jetzt aber den großen Ereignissen gegenüber ehr-furchtsvoll stillschweige, während sie, die ›Konjunktur‹ nützend, un-ter dem Deckmantel des Patriotismus das dilettantischste Zeug lan-cieren.«[26]

Strauss war der Überzeugung, dass der Künstler sich aus der Politik fern-zuhalten und auf übergeordneter Ebene für die Ideen von Schönheit und Wahrheit zu arbeiten habe.[27] Diese Position spiegelt sich in der Alpensin-fonie wider. Der Meinung, der Krieg bringe den Menschen Reinigung und Läuterung, wie sie Thomas Mann geäußert hatte, entgegnet er:

»[E]s ist widerlich in den Zeitungen [...] zu lesen, wie Jung-Deutschland gereinigt und geläutert aus diesem ›herrlichen‹ Krieg zu-rückkehren soll, wo man froh sein kann, wenn die armen Kerle erst von Läusen und Wanzen gereinigt und von allen Infektionen geheilt und erst wieder des Mordens entwöhnt werden müssen.«[28]

Das Töten des Soldaten im Krieg als Morden zu bezeichnen, den Soldaten somit als Mörder, hat eine lange Tradition, die bis in das Altertum zurück-reicht. Prominent wurde die Position 1931 in *Kurt Tucholskys* Äußerung »Soldaten sind Mörder«, die er in der *Weltbühne* publizierte. Deren ver-antwortlicher Redakteur *Carl von Ossietzky* wurde deshalb 1932 wegen »Beleidigung der Reichswehr« angeklagt, jedoch freigesprochen. Noch weit nach dem Zweiten Weltkrieg wurde die Position kontrovers diskutiert und beschäftigte die Gerichte; erst 1995 entschied das Bundesverfassungs-gericht die verfassungskonforme Zulässigkeit des Zitats.[29]

Richard Strauss gab in den zahlreichen weiteren Briefen an Hofmanns-thal ab April 1915 bis Ende 1918 keine weiteren Stellungnahmen zum Krieg ab, sondern behandelte weitestgehend nur noch die gemeinsame Arbeit an den Opernprojekten.

Im *Pester Lloyd*, einer liberalen deutschsprachigen Budapester Tages-zeitung, erschien auf der Titelseite am 12. September 1915 ein Artikel des Wiener Musikschriftstellers *Richard Specht* mit dem Titel *Friedensruf an die Künstler*, der mit Strauss als lobenswertem Vorbild beginnt:

> »Als zu Beginn des Krieges für das vielbesprochene Manifest der
> deutschen Künstler und Gelehrten[30] Unterschriften gesammelt wur-
> den, verweigerte Richard Strauss die seine. Er sagte, dass er mit
> Freuden seinen Oxforder Ehrendoktortitel zurückgäbe, wenn dafür
> ein englischer Dreadnought in Tausch gegeben oder versenkt würde;
> daß aber Erklärungen über Dinge des Krieges und der Politik nicht
> dem Künstler zukämen, der sich um sein Werk und seine Arbeit zu
> kümmern habe, sondern jenen, die sie wirklich bezeugen können,
> weil sie sie miterlebt oder mitgeschaffen haben.«[31]

Wenn auch in der – von einem Dritten überlieferten – Bemerkung zum
Tausch des Oxforder Ehrentitels gegen eines der englischen Kriegsschiffe
eine Schmähung des Feindes hindurch klingt, so wird die Position, die er
dem Künstler für angemessen hält, doch deutlich. Diese schon oben ange-
sprochene Haltung zeigt sich auch in einem Brief an Romain Rolland vom
12. Februar 1917, in dem er den Wunsch äußert, den französischen Mu-
sikkenner und Literaten bald in der Schweiz zu treffen. Er schreibt:

> »Ich verspreche mir von einer persönlichen Unterredung gerade mit
> Ihnen Genuß und Trost, sehe ich doch aus Ihrem schönen Artikel zu
> meiner Genugtuung, in wie vielen allgemein menschlichen und prin-
> zipiellen Punkten wir übereinstimmen, bei aller Liebe für unser bei-
> derseitiges Vaterland und bei aller Bewunderung für unsere tapferen
> Truppen im Felde. Dabei müssen gerade wir Künstler versuchen, un-
> seren Blick für das Schöne und Erhabene allenthalben uns frei zu er-
> halten und uns in den Dienst der Wahrheit zu stellen, die ja doch
> endlich einmal, wie das Licht die Finsternis, auch das dichte Gewebe
> von Lüge und Trug durchdringen wird, in das die wahnbetörte Welt
> jetzt eingesponnen scheint. Ich habe leider in der Schweiz von vielen
> Seiten die betrübendsten Nachrichten über die unmenschliche Be-
> handlung von armen deutschen Kriegsgefangenen, die schrecklichen
> Quälereien, Beschimpfungen, ja sogar Foltern von Seiten Ihrer
> Landsleute erhalten. Welch ein Gegensatz hierzu in Deutschland,
> England, ja sogar Italien, von woher keine Klage laut geworden ist.«

Die Anmerkung zur Behandlung deutscher Kriegsgefangener legt den
Schluss nahe, dass Strauss einseitigen, propagandistischen Darstellungen
eher folgt, als sie kritisch zu prüfen. Sein Vorschlag, Rolland möge »sich
durch persönlichen Augenschein im Feindesland für seine ausgleichende
und aufklärende Tätigkeit eine bessere und überzeugendere Grundlage«

schaffen, wird von diesem in einem Kommentar in seinem Tagebuch fast spöttisch zurückgewiesen:

> »Wie wenig diese Deutschen doch von der Geistesverfassung in Europa haben. Man stelle sich die Sache einmal umgekehrt vor; ein Deutscher, der nach Frankreich eingeladen wird, es würde ihm ergehen wie einem Soldaten Napoleons im belagerten Saragossa.«[32]

Strauss dirigierte während des Krieges Wohltätigkeitskonzerte[33] und versuchte somit, sich mit eigener künstlerischer Arbeit auf die Seite der Leidtragenden zu stellen und die Not des Krieges zu lindern.

III. Rudi Stephans »Musik für Orchester« (1912) – Rudi Stephans Vater, Geheimrat Dr. *Karl Stephan*, war ein wohlhabender und angesehener Rechtsanwalt in Worms, der sich im regen Wormser Musikleben engagierte, vor allem als Vorstandsmitglied des *Wagner*-Vereins. So bekam der Sohn frühzeitig Musikunterricht beim Wormser Musikdirektor *Karl Kiebitz*. Am Gymnasium war er jedoch ein eher schwacher Schüler und konnte seine Eltern dazu bewegen, ihn vor dem Abschluss der Oberprima sich ganz der Musik widmen zu lassen.

Nach einem kurzen Jahr des Studiums am Frankfurter Konservatorium bei *Bernhard Sekles* zog es ihn nach München, jener in diesen Jahren aufstrebenden Stadt der modernen Kunst, die Berlin und Wien Paroli bot. Dort studierte er privat bei einer weiteren bekannten Lehrerpersönlichkeit jener Jahre, *Rudolf Louis*. Sein Interesse galt fortan der Komposition, und zwischen 1905 und 1914 schuf er eine Reihe von Werken, sodass der renommierte Musikkritiker *Paul Bekker* ihn als eines der größten gegenwärtigen Kompositionstalente Deutschlands bezeichnete. Er würde heute gleichberechtigt neben Komponisten stehen, die ihren Kriegseinsatz überlebt haben, wie Schönberg, Berg, Webern oder Hindemith.

Bei der Abfahrt zum Kriegseinsatz soll er seiner Mutter gesagt haben: »Wenn nur meinem Kopf nichts passiert – es ist noch so viel Schönes darin!«[34] Nach zwei Wochen an der Front wurde er am 29. September 1915 von einer Kugel in den Kopf tödlich getroffen. Das geschah bei Tarnopol in Galizien, heute Ukraine. Er war der einzige, der aus der Kompanie an diesem Tag fiel. Zeugen sagen aus, dass sein Tod einer Art Selbstmord gleichkam: Er konnte die Schmerzensschreie der verwundeten russischen Soldaten, die vor seinem Schützengraben im Feld lagen, nicht mehr ertragen, stieg aus seinem Schützengraben empor und war so ein leichtes Ziel für den Gegner.[35]

Musikverein in Osnabrück

Mittwoch, den 5. November 1924,
abends 7½ Uhr, in der Stadthalle

Erstes
Haupt-Konzert

unter Leitung des städt. Musikdirektors Otto Volkmann
Solist: Kammersänger Prof. Julius v. Raatz-Brockmann, Berlin
Orchester: Das verstärkte Städt. Orchester

I.

1. Georg Friedrich Händel: Concerto grosso G-dur
   * 1685 in Halle   A tempo giusto / Allegro / Adagio
   † 1759 in London   Allegro / Allegro

2. Johann Sebastian Bach: Rezitativ und Arie aus der Kantate
   * 1685 in Eisenach   »Der zufriedengestellte Äolus«
   † 1750 in Leipzig

Rezitativ:

Äolus (zu dem Chor der Winde): Ja, ja! Die Stunden sind
nunmehro nah', daß ich euch treuen Untertanen den Weg aus
eurer Einsamkeit, nach bald geschloss'ner Sommerszeit zur Freiheit werde bahnen. Ich geb' euch Macht, vom Abend bis zum
Morgen, vom Mittag bis zur Mitternacht mit eurer Wut zu rasen,
die Blumen, Blätter, Klee mit Kälte, Frost und Schnee entsetzlich
anzublasen. Ich geb' euch Macht, die Zedern umzuschmeißen und
Bergesgipfel aufzureißen. Ich geb' euch Macht, die ungestümen
Meeresfluten durch euren Nachdruck zu erhöh'n, daß das Gestirne
wird vermuten, ihr Feuer soll durch euch verlöschend untergeh'n.

Arie:

Wie will ich lustig lachen, wenn alles durcheinander geht!
Wenn selbst der Fels nicht sicher steht, und wenn die Dächer
krachen, so will ich lustig lachen!

II.

3. Rudi Stephan: »Musik für Orchester« (in einem Satz)
   * 1887, schrieb mit 23 Jahren die   Zum 1. Male
   »Musik für Orchester«, starb 1915
   im Schützengraben bei Tarnopol

4. Gustav Mahler: »Kindertotenlieder« für eine Singstimme
   * 1860 in Kalischt   mit Orchesterbegleitung
   † 1911 in Wien

Diese fünf Gesänge sind als ein einheitliches untrennbares Ganzes gedacht und es
muß daher die Kontinuität desselben (auch durch Hintanhaltung von Störungen,
wie z. B. Beifallsbezeugungen am Ende einer Nummer) festgehalten werden.

Programmzettel der Aufführung von Rudi Stephans
»Musik für Orchester« am 5. November 1924 in Osnabrück

Stephans *Musik für Orchester* wurde in Osnabrück bereits am 5. November 1924 zum ersten Mal gespielt. Besonders sinnstiftend, auch in Bezug
zur zurückliegenden Zeit, war dabei die Abfolge der Werke. Im vorausge-

henden Auszug aus einer *Bach*-Kantate geht es um die Freude am Sturm und am Krachen der Dächer. Nach der Musik Stephans, dessen Kriegstod auf dem Programmzettel vermerkt war, folgten die *Kindertotenlieder* Mahlers. So war es eine Art Gedenkfeier für Rudi Stephan.

Von seinen Kompositionen haben insbesondere eine Handvoll Instrumentalwerke, ein Reihe von Liedern und eine Oper die Zeiten überdauert. Die Oper mit dem Titel *Die ersten Menschen* auf den Text des Pazifisten *Otto Borngräber* sollte 1915 an der Oper Frankfurt herauskommen, aber der Krieg verhinderte die Premiere, die erst 1920 erfolgte. Zu seinem zweiten Opernprojekt unter dem Titel *König Friedwahn* schrieb er 1915:

> »Als Ironie empfand ich, dass mich die Einberufung zum *Kriegs*-dienst gerade zu den Vorarbeiten zu einer neuen Oper antraf, der das Problem des – Welt*friedens* zugrunde liegt.«[36]

Mehrere seiner Instrumentalwerke betitelte er »Musik für...«: *Musik für Geige und Orchester* (1908, verloren), *Musik für Orchester in einem Satze* (1910), *Groteske für Violine und Klavier* (1911), *Musik für 7 Saiteninstrumente* (1911), *Musik für Orchester* (1912) und *Musik für Geige und Orchester* (1913). Damit macht er deutlich, dass er gegenüber der sinfonischen Epoche des vergangenen Jahrhunderts neue Wege einschlagen wollte.

Tatsächlich lässt sich eine traditionelle Form in der einsätzigen *Musik für Orchester* nicht erkennen, z.B. eine Sonatenform, ein Rondo oder eine Fuge. Es gibt einige wiederkehrende Teile und eine Reihe herausgehobener Themen. Stephan selbst stellte sie in einer Einführung 1913 in der Zeitschrift *Die Musik* vor.[37]

---

1   Max Marschalk, zit. nach Walter Werbeck: Die Tondichtungen von Richard Strauss. Tutzing 1996, S. 184.

2   Pester Lloyd (Budapest) vom 6. Dez. 1915, S. 3.

3   Wiener Abendpost vom 6. Dez. 1915, S. 1.

4   Richard Specht, zit. nach Werbeck (Anm. 1), S. 183.

5   Hans und Rosaleen Moldenhauer: Anton von Webern. Zürich / Freiburg i. Br.1980, S. 194.

6   Das Prager Tagblatt berichtet von 107 Musikern (Ausgabe vom 10. Sept. 1915, S. 6), der Pester Lloyd von 120 Musikern (Ausgabe vom 17. Sept. 1915, S. 10).

7   Friedrich Nietzsche: Der Antichrist. In: Nietzsches Werke. Band VIII, Leipzig 1895, S. 215.

8   Neue Freie Presse (Wien) vom 7. Dez. 1915, S. 1.

9   Gustav Mahler – Richard Strauss. Briefwechsel 1888-1911. Hg. von Herta Blaukopf, München / Zürich 1980, S. 211.

10   Thomas Mann: Gedanken im Kriege. Entstanden August-September 1914, zuerst erschienen in Die neue Rundschau 25 (1914), Bd. 2, S. 1471-1484. Zit. nach Thomas Mann: Essays. Bd. 2: Politik. Hg. von Hermann Kurzke, Frankfurt 1977, S. 23-37, hier S. 26f.

11   Romain Rolland: Das Gewissen Europas. Tagebuch der Kriegsjahre 1914-1919. Berlin 1963, Bd. 1, S. 159.

12 Charles Youmans: Artikel »Tondichtungen«. In: Strauss-Handbuch. Hg. von Walter Werbeck, Kassel u.a. 2014, S. 434.

13 Richard Strauss – Hugo von Hofmannsthal. Briefwechsel. Gesamtausgabe. Im Auftrag von Franz und Alice Strauss hg. von Willi Schuh. Dritte, erweiterte Ausgabe, Zürich 1964, S. 301.

14 Die Ziffern beziehen sich auf die Partiturausgabe im F. E. C. Leuckart-Verlag, Leipzig 1915.

15 Es bleibe nicht unerwähnt, dass dem Sturm in solchen Zusammenhängen eine gewisse Kriegsmetaphorik innewohnen kann. In der Oper *Die Vögel* von *Walter Braunfels*, die während des Ersten Weltkrieges entstand, den der Komponist als Soldat erlebte, und die 1920 uraufgeführt wurde, stellt der Sturm unzweifelhaft den Krieg dar, und schon in Beethovens *Pastorale* kann der Sturm als Kriegsmetapher verstanden werden. Allerdings liegt eine weite Distanz zwischen dem Sturm als Kriegsmetapher im musikalischen Kunstwerk und dem realen Krieg. Strauss hat die Idee der reinigenden Wirkung des Krieges dezidiert zurückgewiesen. (Vgl. den Brief an Hofmannsthal vom Februar 1915, s. Anm. 26).

16 Allgemeine Musik-Zeitung (Berlin) 44 (1917), S. 523.

17 Vgl. Stefan Hanheide: Jean-Baptiste Lullys »Ballet du Temple de la Paix« (1685) und die Aufhebung des Edikts von Nantes. In: Musik und kulturelle Identität. Bericht über den XIII. Internationalen Musikwissenschaftlichen Kongress in Weimar 16. bis 21. Sept. 2004. Hg. v. Detlef Altenburg u.a., Kassel u.a. 2012, Bd. 3, S. 32-38.

18 Vgl. Stefan Hanheide: »Heilsames Gegengewicht«. Zur Bedeutung von Musik im Ersten Weltkrieg. In: Musik und Kirche (Kassel) 84 (2014), S. 388-394.

19 Die folgenden Passagen beziehen sich vor allem auf die Auswertung der Briefe an Hugo von Hofmannsthal und der Tagebucheintragungen von Romain Rolland.

20 Briefwechsel (Anm. 13), S. 288.

21 Vgl. Franzpeter Messmer: Richard Strauss. Biographie eines Klangzauberers. Zürich / St. Gallen 1994, S. 274.

22 Briefwechsel (Anm. 13), S. 289.

23 Vgl. Stefan Hanheide: »Dem Ernste der Zeit anpassen« – Zur Politisierung des deutschen Musiklebens am Beginn des Ersten Weltkrieges. In: »Musik bezieht Stellung«. Funktionalisierungen der Musik im Ersten Weltkrieg. Hg. von Stefan Hanheide, Dietrich Helms, Claudia Glunz und Thomas Schneider (Krieg und Literatur / War and Literature, International Yearbook on War and Anti-War Literature, Bd. 19). Göttingen 2013, 265-276.

24 Brief an Hofmannsthal vom 16. Januar 1915. Vgl. Briefwechsel (Anm. 13), S. 293f.

25 Der Aufruf von 93 Intellektuellen und Künstlern erschien in vielen Zeitungen und Zeitschriften, darunter in der Neuen Zeitschrift für Musik am 15. Okt. 1914, Jg. 81 (1914), S. 512f. – Von musikalischer Seite hatten Engelbert Humperdinck, Siegfried Wagner und Felix von Weingartner das Manifest unterzeichnet.

26 Briefwechsel (Anm. 13), S. 297f.

27 Vgl. das Briefzitat an Hofmannsthal vom 30. März 1915 (Anm. 13).

28 Strauss an Hofmansthal, Februar 1915, vgl. Briefwechsel (Anm. 13), S. 298.

29 Vgl. https://de.wikipedia.org/wiki/Soldaten_sind_Mörder.

30 Gemeint ist die Erklärung »An die Kulturwelt«, vgl. Anm. 25 und https://de.wikipedia.org /wiki/Manifest_der_93.

31 Richard Specht: Friedensruf an die Künstler, vgl. Pester Lloyd vom 12. Sept. 1915, S. 1f. – Die Strauss betreffende Passage ist im Tagebuch von Romain Rolland zitiert, vgl. ders.: Gewissen Europas (Anm. 11), Bd. 1, S. 636f.

32 Der Brief von Strauss an Rolland vom 12. Februar 1917 sowie dessen Kommentar ist abgedruckt in Rolland (Anm. 11), Bd. 2, S. 577f.

33 Vgl. den Brief an Josef Ruederer vom 4. Okt. 1914. In: »Der Strom der Töne trug mich fort«. Die Welt um Richard Strauss in Briefen. Hg. von Franz Grasberger, Tutzing 1967, S. 211. Vgl. auch den Brief an Hofmannsthal vom 16. Januar 1915, in: Briefwechsel (Anm. 13), S. 294.

34 Juliane Brand: Rudi Stephan. Tutzing 1983, S. 46.

35 Ebd. S. 48.

36 Ebd. S. 43.

37 Rudi Stephan: »Musik für Orchester« in einem Satze von Rudi Stephan. In: Die Musik 12 (1913), 1. Juniheft, S. 298-300.

III. BEITRÄGE ZUR FRIEDENSFORSCHUNG

KRISEN EUROPAS:
UKRAINE, NAHER OSTEN, MIGRATION

Rolf Wortmann, Osnabrück

Wozu Geopolitik?

Von der Wiederkehr und den Risiken einer problematischen Denkfigur

Ein Gespenst geht um in der Politik, das Gespenst der Geopolitik. Eine überwunden und für tot erklärte Denkfigur hält seit dem Ende des Kalten Krieges verstärkten publizistischen Einzug in die Analyse internationaler Politik und der Außenpolitik von Staaten. Immer häufiger begegnen wir bei der Deutung der vielen Konfliktzonen der Weltpolitik – insbesondere zum Ukrainekrieg – Begriffen wie ›geostrategisch‹ oder ›geopolitisch‹. Zuweilen entsteht der Eindruck, es handele sich dabei um Joker-Begriffe, um Konflikten, die sich herkömmlichen Erklärungen entziehen, einen Namen zu geben.

Warum erlebt eine durch die Legitimierung der deutschen Lebensraumpolitik der Nazis als pseudowissenschaftlich diskreditierte Ideologie nun ihre Renaissance? Ein Versuch, darauf eine Antwort zu finden, muss zunächst daran erinnern, dass der schillernde Begriff Geopolitik außerhalb Deutschlands andere Bedeutungen hat und immer präsent war. Was Geopolitik normativ und analytisch leistet und wie es um ihren Anspruch steht, eine auf objektiver wissenschaftlicher Erkenntnis basierende Anleitung zum politischen Handeln zu sein, soll hier erörtert werden. Eine Rekonstruktion der verschiedenen Bedeutungskontexte zeigt, in welchen Formen und Traditionslinien sich Geopolitik heute als obsolet bzw. als anschlussfähig für neue Problemstellungen und Interessenlagen erweist.[1]

I. Geopolitik: die Genese eines Begriffs – Da der Mensch auf der Erde lebt, ist die soziale Bedeutung des Erdraumes für das menschliche Dasein und Handeln zu allen Zeiten Gegenstand vielfältiger Betrachtungen gewesen. So hat beispielsweise *Montesquieu*, für das 18. Jahrhundert typisch, der Bindung des Menschen an Raum und Klima eine herausragende Rolle zugewiesen. Dass die politischen Mächte sich nach Größe und Lage des Raumes und in Land- und Seemächten unterscheiden lassen, ist in Gestalt der sie verkörpernden mythischen Ungeheuer *Leviathan* und *Behemoth* aus dem *Buch Hiob* seit Langem bekannt und (nicht nur) von *Carl Schmitt* in *Land und Meer* (1942) zum bewegenden Prinzip der Weltgeschichte aufgeladen worden.

Eine politische Geographie mit einem stets umstrittenen Anspruch einer wissenschaftlichen Disziplin in praktischer politischer Absicht entstand gegen Ende des 19. Jahrhunderts. In diesem Zeitalter des Imperialismus ist nach der vollständigen Eroberung Afrikas die Welt unter den europäischen Kolonialmächten aufgeteilt. Territoriale Zugewinne waren fortan nur auf Kosten anderer zu erzielen, was Konflikte bis hin zum Krieg wahrscheinlicher machte. Diese weltpolitische Ausgangslage am Vorabend des Ersten Weltkrieges war der Boden für die Entstehung der klassischen Phase der Geopolitik. Ihr maßgeblicher Wegbereiter war der deutsche Geograph *Friedrich Ratzel* (1844-1904) mit seinem Werk *Politische Geographie* (1897). *Politisch* wird die als Naturwissenschaft verstandene Geographie durch die Annahme, dass ein Staat erst durch die natürlichen geographischen Gegebenheiten des Raumes wie Lage, Größe, Landschaft und Klima in seinem Wesen bestimmt werden kann. So sind für ihn Staaten mit großer Flächenausdehnung im Vorteil, solche mit wachsender Bevölkerung zur stetigen Erweiterung ihres »Lebensraumes« gezwungen. Den Staat begreift Ratzel nicht mehr in der liberalen Tradition als Rechtssubjekt, sondern als »organisches Wesen«, als »lebendigen Organismus«, dessen natürlicher, auf Wachstum gerichteter Lebenswille eingepfercht wird in der Enge eines vorgegebenen Raumes. Der Raum sei statisch, das Leben dynamisch. Der ›natürliche Drang‹ einer wachsenden Bevölkerung nach Lebensraum verlange auch für das deutsche Volk nach einem Großraumstaat analog zu den USA oder Russland. Diesen Lebensraum sah Ratzel für das Deutsche Reich damals noch als zukünftiges Kolonialreich in Afrika. Dazu forderte er Deutschlands Einstieg in die Weltpolitik. So wurde Ratzels politische Geographie zur Legitimation des imperialen Anspruchs auf einen »Platz an der Sonne« und mündete in der Unterstützung des Flottenprogramms des von 1897 bis 1916 als Staatssekretär des Reichsmarineamts wirkenden Vizeadmirals *Alfred von Tirpitz*.

Den Begriff Geopolitik führte der in Deutschland sehr populäre germanophile schwedische Staatswissenschaftler *Rudolf Kjellén* (1864-1922) zu Beginn des 20. Jahrhunderts ein, zum Durchbruch kam er aber erst in den 1920er Jahren in Deutschland durch *Karl Haushofer*. Kjellén entwickelte in seinem auflagenstarken Buch *Der Staat als Lebensform* (1916) aus den geographischen Naturbedingungen ein ganzes »System der Politik«. Anknüpfend an Ratzel folgte er dem biologistischen Verständnis vom Staat als lebendigem Organismus, der – den eigenen naturhaften Gesetzen folgend – mit dem ihm völkerrechtlich zufallenden Raum nicht identisch bleiben kann. Den begrenzten Aktionsradius des Nationalstaates, der bei

Ratzel noch durchschimmert, ersetzt Kjellén durch den Begriff des ›Reiches‹. Er allein kann dem natürlich wachsenden ›Volkstum‹ die erforderlichen ›fließenden Grenzen‹ schaffen. Neben den schon von Ratzel aufgeführten politisch maßgebenden Faktoren spielen bei Kjellén in Anlehnung an *Friedrich Naumanns* Werk *Mitteleuropa* (1915) die wirtschaftliche Autarkie als Abkopplung vom britisch dominierten Weltmarkt und ein einheitlicher Lebens- und Wirtschaftsraum eine zentrale politische Rolle. Als selbstverständlich gilt, dass das nach Lebensraum drängende ›Volkstum‹ ein natürliches Recht auf Raumeroberung hat und dieses über das abstrakte, für alle Akteure gleichermaßen geltende Völkerrecht gestellt wird. Damit entwickelt Kjellén Ratzels naturalistisches Politikverständnis, angereichert mit sozialdarwinistischen Zügen, weiter. Mit der Hypostasierung des biologisch determinierten Dranges nach Lebensraum finden sich bei ihm viele Elemente, die *Hans Grimm* in seinem Roman mit dem programmatischen Titel *Volk ohne Raum* (1926) massenwirksam popularisierte.

Der Geograph Karl Haushofer entwickelte ab den 1920er Jahren mit der einflussreichen *Zeitschrift für Geopolitik* die Geopolitik zu einer »exakten Wissenschaft«, die gestützt auf »objektive Naturgesetze« politisches Handeln anleiten sollte. Politisch reichten die wissenschaftlichen Einsichten zunächst nur zum Kampf gegen ›Versailles‹, den Friedensvertrag am Ende des Ersten Weltkriegs. Dieser Revisionismus steht bereits im Geiste eines Reichsgedankens, der die Identität von Staat, Nation und Territorium zugunsten von Reich, Volk und Lebensraum als organischer Einheit aufhebt. Die Notwendigkeit der Eroberung zusätzlichen Lebensraumes für das deutsche Volk steht ebenso außer Frage wie das Recht, erforderliche Räume zu okkupieren. An die Stelle eines universalen Völkerrechts mit souveränen und gleichberechtigten Nationalstaaten tritt die Aufteilung der Erde in mehrere, von Groß- und Weltmächten kontrollierte Regionalblöcke, die in ständigem Kampf ums Überleben stehen.

Haushofers geopolitisches Programm, das seine weltanschauliche Nähe zum Nationalsozialismus weder verleugnen konnte noch wollte, war an einer heute nur noch schwer nachvollziehbaren Stelle für *Hitlers* Ziele nicht ausreichend. In der ›Blut-und-Boden‹-Ideologie war Haushofer nur ein Vertreter der ›Boden‹-Komponente. Die Aufteilung der Erde konzipierte er in Form mehrerer regional abgetrennter Kontinentalsysteme. Die ›Blut‹-Komponente der NS-Rassenlehre zielte dagegen auf einen biologisch fundierten, unbegrenzbaren Lebensraumanspruch.[2] Doch in einer Hinsicht lieferte Haushofer dem nationalsozialistischen Expansionsprogramm die entscheidende geopolitische Neuorientierung. Anders als seine Vorläufer fand er die erforderlichen Lebensräume nicht mehr in afrikanischen Kolonien, sondern in der nahe liegenden, von der Sowjetunion bzw. Russland kontrollierten eurasischen Landmasse. Sie wurde zur Zitadelle des ›Großdeutschen Reiches‹, zum Kern potenzieller Weltherrschaft. Dieser Größenwahn erhielt eine schauerliche Legitimität, weil man sich ausgerechnet einer geopolitischen Entdeckung des Briten *Halford J. Mackinder* (1861-1946) bedienen konnte, die sich zur fixen Idee entwickelte.

Mackinder hatte 1904 in einem aufsehenerregenden Fachaufsatz der damals vorherrschenden Doktrin des populären amerikanischen Seemachtstheoretikers *Alfred T. Mahan* von der ›Herrschaft der Seemächte‹ (*New Navalism*) widersprochen:[3] Er erklärte das ›kolumbianische Zeitalter‹ für beendet. Vier Jahrhunderte hatte die Dominanz des Meeres, gestützt auf die technologische Überlegenheit der Seefahrt gegenüber den ländlichen Transportsystemen, gehalten. Aber nun, da die Eisenbahn als neues Verkehrsmittel den Raum erobere und die technologischen Nachteile gegenüber der Seefahrt ausgleiche bzw. sogar vertausche, sei ein neuer Blick auf die Weltkarte erforderlich. Die Weltherrschaft erfolge nicht mehr von See her, sondern von jener, für die Seemächte unzugänglichen Landmasse, um die sich nun alles drehe. Mackinder lokalisierte sie in der Region zwischen Osteuropa und dem Ural. Am Ende des Ersten Weltkriegs kreierte Mackinder für diese öde, unwirtliche und kaum bewohnte Steppenlandschaft den Begriff *heartland* (auch Eurasien genannt) und entwickelte mit Blick auf diese Region die alle machtbesessenen Geister elektrisierende Formel: »Who rules East Europe commands the Heartland: Who rules the Heartland commands the World-Island: Who rules the World-Island commands the world.«[4]

Welche politische Bedeutung die Verkehrung des Verhältnisses von Land- und Seemacht und die geopolitische Aufwertung der eurasischen Landmasse bei den Friedensverhandlungen in Versailles und für die territoriale Neuordnung Osteuropas sowie die Politik gegenüber der Sowjetunion hatten, ist umstritten. In der Logik der Geopolitik folgte daraus aber, dass die Seemächte, präziser nun die USA, geostrategisch in die Defensive gerieten. Ihre führende Rolle konnten sie nur halten, wenn sie die Randgebiete (*rimlands*), die Küstenregionen der eurasischen Landmasse am Pazifik und Atlantik kontrollierten. Der ›Russische Bär‹ musste in seinen Käfig eingeschlossen werden. Genau das taten die USA lehrbuchmäßig nach dem Zweiten Weltkrieg mit einem weltumspannenden System von Bündnissen. So war und ist die NATO neben einer Wertegemeinschaft »mehr noch ein geostrategisch konstituierter Verbund«, wie *Herfried Münkler* urteilt.[5]

Nach dem Zweiten Weltkrieg galt der Begriff Geopolitik in Deutschland als durch die rassistische Eroberungs- und Vernichtungspolitik der

Nazis derart kontaminiert, dass er fast verschwand. Zudem gab es in den
›Überbau‹-Schlachten des Kalten Krieges zwischen ›Freiheit‹ und ›Totalita-
rismus‹ für einen öffentlichen geopolitischen Diskurs keinen ideologischen
Raum mehr, was aber nicht ausschließt, dass so gedacht und danach
gehandelt wurde.

II. Geoökonomie und Geopolitik – Nach dem Ende des Kalten Krieges
erlebte die Geopolitik – wie auch andere zuvor tabuisierte Begriffe, z.B.
›nationales Interesse‹ – ihre allmähliche Wiederbelebung. Kontrafaktisch
zu den real aufziehenden Kriegen und Gewaltorgien auf dem Balkan, im
Kaukasus und später im Nahen Osten, deren ethnische Kämpfe um Räume
wie ein Rückfall in archaische Zeiten erschienen, entstanden vorwiegend
im Westen Weltvorstellungen ganz anderer Art. Im Zentrum stand hier
eine ›Neue Weltordnung‹ unter dem Primat der Ökonomie, auch Globalisierung genannt. Nach dem Sieg des westlichen Systems richteten sich die
Hoffnungen und Erwartungen auf eine einheitliche, friedliche Welt, die
durch die Herrschaft des Rechts und einen integrierten Weltmarkt als Basis
eines globalen Wohlstands für alle gekennzeichnet sein würde. Die Zukunft gehöre den Zivil- und Handelsmächten, die Macht sollte sich nun in
ziviler Währung bemessen und nicht mehr in militärischer Stärke; statt
Panzer und Raketen sollten Ökonomie und technologische Innovations-
kraft als ihre entscheidenden Quellen gelten.

Mit dem Primat der Ökonomie als tendenziellem Ersatz für Politik
wurde ein weltgeschichtlicher Umbruch von einer Welt der Staaten hin zu
einer Gesellschaftswelt bzw. einer globalisierten Weltgesellschaft prognos-
tiziert. In dieser schönen neuen Welt eines liberalen Internationalismus
würden sich Feindschaften in friedlichen Wettbewerb auflösen und der
durchaus reale Streit um Räume wäre nur noch ein Relikt einer längst
überwundenen Vergangenheit. Hinzu kommt, dass in der globalisierten
Moderne der Raum immer mehr durch Zeit ersetzt wird. Räume werden
verstärkt durch moderne Technologie zur *quantité négligeable* relativiert,[6]
bedeutsam sind sie nur noch als Behälter für ökonomisch relevante Rohstoffe und Transportlinien oder als neue Kunsträume der Digitaltechnolo-
gie.

Ausgerechnet Ökonomen – *Michel Albert, Lester C. Thurow, Edward
Luttwak, Jeffrey Garten* seien stellvertretend genannt – gossen in den Wein
dieses liberalen Traums trübes Wasser. Statt der globalen Weltmarkt-
integration diagnostizierten sie politisch vermittelte Konkurrenzkämpfe
zwischen den kapitalistischen Staaten um die globale Wirtschaftshegemo-
nie. Wer wird welchen Anteil am Kuchen für sich gewinnen? Welche
Variante von Kapitalismus wird sich durchsetzen und die Regeln des

globalen Wettbewerbs bestimmen? Aspiranten waren je nach Analyse neben den USA Europa (zuweilen auch Deutschland allein), Japan oder China mit jeweils verschiedenen Varianten von Kapitalismus. Machtkämpfe mischten sich in die Tauschgesellschaft der Ökonomen so sehr, dass manche Analytiker eine Regionalisierung der Weltwirtschaft mit konkurrierenden Ordnungsmodellen befürchteten. Dies war im engeren Sinne die Geburt der *Geoökonomie*, die aber mit ihrem Primat des Wirtschaftsgeschehens die Geopolitik noch ins Schattenreich verwies, denn als zentrales Schlachtfeld der Zukunft galt der weltweite wirtschaftliche Konkurrenzkampf. Bei aller Begeisterung für den Siegeszug des friedenstiftenden Wettbewerbs auf den Weltmärkten blieb der Politik nicht verborgen, dass auch dieses sich selbst regulierende System ohne militärische Absicherung nicht auskommen werde. Damit hatte man die Grenzen ziviler Macht präzise definiert.[7]

Seit Beginn des Jahrtausends, verstärkt seit dem Irakkrieg der USA mit ihrer ›Koalition der Willigen‹, sank der Glaube an die Neue Weltordnung ebenso wie an eine *Pax Americana*. Stattdessen dominiert seitdem ein gegenüber den 1990er Jahren veränderter Diskurs, der mehr an die Zeit um den Ersten Weltkrieg erinnert als an eine Überwindung der Gegensätze in der Staatenwelt. Begriffe wie ›Imperium‹, ›Hegemonie‹ bzw. ›globales Gleichgewicht‹ in einer ›multipolaren Weltordnung‹ mit Regionalmächten als neues (altes) Weltordnungselement dominieren die Debatten um die Frage, wer die USA als Führungsmacht beerbt, wenn diese selbst nicht mehr in der Lage oder bereit sind (oder beides zugleich), diese Rolle einzunehmen. Einigkeit besteht gegenwärtig bestenfalls darin, dass die Welt, wenn nicht gar ›aus den Fugen‹ ist, so doch wenigstens in keinem stabilen Ordnungszustand.

Mit diesem Perspektivwechsel erscheinen auch die zahllosen regionalen Konflikte in einem anderen Licht. Exemplarisch stehen dafür gegenwärtig der Krieg in und um die Ukraine, die Annexion der Krim durch Russland, der Syrienkrieg und die Reaktion des Westens auf die vermeintlich geopolitische Wende Putinscher Außenpolitik mit ihrer Wiederentdeckung ›Eurasiens‹.

III. Eurasien im Westen und Osten – Eurasien ist heute einerseits ein politisch-strategisches Projekt Russlands. Zu unterscheiden ist dabei das Konzept eines regionalen Wirtschaftsverbunds mit Russland als Kern und ein größeres geopolitisches Zivilisationsprojekt als Kern einer neuen Weltordnung. Andererseits ist Eurasien aus einem amerikanischen Blickwinkel eine zentrale geopolitische Herausforderung. In der Tradition Mackinders sieht *Zbigniew Brzezinski*, ehemaliger Sicherheitsberater des amerikanischen Präsidenten *Jimmy Carter*, hier immer noch den geopolitischen Dreh- und Angelpunkt globaler Vorherrschaft. Sein Gegenspieler im Geiste der Geopolitik ist der russische Philosoph und Soziologe *Alexander Dugin*. Er verhalf der Geopolitik in den letzten fünfundzwanzig Jahren in Russland zu enormer Anerkennung und nutzt sie für eine Eurasienkonstruktion, die Brzezinskis Strategie umdreht und Eurasien zum Kern einer neuen, multipolaren Weltordnung macht. Brzezinskis Bücher erwecken zwar den Eindruck, sie seien die Drehbücher zur amerikanischen Außenpolitik nach dem Kalten Krieg. Aber als einflussreicher Stratege ist er ebenso wenig das Hirn der US-Außenpolitik, wie Dugin das Hirn Putins ist. Beide sind aber interessante Exponenten des geopolitischen Denkens der Gegenwart.[8]

Brzezinski ist ein Vertreter der realistischen Schule der Internationalen Beziehungen mit starkem geopolitischem Einschlag. Schon Mitte der 1980er Jahre hatte er in *Planspiel* (1986) die Sowjetunion als Hüterin der eurasischen Landmasse als geopolitischen Gegenspieler der USA abseits ihrer kommunistischen Verfassung identifiziert. Auch ein nach westlichen Standards reformiertes Russland würde an dem Kampf der beiden Giganten um die globale Vorherrschaft nichts ändern. Die Macht ist aber asymmetrisch verteilt: Die USA gewinnen, wenn sie nichts verlieren, die Sowjetunion verliert, wenn sie nicht die Oberhand gewinnt. Als zentrale Kampfzonen eruiert Brzezinski die Bestandteile Europas, wobei das NATO-Europa als verlängerter Arm der USA unabdingbar bleibt, während Osteuropa als zu gewinnendes oder zumindest als zu neutralisierendes Terrain erscheint. Dieses weit ausgreifende Szenario entwickelt Brzezinski in *Die einzige Weltmacht* (1997) weiter. Jetzt sind die USA zwar die ›Weltsupermacht‹ ohne direkten Konkurrenten, aber der ›Kampf um Eurasien‹ – das gegenüber Mackinder mittlerweile auf den Raum von Lissabon bis Wladiwostock angewachsen ist – entscheidet weiterhin über die globale Hegemonie, da in dieser Region die machtrelevanten Ressourcen der Welt liegen. Gemäß der Machtasymmetrie ist es keineswegs amerikanisches Interesse, Mackinders *heartland* selbst zu kontrollieren, es darf sich aber in Eurasien keine gegen die amerikanische Vormachtstellung gerichtete Kraft etablieren. Strategisch entscheidend bleibt deshalb die dauerhafte Kontrolle der eurasischen Randzonen durch die USA, die Küstenstreifen des ›eurasischen Schachbretts‹ am Atlantik und Pazifik.

In Brzezinskis Analyse der internationalen Machtbeziehungen spielen andere Machtfaktoren wie Ökonomie und Technologie ebenfalls eine wichtige Rolle, aber sie ersetzen nicht die machtpolitisch entscheidende Kontrolle über Räume, und sie dürfen nicht den Blick für den Einfluss der geographischen Lage auf die strategischen Interessen der Staaten verstellen. Geopolitik ist für ihn keine Alternative zum universalistischen Normen-

und Wertesystem. Als liberaler Internationalist sind die USA für ihn auf lange Sicht die »unverzichtbare Macht«, weil ohne sie die gegenwärtige Welt in ein Chaos stürzen würde, aber sie sind nicht die Beherrscherin der Welt.

Alexander Dugin sieht dies aber als die Rolle der USA. Der Kampf gegen eine ausschließlich amerikanische Weltordnung und ihre Kultur ist seine Mission. Mit einer eigens dafür konstruierten Geschichtsphilosophie hat Dugin das definitive Ende der großen westlichen Ideologien des Faschismus, Kommunismus und vor allem des Liberalismus verkündet – und damit auch das Ende der amerikanischen Hegemonie. Als bekennender, postmoderner Eklektiker bedient er sich in der Begründung seiner mehr suggestiv als argumentativ vorgetragenen Thesen beliebig des gesamten zur Verfügung stehenden Theorieangebotes aus nahezu allen Disziplinen. Sein Gegenentwurf zur atlantischen Weltordnung des liberalen Internationalismus, seine Theorie der multipolaren Welt, findet den größten theoretischen Nutzen im *Konstruktivismus*.[9] Wie die Theorien der internationalen Politik sind auch die Meistererzählungen des Westens lediglich Konstrukte. Deren Anspruch auf Allgemeingültigkeit und Universalität dekonstruiert er mit Verweis auf ihren zeitlichen und räumlichen Kontext in der westeuropäischen Aufklärung. Dugins postmoderne, multipolare Welt sieht ihr Autor als Erbe der modernen westfälischen Staatenwelt. Das ist nicht als Verlust zu verstehen, es ist lediglich das Ende der Fiktion von *de jure* gleichen souveränen Staaten, denn das seien sie *de facto* schon in der unipolaren Weltordnung der USA ohnehin nicht mehr. Den Ausgang der neuen Weltordnung findet Dugin in Anlehnung an *Samuel Huntingtons Clash of Civilisations* (1996). Bezugspunkt ist nicht der von Huntington prognostizierte Zentralkonflikt zwischen Islam und dem Westen, sondern die Welteinteilung entlang von Zivilisationen, die für Dugin die Elemente eines neuen Pluriversum sind.

Zivilisationen definiert Dugin über ihre Kultur, insbesondere Religion, nicht über Politik und Ökonomie. Die Einheit der Welt löst sich bei ihm in (geopolitische) Zivilisationsblöcke mit jeweils eigenständigen, gleichwertigen und unterschiedlichen Kulturen, Normen und Werten auf, die sich in differenten Formen von Politik und Ökonomie ausdrücken. Regionale Hegemone, die zu Weltmächten aufsteigen können, sind die Gestaltungskräfte in diesen neuen zivilisatorischen ›Großräumen‹ (im Sinne Carl Schmitts) und bilden eine Alternative zu den nun überholten, alten Nationalstaaten wie auch zum universalistischen Völkerrecht. Die neuen Führungsmächte setzen in ihren ›Großräumen‹ jeweils eigene Grenzen und Spielregeln. Die Weltordnung als Einheit zerfällt in separate Herrschaftsbereiche regionaler Großmächte, deren zivilisatorisches Profil auf Differenz beruht und die deshalb keine übergeordnete Zivilisation mit allgemeinen, universalen Werten und Normen anerkennen können.

Das Ordnungsproblem der anarchischen Staatenwelt reproduziert sich somit lediglich auf scheinbar höherer Ebene. Da Friede für Dugin kein hohes Gut ist und Pazifismus ihm als Zeichen von Dekadenz gilt, sieht er dem massiven Konfliktpotenzial seiner multipolaren Weltordnung gelassen entgegen.

Dugins Kampf gegen den westlichen Individualismus, die Menschenrechte und Demokratie als »universale Norm« erfolgt im Namen des Rechtes auf Selbstbestimmung der pluralen Zivilisationen. Die Konstituierung der zivilisatorischen Großräume wirft die entscheidende Frage auf, wer in dieser multipolaren Welt über die kulturelle, politische und gesellschaftliche Ordnung entscheidet bzw. darin über sich selbst bestimmen kann. Wer ist der Souverän? Dugin flüchtet sich hier – in Analogie zu Carl Schmitts berühmter Formel, Souverän sei, wer über den Ausnahmezustand entscheide – in einen reinen Dezisionismus: eine logische Konsequenz seines Zivilisationsmodells, denn mit der Suspendierung der (westlichen) Rationalität wird Herrschaft von jeglicher vernünftigen Legitimation befreit. Damit kann jede Zivilisation ihr begründungsfreies Eigenleben entfalten, da eine fremde, außerhalb der eigenen Zivilisation ansetzende Instanz ihr Recht verloren hat. Die zentrale Frage des Politischen findet ihre Antwort nur noch in der Faktizität der Macht.

Dugins Eurasien lässt sich einerseits als Wiederbelebung alter antieuropäischer Traditionsbestände der russischen Kulturgeschichte im Geiste *Danilewskis* (oder auch *Dostojewskis*) zur Rettung der russischen Identität lesen. Andererseits als das Bemühen, die gegenwärtige Regionalmacht Russland als Zentrum Eurasiens zur Weltmacht aufsteigen zu lassen, um als Element der multipolaren Neuordnung die Hegemonie des amerikanischen Westens zu brechen.

IV. Was leistet die Geopolitik? – Der kurze Gang durch die Begriffsgeschichte der Geopolitik zeigt, dass es sich hierbei um keine einheitliche Problemstellung und erst recht nicht um eine exakte Naturwissenschaft handelt, die einer politischen Praxis gesicherte Handlungsorientierungen geben könnte. Die Geographen müssen erkennen, dass auch Landkarten gelesen und interpretiert werden müssen, was nicht interesselos erfolgt. In der klassischen (deutschen) Phase der Geopolitik wird weniger die Politik durch den Raum erklärt, als vielmehr die Bedeutung des Raumes für ein vorausgesetztes politisches Ziel erschlossen. Geopolitik ist hier vor allem Legitimationslieferant für imperialistische Expansion. In dieser Tradition wandelt das geopolitisch drapierte Zivilisationsprojekt Eurasien Alexander

Dugins und seiner (auch westeuropäischen) Anhänger. Seine Faszination scheint es vor allem aus seiner dezidiert antimodernen Stoßrichtung gegen das universalistische Normen- und Wertesystem des Westens zu beziehen. Mit dieser bedeutender werdenden Ausrichtung hat dieses Projekt noch weitere Ungeister im Gepäck: die (vor allem deutschen) Vordenker einer Konservativen Revolution.

Der Raum an sich ist ohne Bezug zu militärischen und ökonomischen Funktionen eine zu metaphysischen und mystischen Spekulationen einladende Größe. Dabei bedient sich politischer Wille als Weltanschauung einer Kategorie ohne analytischen Wert. Der Raum an sich verschafft in der Regel keine Macht, er wird durch raumgreifende Mächte aber relevant. Geopolitik ist immer Einflusssphärenpolitik.[10] Bei Mahan und Mackinder sind Räume im Spannungsverhältnis von Land und Meer, Land- gegen Seemacht, als Quellen globaler Vorherrschaft relevant. Geopolitik steht hier in der angelsächsischen Tradition der Handels- und Seemächte keinesfalls im Widerspruch zu einer universalistischen Weltordnung. In dieser Tradition stehen heute Brzezinski und auch *Kissinger*. Ihre Analysen zielen auf globale Machtbeziehungen, Weltordnung, und darin erhält Geopolitik ihren Stellenwert. Hinzu kommt, dass diese gegenwärtig prominentesten Vertreter der realistischen Schule geopolitischen Aspekten für die Formulierung außenpolitischer Strategien und Analysen eine herausragende Rolle zuweisen.

Das führt zu der Frage, was die Außenpolitik eines Staates bestimmt und welchen Einfluss geographische Gegebenheiten auf die Definition ›nationaler Interessen‹ haben. In diesem Diskurs werden die anarchische Staatenwelt als Ordnungsrahmen und meistens ein Primat der Außenpolitik vorausgesetzt. Jeder Staat strebt nach Eigensicherung und verfolgt gemäß seinen geographischen Bedingungen, seiner Geschichte und kulturellen Tradition seine ›nationalen‹ Interessen. Pointiert bringt es der englische Staatsmann Lord *Palmerston* auf die Formel: Staaten hätten keine ›ewigen Feinde‹, sondern nur ›ewige‹ Interessen. Angeblich in Stein gemeißelte, für jeden erkennbare objektive nationale Interessen, die sich in einer ›Staatsräson‹ verstetigen, finden ihre Plausibilität in zahlreichen Beispielen wie etwa Großbritanniens ›ewigen‹ Interessen als weltumspannende Seemacht mit Insellage, die Landmacht Russland und ihre Suche nach Zugang zum Meer oder Polens geographisch bedingtes Sicherheitsinteresse zwischen zwei Großmächten, mitsamt den leidvollen Erfahrungen einer fragilen staatlichen Existenz.

Gegen die Lehre vom Primat der Außenpolitik, die den Interessen eine von den politischen Akteuren abgekoppelte Objektivität verleiht und alle gesellschaftlichen Einflüsse kategorisch ausklammert, gab es schon früh gravierende Einwände. Der Paradigmenwechsel zum ›Primat der Innenpolitik‹ vollzog sich nicht zufällig im Kalten Krieg und lieferte zugleich dessen Leitthema. Welche innere Struktur: Demokratie oder Sozialismus, ist die Voraussetzung für Frieden? Weder die Politik noch die Wissenschaft haben darauf bislang eine befriedigende Antwort gegeben. Unstrittig ist dagegen, dass gesellschaftliche und wirtschaftliche Faktoren bei der Interessenermittlung nicht mehr ausgeklammert werden können.

Als problematisch mit praktischen Folgen erweist sich die Annahme objektiver oder natürlicher Interessen. Wie uns der altgriechische Philosoph *Epiktet* lehrt, bestimmen nicht die Fakten, sondern unsere Meinungen über Fakten unser Handeln. Folglich beruhen Interessen immer auch auf Interpretationen von Sachverhalten, über deren Objektivität nur Subjekte befinden können. Die Annahme objektiver Interessen wird sogar gefährlich, wenn ein Staat einem anderen Staat solche zuschreibt, die dieser aber gar nicht als solche erkennt oder akzeptiert, besonders wenn die anders artikulierten Interessen dann von der Gegenseite wiederum als unwahr oder als Camouflage der eigentlichen, ›objektiven‹ Interessen interpretiert werden. Wie viel Streit bis hin zum Krieg hier seine Ursache hat, wäre noch zu ermitteln. Frei vom Trugbild dieser Objektivität, ist das außenpolitisch wirksam werdende Interesse eines Staates das empirische Resultat konkurrierender Interessen und Werte im Innern. Das schließt je nach Rahmenbedingungen einen mehr oder weniger großen Konsens über ›nationale Interessen‹ nicht aus. Welche Rolle dabei die Geographie spielt, lässt sich *a priori* nicht beantworten.

Deutschland ist mit seiner Mittellage in Europa ein Musterbeispiel für eine geopolitische Prägung, die der Historiker *Hagen Schulz* so formulierte: »Die große Konstante der deutschen Geschichte ist die Mittellage in Europa; Deutschlands Schicksal ist die Geographie«.[11] Das Schicksal bot und bietet aber mehrere Antworten auf diese deutsche Konstante: Hammer oder Amboss, Weltmacht oder Niedergang, ein deutsches Europa oder ein europäisches Deutschland, Sicherheit vor oder mit den Nachbarn sind mögliche Alternativen. So lehrt die geschichtliche Erfahrung, dass die Geographie wohl Fragen stellt, aber keine zwingenden Antworten gibt. Herfried Münklers Unterscheidung in eine starke und eine schwache Variante geopolitischen Denkens ist hier hilfreich. In der starken schreibt die Geopolitik vor, was zu tun und zu lassen ist, in der schwachen verweist sie lediglich auf die Berücksichtigung geopolitischer Aspekte – und seien sie auch nur für den Gegenspieler von Relevanz – bei der Konzeption einer eigenen politischen Strategie.[12] Ein geopolitischer Determinismus ist eine gefährliche Falle, aber deshalb die geographischen Faktoren zu ignorieren, wäre fahrlässig.

1 Als neuere Einführungen und Überblicke zum Thema Geopolitik sei verwiesen auf Robert Meyer: Europa zwischen Land und Meer. Geopolitisches Denken und geopolitische Europamodelle nach der ›Raumrevolution‹. Göttingen 2014; Yves Lacoste: Geographie und politisches Handeln. Perspektiven einer neuen Geopolitik. Berlin 1990; Geoffrey Parker: Western geopolitical thought in the twentieth century. London & Sydney 1985; Jürgen Osterhammel: Die Wiedergeburt des Raumes: Geopolitik, Geohistorie und historische Geographie. In: Neue Politische Literatur 43 / 1998, S. 374–397; Rainer Sprengel: Kritik der Geopolitik. Ein deutscher Diskurs 1914-1944. Berlin 1996; Heinz Gollwitzer: Geschichte des weltpolitischen Denkens. Bd. II. Zeitalter des Imperialismus und der Weltkriege. Göttingen 1982.

2 So Dan Diner: »Grundbuch des Planeten«. Zur Geopolitik Karl Haushofers. In: Vierteljahresschrift für Zeitgeschichte, 32. Jg. H. 1, 1984, S. 26 f. – Diner verweist darauf, dass gegen Hitlers vom Rassegedanken konstruiertes »Großgermanisches Reich« Haushofers Neuordnungspläne begrenzteren nationaldeutschen Expansionsplänen folgte. Der in diesem Sinne bedeutendere geopolitische Denker ist der Staats- und Völkerrechtler Carl Schmitt, vgl. ders.: Völkerrechtliche Großraumordnung mit Interventionsverbot für raumfremde Mächte. Berlin 1941 (Neudruck Berlin 1991). Siehe dazu die immer noch lesenswerte Studie aus dem Jahre 1944 von Franz Neumann: Behemoth. Struktur und Praxis des Nationalsozialismus 1933-1944. Frankfurt a.M. 1977, S. 169-268 sowie den Sammelband von Rüdiger Voigt (Hg.): Großraum-Denken. Carl Schmitts Kategorie der Großraumordnung. Stuttgart 2008.

3 Halford J. Mackinder: The Geographical Pivot of History. In: The Geographical Journal, Vol. 23, No. 4 (April 1904), S. 421-437 und A.T. Mahan: Der Einfluß der Seemacht auf die Geschichte. 2 Bde. Berlin 1896 /1899.

4 G. Parker (Anm. 1) S. 22.

5 So Herfried Münkler: Kriegssplitter. Die Evolution der Gewalt im 20. und 21. Jahrhundert. Berlin 2015, S. 259; zum geopolitischen Denken in der US-Außenpolitik vgl. Stefan Fröhlich: Amerikanische Geopolitik. Von den Anfängen bis zum Ende des Zweiten Weltkrieges. Landsberg a.Lech 1998 und ders.: Zwischen selektiver Verteidigung und globaler Eindämmung. Geostrategisches Denken in der amerikanischen Außen- und Sicherheitspolitik während des Kalten Krieges. Baden-Baden 1998.

6 Diese These vertrat mit Verweis auf die modernen Luftwaffensysteme schon Raymond Aron, vgl. ders.: Frieden und Krieg. Eine Theorie der Staatenwelt. Frankfurt a.M. 1963, S. 459 ff.; siehe auch neuerdings Rüdiger Voigt, der von einer Entterritorialisierung der Politik ausgeht, in ders.: Weltordnungspolitik. Wiesbaden 2005, S. 97 ff.

7 Siehe dazu für die Bush-jr.-Administration Thomas P.M. Barnett: Die neue Weltkarte des Pentagon. In: Blätter für deutsche und internationale Politik, H. 5 / 2003, S. 554-564. Zu den kontroversen Einschätzungen einer neuen Weltordnung in den 1990er Jahren vgl. ausführlicher Rolf Wortmann: Wohin treibt die Welt? Die Diskussion über die Neue Weltordnung. In: Krieg und Literatur / War and Literature Vol. VI, No. 11/12, 1994, S. 151-166.

8 Zbigniew Brzezinski: Die einzige Weltmacht. Amerikas Strategie der Vorherrschaft. Weinheim u.a. 1997 sowie ders.: Planspiel. Das Ringen der Supermächte um die Welt. Erlangen u.a. 1989 (engl. 1986), ferner Alexander Dugin: Konflikte der Zukunft. Die Rückkehr der Geopolitik. Selent 2014. Darin erscheint Eurasien als (geo)strategische Basis russischer Weltpolitik.

9 Dugins Konstruktivismus ist nicht zu verwechseln mit den ›Critical Geopolitics‹, deren poststrukturalistischer Forschungsansatz im Gefolge des ›linguistic turn‹ in den Sozialwissenschaft ein eigenes Thema wäre.

10 Gerade im Zusammenhang mit der Ukrainekrise stellte sich die Frage, ob geopolitische Einflusssphärenpolitik eine russische Domäne ist oder auch im Westen praktiziert wird. Die Ausdehnung und Gültigkeit des westlichen Regelwerkes, z.B. der EU, findet nicht in einer raumlosen Welt statt. Normen, Regeln und Werte brauchen auch Räume, um Geltung zu erlangen und daher ergeben sich kritische Fragen, was Mittel und was Zweck ist. Geht es ›nur‹ um die Verbreitung des europäischen Regelwerkes oder ist dies ein Mittel,einen geostrategisch höchst bedeutsamen Raum wie die Ukraine oder vergleichbare Erweiterungskandidaten für sich zu gewinnen oder zu kontrollieren?

11 Hagen Schulze: Weimar. Deutschland 1917-1933. Berlin 1982, S. 16.

12 Münkler (Anm. 5), S. 259; eine schwache Variante vertritt neuerdings Tim Marshall, vgl. ders.: Die Macht der Geographie. München 2015, S. 8, denn Geopolitik zeige keine Determinanten auf, helfe aber, internationale Angelegenheiten besser zu verstehen.

Susanne Güsten, Istanbul

Schwierige Heimkehr

Das Beispiel aramäischer Christen in der Südosttürkei

Gesicherte Verhältnisse in den Heimatländern von Migranten gelten als Schlüssel zur Lösung der Flüchtlingskrise: Wenn sich die Verhältnisse im Herkunftsland stabilisiert haben, können die Flüchtlinge in die Heimat zurückkehren, so lautet die Hoffnung. Doch die Realität sieht anders aus, wie das Beispiel aramäischer Christen aus der Türkei zeigt. Sie flohen vor Jahrzehnten nach Deutschland und wollen längst zurück in den Südosten der Türkei. Aber die Heimkehr wird ihnen unmöglich gemacht, nicht zuletzt durch deutsche Gesetze.

Nahir geniert sich. »Neiiiiin, ich kann niiiiiicht ...«, quietscht der Vierjährige und versteckt sich kichernd hinter seiner Mutter auf dem Sofa. Der Knirps behauptet, er könne kein Deutsch, aber irgendwann sprudelt es aus ihm heraus. »Eins, swei, drei ...«, zählt er stolz und schafft es bis »zwölf, dreissehn, ähhhhm, fünfsehn ...«. Die Eltern, *Sonja* und *Israil Demir*, amüsieren sich über ihren sprachgewandten Sohn, denn Nahir ist noch nie in Deutschland gewesen – auch wenn die ganze Familie in ihrem gepflegten Wohnzimmer so aussieht, als lebte sie noch immer in Göppingen.

»Ha, tre, tlotho ...«, kräht Nahir und krabbelt hinter seiner Mutter hervor. Eins, zwei, drei: Auf Aramäisch geht das natürlich noch besser, denn Nahir ist ein echtes Kind des *Tur Abdin* – der urchristlichen Landschaft im Südosten der heutigen Türkei, in der die Aramäer seit Jahrtausenden beheimatet sind. Das Nesthäkchen ist erst nach der Rückkehr der Familie geboren, die 2006 nach fast 30 Jahren in Deutschland mit ihren drei älteren Kindern in den Tur Abdin gezogen ist. Mit seiner Geburt besiegelte die Familie gewissermaßen ihre Rückkehr in die alte Heimat. Doch nun blicken die Eltern mit Sorge in die Zukunft des Kleinen. Eigentlich war die Rückkehr für Israil und Sonja ein Lebenstraum gewesen. Die Aramäer, die noch immer die Sprache von Jesus Christus sprechen, hängen leidenschaftlich an ihrem Glauben und am Tur Abdin – einem Hochplateau im Südosten der Türkei, das mit Hunderten uralter Kirchen und Klöster übersät ist. Am bekanntesten ist das Kloster *Mor Gabriel*, das im Jahr 392 gegründet wurde und eines der ältesten aktiven Klöster in der

Welt ist; noch heute residiert dort der Bischof von Tur Abdin. Ansonsten leben aktuell aber nur noch wenige Aramäer im Tur Abdin – eine winzige Minderheit von knapp 1.800 Seelen inmitten von Millionen Kurden. Beim Völkermord an den Christen von Anatolien 1915 zusammen mit den Armeniern verfolgt und um die Hälfte dezimiert, flohen die meisten Aramäer im Laufe des 20. Jahrhunderts nach Europa – vertrieben von der türkischen Assimilationspolitik, von kurdischen Zuwanderern und zuletzt vom PKK-Krieg. Heute leben die allermeisten Angehörigen dieses uralten Volkes in Europa, davon 120.000 allein in Deutschland und insgesamt 300.000 in Westeuropa. Doch die Sehnsucht nach der alten Heimat hat sie nie losgelassen.

Die Demirs hatten in Göppingen ein neues Leben gefunden und sich gut integriert. Längst waren sie deutsche Staatsbürger geworden, hatten Kinder bekommen, ein Eigenheim erworben und ein Auto. Doch als die Türkei sich vor 15 Jahren demokratisierte und die Aramäer zur Rückkehr einlud, brachen sie begeistert in die alte Heimat auf. Zusammen mit anderen Rückkehrern aus Deutschland und der Schweiz haben sie ihr zerstörtes Dorf, Kafro, komplett neu aufgebaut. Nach einem Jahrzehnt müssen sie jetzt dennoch einsehen: Die Rückkehr der Aramäer ist gescheitert – und das liegt nicht an ihnen, sondern an der Türkei und auch an Deutschland. Die Rückkehr einer Bevölkerung in ihre Heimat, so stellt sich heraus, ist kaum leichter als die Flucht – und ohne politische Unterstützung nicht zu haben.

»Haribo«, ruft Nahir und läuft seiner Mutter nach, die in der modernen Einbauküche den Kaffee aufsetzt. Aus dem Küchenfenster geht die Aussicht weit über die mesopotamische Wildnis – die sanften Hügel, auf deren verbrannter Erde die Dorfbewohner ihre Weinberge wieder aufpäppeln. Das großzügige Einfamilienhaus hat Israil selbst gebaut, über den Ruinen seines zerstörten Elternhauses. All seine Ersparnisse aus jahrzehntelanger Arbeit als Werkzeugmacher in Deutschland hat er in diese Rückkehr gesteckt.

»Haribo aus Deutschland«, lacht Sonja und angelt die Tüte aus einem oberen Küchenschrank. Deutsche Gummibärchen möchte die Familie auch in Kafro nicht missen, ebenso wenig wie ihren deutschen Filterkaffee oder das deutsche Fernsehen aus der Satellitenschüssel. Auf andere deutsche Vorzüge müsse man hier leider verzichten, sagt Familienvater Israil. »Pünktlichkeit, Korrektheit, Sauberkeit, Menschlichkeit, Wohlstand – die fehlen hier«, sagt der 50-Jährige. »Weil wir lange in Europa gelebt haben, sehen wir das auch so«. Die Demirs haben aber auch nichts anderes erwartet; schließlich sind sie nicht aus Bequemlichkeit hier. Natürlich sei das Leben in Deutschland leichter, sagt Israil, der sich mit der Kaffeetasse auf dem Sofa eingerichtet hat. »Jeder kann dort Sozialhilfe, Arbeitslosenhilfe, was weiß ich bekommen«, sagt er. »Aber hier gibt es etwas viel Wertvolleres«. Um nichts weniger als die Zukunft seines Volkes ging es ihm bei der Rückkehr. Ohne Wurzeln in der Heimat würden seine Kinder ihre Kultur, Sprache und Identität verlieren, sagt Israil. »Deswegen habe ich mich zur Rückkehr entschieden, weil ich eine Verantwortung dafür fühle«, sagt Israil. »Nicht weil ich in Deutschland die Schnauze voll hatte, das muss man richtig verstehen«.

TUR 'ABDIN: The Mountain of the Servants (of God)
A Cradle of Aramean Christendom

† = Monastery

Eine leichte Entscheidung ist es nicht gewesen. Schließlich ist das Trauma des 20. Jahrhunderts den Christen von Mesopotamien tief ins kollektive Gedächtnis gebrannt. Als ›Jahr des Schwertes‹ erinnern sie sich an die Massaker an den anatolischem Christen von 1915. Bis zu 300.000 Aramäer wurden nach Schätzung von Historikern damals getötet – fast jeder zweite Angehörige des kleinen Volkes. Zwar zielten die Massaker offiziell auf die Armenier, die ebenfalls zahlreich in der Gegend siedelten. In der Praxis machten die Schlächter aber keinen Unterschied zwischen den verschiedenen Christenvölkern. »Eine Zwiebel ist eine Zwiebel, gleich welcher Farbe – sie wird gehackt«, lautete der geflügelte Spruch eines osmanischen Kommandanten, der den Kurdenstämmen der Region freie Hand bei der Jagd auf Aramäer gab.

Keine aramäische Familie gibt es, in der nicht furchtbare Erinnerungen an das ›Jahr des Schwertes‹ weiterleben – oder aus dem weiteren Verlauf des 20. Jahrhunderts. Denn die Türkische Republik erkannte bei ihrer Gründung 1923 zwar die Armenier, Griechen und Juden als religiöse Minderheiten an, denen sie völkerrechtlichen Schutz einräumte – nicht aber die Aramäer, für die sich keine westliche Macht einsetzte. Während die anerkannten Minderheiten zumindest ihre Sprache und Religion in eigenen Schulen und Kirchen pflegen durften, haben die Aramäer diese Rechte bis heute nicht. Schutzlos waren sie auch dem Druck kurdischer Stämme ausgesetzt, die seit den 1950er und 1960er Jahren zunehmend aus dem Osten zuwanderten und sich oft mit Gewalt nahmen, was sie brauchten, um sich niederzulassen. Aramäische Bauern wurden auf ihren Feldern und Weinbergen erschossen, ihre Familien mussten ihre Dörfer verlassen und nach Westen fliehen.

So wurde auch die Familie Demir aus Kafro vertrieben. Die umliegenden Kurdendörfer bedrängten das Christendorf damals mit nächtlichen Raubzügen auf dessen Schaf- und Ziegenherden. Am 13. November 1972 erschossen Viehdiebe den Vater von Israil Demir in seinem eigenen Dorf; die Täter wurden nie zur Rechenschaft gezogen. Die Familie floh zunächst nach Istanbul und nach dem Militärputsch von 1980 weiter nach Deutschland. Bald darauf brach der Krieg zwischen kurdischen Rebellen und dem türkischen Staat aus, der auch auf dem Land der Aramäer ausgetragen wurde und den Tur Abdin verwüstete.[1] Nur drei Familien lebten 1995 noch in dem von Kämpfen umtobten Dorf, als ein türkischer Offizier erschien, um ihnen den Marschbefehl zu geben. Wegen drei Familien lohne es sich nicht, das Dorf gegen die PKK zu verteidigen, sagte der Offizier. Und so packten die letzten Bewohner von Kafro ihre Sachen und zogen in die Fremde. Das verlassene Dorf verfiel zur Ruine, aus der es die Rückkehrer nun wieder zu neuem Leben erweckt haben.

Riskant ist das Leben für Aramäer in der Region aber zwei Jahrzehnte später immer noch. Schon kurz nach der Rückkehr nach Kafro hätte Israil fast das Schicksal seines Vaters ereilt. Nomadische Hirten trieben im Frühjahr ihre Tausende Tiere starke Herden über seine Felder, wie sie es sich in Abwesenheit der christlichen Bewohner angewöhnt hatten, und vernichteten die junge Saat. Die Dorfbewohner liefen hinaus und forderten die Hirten auf, ihr Land zu verlassen. »Das hat dene gestunke«, schwäbelt Israil. Einer der Hirten hob die Flinte und schoss Israil nieder. Drei Tage lang war der Familienvater im Koma, bevor sicher war, dass er überleben würde. Vom Täter sagten die Behörden damals, sie hätten ihn nicht finden können – »obwohl er mit ein paar tausend Schafen unterwegs war«, empört sich Israil. Erst einige Jahre später wurde er gefasst und vor Gericht gestellt.

Ein gutes Maß an Mut gehört zur Rückkehr, das war Israil von vornherein bewusst. Womit er nicht gerechnet hatte und was ihn mehr aufregt als die rauen Sitten der Region, das sind die Scherereien mit dem deutschen Staatsbürgerschaftsrecht. Nervös trommelt der Familienvater mit der Hand auf der Sofalehne, wenn er davon erzählt. Als er nach Kafro zurückkehrte, so erzählt er, war er als deutscher Staatsbürger in der Türkei ein Ausländer. Um das vom Vater geerbte Land auf sich eintragen lassen zu können, nahm er die abgelegte türkische Staatsbürgerschaft wieder an – mit Ermunterung eines deutschen Diplomaten, wie er sich erinnert, der ihm bei einem Delegationsbesuch im Dorf zusicherte, man werde die deutschen Rückkehrer unterstützen. Doch es kam anders. »Nachdem Nahir geboren wurde, sind wir zum deutschen Konsulat in Ankara«, erzählt Israil, und seine Kaffeetasse klirrt dabei auf der Untertasse. »Da haben sie festgestellt, dass ich neben der deutschen Staatsbürgerschaft die türkische habe, und da haben sie mir die deutsche entzogen«. Jahre später hat Israil diesen Schock noch nicht verwunden. »27 Jahre war ich in Deutschland, und auf einmal haben sie mir den Pass weggenommen«, ruft er und schlägt mit der flachen Hand auf das Sofa. Vergeblich habe er den Beamten seine Lage, seine Not, die besonderen Umstände der Rückkehrer erklärt. »Sie haben gesagt: Uns ist das egal, im deutschen Gesetzbuch steht drin, wenn sie eine zweite Staatsbürgerschaft haben, entziehen wir den deutschen Pass. Fertig, aus«. Ein Visum müsste Israil nun im fünf Autostunden entfernten deutschen Honorarkonsulat in Gaziantep beantragen, um seine Angehörigen in Europa besuchen zu dürfen: drei Schwestern in der Schweiz, eine Schwester und die Schwiegermutter in Augsburg, ein Bruder in Göppingen, die Cousins in Wiesbaden. Die weltweit größte Bevölkerung von Aramäern aus dem Tur Abdin ist heute in Deutschland zuhause. Ihnen wollte Israil mit gutem Beispiel vorangehen in die alte Heimat, seinen Landsleuten zeigen, dass eine Rückkehr möglich ist. Doch nun muss er feststellen, dass ihn nicht nur die türkischen Verhältnisse daran hindern, sondern auch die deutschen.

Zwar hat nur Israil den deutschen Pass abgeben müssen – die anderen Familienmitglieder sind nach wie vor deutsche Staatsbürger: Sonja, Nahir, der ältere Sohn und die beiden Töchter. Aber das schafft wieder eigene Probleme, wie die Demirs haben erfahren müssen. *Amedya*, die ältere Tochter, hat sich durch die türkische Dorfschule und das Gymnasium durchgebissen, hat sogar in Diyarbakir studiert und den Abschluss als Deutschlehrerin geschafft. Doch nun steckt sie in der Sackgasse: Weil sie nicht türkische Staatsbürgerin ist, kann sie nicht verbeamtet werden, bekommt keine Krankenversicherung und kann am Gymnasium im nahen Midyat nur als schlecht bezahlte Hilfskraft arbeiten. Ihrer Schwester, die

Englisch studiert, um die Sprache als Lehrerin zu unterrichten, wird es nicht besser gehen. Und *Nemrut*, der ältere Sohn der Demirs, hat angesichts der beruflichen Aussichtslosigkeit schon aufgegeben. Der Junge zog nach Deutschland zurück, sobald er volljährig war. Die Eltern rechnen nicht damit, dass er wiederkommt.

»Ich wollte nicht, dass mein Sohn nach Deutschland geht«, sagt Israil Demir. Aber das Leben in der südostanatolischen Provinz hat einem jungen Europäer nicht viel zu bieten, muss er zugeben, und seine Hoffnungen auf einen Neubeginn haben sich nicht erfüllt. Eine Lehrstelle als Fachinformatiker, wie sie Nemrut in Deutschland bekommen hat, gibt es in der ganzen Region nicht, und selbst zu einem qualifizierten Fußballtraining müssen sportlich begabte Jungen hier eineinhalb Stunden in die Provinzhauptstadt Mardin fahren. Die türkische Regierung investiere einfach nicht in den Südosten, klagt Israil Demir, und aus der versprochenen Unterstützung für die Rückkehr der Aramäer sei auch nichts geworden.

Das sehen die türkischen Behörden anders. Er habe Anweisung aus Ankara, die Christen im Tur Abdin bevorzugt zu behandeln und zur Rückkehr zu ermuntern, sagt der örtliche Landrat *Oguzhan Bingöl*. Das tue er übrigens auch aus eigener Überzeugung, betont der Landrat: »Sie werden kein christliches Dorf in meinem Landkreis finden, das keine gepflasterte Zugangsstraße hat.« Das ist zwar tatsächlich mehr, als man von vielen anderen Dörfern in der Gegend behaupten kann. Doch für die Ansprüche der aramäischen Rückkehrer aus Europa liegt diese Latte doch recht niedrig. Israil Demir schüttelt unwirsch den Kopf: Von einer Bevorzugung der christlichen Rückkehrer hat er noch nichts gemerkt, im Gegenteil. »Vom Staatsanwalt, vom Richter, von der Regierung – in allem werden wir hier benachteiligt, daran hat sich nichts geändert«, sagt er, »zuletzt haben sie uns sogar noch unser Land weggenommen«. Mit ausgestrecktem Arm umschreibt Israil Demir die Felder, Wälder und Weinberge, die sich rings um Kafro erstrecken und bis vor Kurzem noch zum Dorf gehörten. Wie fast alle christlichen Dörfer im Tur Abdin hat auch Kafro viel Land an den Staat und an die Nachbardörfer verloren, seit in den 1990er Jahren mit der Modernisierung der Grundbücher dieser Gegend begonnen wurde.

Liegt ein Feld oder Acker in der Türkei 20 Jahre lang brach, so fällt es nach türkischem Gesetz an das Schatzamt. In der Kanzlei des aramäischen Rechtsanwaltes *Rudi Sümer* in der Kreisstadt Midyat stapeln sich die Klagen gegen Verstaatlichungen christlichen Besitzes nach dieser Bestimmung. Tausende solcher Fälle gebe es in der Region, sagt Sümer. »Das Gesetz fragt nicht, warum das Land brachgelegen hat, warum die Menschen fortgegangen sind«, kritisiert er. Selbst wo Dörfer im Krieg vom Militär geräumt und seine Einwohner verjagt wurden, so wie in Kafro,

196

haben die Rückkehrer den Anspruch auf ihre Felder verwirkt, weil sie diese nicht bestellt haben.

Weil die meisten Aramäer im europäischen Exil lebten, als das Land von Katasterbeamten vermessen und verbrieft wurde, wurde ihr Besitz nicht nur von staatlichen Stellen, sondern oft auch von kurdischen Nachbarn beansprucht und besetzt – ein Problem, das wegen der anhaltenden Waffengewalt in der Region nicht auf dem Rechtsweg zu lösen ist. Tausendfach ist dies in den letzten Jahren geschehen. »In dieser Gegend gilt kein Gesetz, hier gilt nur das Recht des Stärkeren«, sagt der Parlamentsabgeordnete *Erol Dora*, der als erster aramäischer Christ in der türkischen Volksvertretung sitzt. Selbst die Sicherheitskräfte könnten oft nichts gegen die mächtigen Kurdenclans ausrichten, die das christliche Land unter sich aufgeteilt haben.

Israil seufzt. Von Recht und Gesetz ist ohnehin keine Rede mehr in der Region, seit der Kurdenkrieg hier wieder eskaliert. Vorbei ist es mit der Hoffnung auf einen Frieden, der nach einer jahrelangen Waffenruhe und Verhandlungen zwischen dem türkischen Staat und Vertretern der Rebellen so nahe schien und auf den die Demirs bei der Rückkehr gesetzt hatten. Seit Monaten wird jetzt wieder gekämpft, und die Einschläge kommen immer näher. Beim Kampf um die nahen Städte Nusaybin, Cizre und Idil sind schon wieder hunderte Menschen getötet worden, und die Kreisstadt Midyat ist mit Flüchtlingen überfüllt. Auch bei Kafro hat die PKK kürzlich angegriffen, einen türkischen Militärposten in Sichtweite vom Dorf. »Eine halbe Stunde wurde gekämpft und geschossen, mit richtig schweren Waffen«, erzählt Israil. Anschließend brannte der Wald. Alle Dorfbewohner kämpften die ganze Nacht lang gegen die Flammen, doch viele Hektar ihrer gerade erst wieder aufgepäppelten Weinberge brannten nieder.

So hatten sich das die Aramäer nicht vorgestellt bei der Rückkehr. Ebenso wie der Staat hatte die PKK die Christen zur Rückkehr ermuntert und ihnen Schutz und Hilfe zugesagt. Doch nun haben sich die Rebellen auf aramäischem Land festgesetzt, ein paar Kilometer hinter Kafro, wo sieben christliche Dörfer das letzte geschlossene Siedlungsgebiet der Aramäer bilden. Gegen das Flehen der Christen hat die PKK die Kämpfe damit auf aramäisches Land getragen: Aus ihrem Küchenfenster konnten die Demirs kürzlich zusehen, wie die türkischen Kampfhubschrauber auf das Rebellenlager feuerten und der Wald rings um die aramäischen Dörfer aufloderte. Israil ist enttäuscht von beiden Konfliktparteien, der PKK und dem türkischen Staat, denn beide hatten die Rückkehr der Aramäer begrüßt und ihnen Unterstützung versprochen. Besonders enttäuscht ist er als Staatsbürger aber von der Türkei. »Wir erwarten vom Staat, dass er uns schützt«, sagt er, »aber wir werden alleine gelassen«.

Für Israel und seine Familie geht es inzwischen um die Existenz. Seine Baufirma bekommt keine Aufträge mehr, seit der Kurdenkrieg wieder eskaliert und die christlichen Rückkehrer ausbleiben, deren Häuser er baute. Seit einem Jahr hat er keine Arbeit mehr, kein Einkommen, und langsam wird es eng. »Es ist nicht so wie in Europa, dass man Arbeitslosengeld bekommt oder versuchen kann, etwas anderes zu finden«, sagt er. »Hier gibt es nichts. Man ist auf sich alleine gestellt.« Israel setzt die Kaffeetasse ab, denn Nahir kommt wieder ins Wohnzimmer gesprungen, von einem Nickerchen sichtlich erfrischt. »Ich geh Kindergarten!«, ruft der Kleine übermütig, doch da müssen die Eltern passen: Einen Kindergarten gibt es in Kafro nicht, auch wenn die Rückkehrer aus ihren Ersparnissen für fast alles andere gesorgt haben: Kirche, Sportplatz, Spielplatz, Internetcafé und sogar ein hübsches Restaurant mit dem einzigen echten Pizza-Ofen in ganz Ostanatolien. Immerhin hat Nahir gleichaltrige Spielkameraden, denn auch zwei weitere Familien in Kafro haben seit der Rückkehr noch Nachwuchs bekommen.

Auf dem Weg zu den Nachbarn hüpft Nahir an der Hand seiner Mutter durchs Dorf und plappert ununterbrochen. Sonja lächelt auf den Kleinen hinunter. »Nahir war sehr traurig, als sein Bruder nach Deutschland gegangen ist – sehr, sehr traurig«, erzählt sie. »Ich wollte das natürlich auch nicht, aber Nemrut war 19 Jahre alt, und wir können ihn nicht zwingen, hierzubleiben«, fügt sie mit einem tiefen Seufzer hinzu. »Das ist seine Entscheidung, die muss man akzeptieren«. Dennoch hat die Entscheidung die Eltern schwer getroffen, gibt die Mutter zu. »Natürlich, wenn ich hier bleibe und alle meine Kinder wieder nach Deutschland zurückgehen, was soll ich dann hier«, sagt sie. »Wir haben alle drei Kinder mit uns zurückgebracht und gedacht, wir bleiben für immer da, unsere Zukunft ist hier. Wenn die gehen, ist das schon traurig«. Nahir wird bei den Nachbarn freudig begrüßt und abgegeben. Auf dem Rückweg durchs Dorf zeigt Israel auf die Häuser all der Rückkehrer, denen die Kinder weggelaufen sind nach Europa. »Ich habe drei Kinder mitgebracht, *Saliba* hat drei, *Nail* hat zwei, *Muhtar* hat zwei, *Bedros* hatte drei, *Aziz*, mein Schwager, hat zwei – alle sind weg«, zählt er auf. »Nemrut ist weg, *Gabriel* ist weg, *Meryem* ist weg, *Augin* ist weg, der andere *Augin* ist weg, *Shmuni* ist weg, *Josef* ist weg, der andere *Gabriel* ist weg, *Rachel* ist weg, *Rafael* ist weg, *Michael* ist weg.«

Wieder zu Hause angekommen, hallen die Schritte im Wohnzimmer. Das neue Haus, vor knapp zehn Jahren für eine große Familie mit vielen Besuchern gebaut, ist still und leer. Und Israel, der Pionier der Rückkehrbewegung, ist traurig und entmutigt. Für sich selbst bereue er die Rückkehr keinen Augenblick, sagt Israel. »Aber ich habe diesen ersten Schritt getan, damit meine Landsleute mir folgen und auch zurückkehren«, sagt er – und das ist nicht geschehen. Alleine, so hat Israil in diesen zehn Jahren gelernt, können die Pioniere die Rückkehr nicht schaffen: »Wenn Deutschland, Europa und die Türkei uns nicht dabei unterstützen, dann kann unser Volk nicht in seine Heimat zurückkehren«. Aber von der deutschen Botschaft in Ankara haben die Bewohner von Kafro schon seit Jahren nichts mehr gehört; ihr jüngstes Schreiben an die deutsche Vertretung blieb unbeantwortet. Bei Keksen und Filterkaffee in weißen Porzellantassen hält die Familie Demir noch durch in ihrem deutschen Wohnzimmer in Kafro, während rings um sie der PKK-Krieg tobt und der Islamische Staat im 25 Kilometer entfernten Syrien auf Christenjagd geht. Doch dass es für den kleinen Nahir ein Zukunft im Tur Abdin gibt, daran verlieren selbst die aramäischen Christen hier bald den Glauben.

---

1   Die kurdische Rebellengruppe PKK (»Arbeiterpartei Kurdistans«) wurde vom türkischen Staat schon oft für besiegt erklärt. Auch mehr als 30 Jahre nach Beginn ihres bewaffneten Aufstandes sieht Ankara in ihr die gefährlichste Bedrohung für das Land. Ein mehr als zweijähriger Waffenstillstand wurde im Sommer 2015 aufgekündigt. Im Zuge des Konflikts im benachbarten Syrien rüstete die PKK seither auf. Inzwischen ist eine neue Eskalationsstufe in diesem Konflikt erreicht, in dem alle Versuche zur friedlichen Beilegung bisher gescheitert sind. Immer wieder werden neben Polizisten, Soldaten und Rebellen auch unbeteiligte Zivilisten zu Opfern des Konflikts, sei es in Südostanatolien oder bei Anschlägen wie den Autobomben von Ankara zu Beginn des Jahres 2016. Harte Gegenreaktionen des türkischen Staates und Druck Ankaras auf die legale Kurdenpartei HDP treiben der PKK immer neue Kämpfer zu. Nach dem Vorbild ihres syrischen Ablegers Demokratische Unions-Partei (PYD) wollte die PKK im vergangenen Jahr auch in der Türkei sogenannte Autonomiezonen schaffen, was zu heftigen Gefechten mit den türkischen Sicherheitskräften und zur Zerstörung ganzer Städte führte.

Albrecht Weber, Osnabrück

Die Steuerung der Flüchtlings-
einwanderung aus rechtlicher Perspektive

I. Europarechtliche Ausgangslage – Die Flüchtlingskrise bedroht angesichts anhaltenden Zustroms aus den Krisengebieten – vor allem Syriens, des Irak und Afghanistans, aber auch über nordafrikanische Flüchtlingsrouten – den Zusammenhalt der Europäischen Union in einem nicht gekannten Ausmaß. Die politischen Hauptakteure – die Mitgliedstaaten der Union, der Europäische Rat und die Ministerräte, die Kommission wie das Parlament – versuchen im Krisenmechanismus, aus der bloßen einzelstaatlichen Reaktion wieder zu einem gemeinsamen europäischen Handeln zurückzufinden, das grundlegende Prinzipien und Werte der Union nicht nur rhetorisch beschwört, sondern ihnen auch praktisch wieder zur Geltung verhilft.

Neben den zentralen Werten der Achtung der Menschenwürde, Freiheit, Demokratie, Gleichheit, Rechtsstaatlichkeit, Toleranz, Solidarität, Achtung der Menschenrechte und der Rechte von Minderheiten (Art. 2 des Vertrages über die Europäische Union, »EUV«) wie auch dem Ziel der Gewährleistung eines freien Personenverkehrs in einem »Raum der Freiheit, der Sicherheit und des Rechts ohne Binnengrenzen« (Art. 3 Abs. 2,3 EUV) hat die Union im Amsterdam- und Lissabon-Vertrag ausdrücklich gemeinschaftliche Kompetenzen im Bereich Grenzkontrollen, Asyl und Einwanderung verankert, die der Union ein starkes Mandat für ein gemeinschaftliches Asylsystem (Art. 78 des Vertrages über die Arbeitsweise der Europäischen Union, AEUV), eine gemeinsame Grenzschutzpolitik (Art. 77 AEUV) und eine gemeinsame Einwanderungspolitik (Art. 79 Abs. 1-4 AEUV) liefern. Lediglich im Bereich der Arbeitskräfteeinwanderung besteht noch eine nationale Souveränitätsreserve im Hinblick auf zahlenmäßige Festlegungen (Art. 79 Abs. 5 AEUV).

Die Union hat von diesen Kompetenzen im Rahmen des verabschiedeten *Gemeinsamen Europäischen Asylsystems* (GEAS)[1] in zwei Phasen Gebrauch gemacht, die den Kern einer Gemeinsamen Asyl- und Einwanderungspolitik erkennen lassen. In der ersten Phase, bis Mai 2004, war die Angleichung der Rahmenbedingungen für gemeinsame Minimalstandards intendiert; in der zweiten Phase wurden 2013 wichtige Rechtsinstrumente neugefasst und höhere Schutzstandards vereinbart: Dublin-III-Verord-

nung,[2] Aufnahmerichtlinie,[3] Asylverfahrensrichtlinie,[4] Fingerabdruckiden-
tifizierungssystem EURODAC.[5] Die Qualifikationsrichtlinie für Personen
mit Anspruch auf internationalen Schutz war bereits 2011 verbessert und
verabschiedet worden.[6] Für das Rechtsregime des freien Personenverkehrs
im Binnenraum, der durch Grenzabriegelungen in Mitleidenschaft gezogen
werden könnte, sind das Schengener System – Schengen I, 1985; Schengen
II, 1990, teilweise in den Amsterdamer Vertrag integriert – sowie der
Schengener Grenzkodex (SGK 2006)[7] von erheblicher Bedeutung. Letzte-
rer regelt die Einreisevoraussetzungen von Drittstaatsangehörigen an den
Außengrenzen, Grenzkontrollen und die Einreiseverweigerung.[8]

II. Europäische Lösungsansätze – Angesichts des anhaltenden, gegenwärtig nur aufgeschobenen Flüchtlingszustroms über die Balkanroute ist die
Politik gefordert, gemeinschaftliche Lösungen zu suchen, die nach verbes-
serten, allgemeinen Regeln der Aufnahme und Verteilung von Flüchtlingen
in der EU auf Dauer eine größere Stabilität versprechen – bevor das Gemeinsame Asylsystem (GEAS) völlig erodiert. Dabei geht es nicht nur um
Dublin und Schengen, sondern um den schon umschriebenen gemeinsamen
Bestand von europäischen Rechtsregeln, die die materiellen Anerken-
nungsvoraussetzungen, die Aufnahme von Flüchtlingen, Mindestnormen
für Asylverfahren, vorübergehenden Schutz, Identifizierung sowie die
gemeinsame Visa-Politik betreffen.

Freilich ist ein zentraler Pfeiler dieses Systems – die Prüfung der Erstzu-
ständigkeit der Mitgliedstaaten nach dem Dublin-System (Dublin I-III) –
infolge der akuten Krise weggebrochen, da die Erstaufnahmestaaten, vorab
Griechenland und auch Italien, diese Zuständigkeitsbestimmung des Erst-
einreisestaats missachteten oder mindestens nachlässig handhaben und in
der Folgezeit die weiteren Aufnahmeländer – jetzt vor allem auf der Balkanroute – die Politik des *benign neglect* auf nachhaltige Weise fortgesetzt
haben, die ab Herbst 2015 bis Februar 2016 zu einem weitgehenden
›Durchwinken‹ der Flüchtlinge geführt haben. *De facto* und rechtlich läuft
diese Migrationspolitik nicht nur dem Grundprinzip des Dublin-Systems
zuwider, die Aufnahme, Registrierung und Identifizierung im Erstaufnahmestaat vorzunehmen, sondern praktisch auf eine freie Wahl des Zielstaa-
tes *(free choice)* hinaus, die sich zunächst auf die drei Mitglieder Österreich, Deutschland und Schweden konzentrierte.

Ein solches Verfahren als allgemeines Prinzip ist aber nicht nur in
höchstem Maße ungerecht, weil es die Lasten wenigen ›Willigen‹ aufbür-
det, sondern läuft dem Grundprinzip solidarischen Handelns und »der
gerechten Aufteilung der Verantwortlichkeiten unter den Mitgliedstaaten«
(Art. 80 AEUV) als Rechtsprinzip zuwider.

Vordringlich erscheinen – auch aus Sicht der Kommission – längerfristige nachhaltige Lösungsansätze:

- Das Dublin-System wäre aus Sicht des Verfassers grundlegend zu reformieren, wenn man überhaupt noch an der Erstprüfungszuständigkeit festhalten will, d.h. nicht nur nationale Grenzkontrollen an den Außengrenzen der Mitgliedstaaten durchzuführen und den überforderten Mitgliedern zu helfen, sondern europäische Grenz- und Aufnahmezentren als Kontroll- und Registrierungseinrichtungen an den Grenzen zu errichten, an denen Flüchtlinge verstärkt – sei es auf dem Seeweg oder dem Landweg – einreisen; dafür bieten die vom Europäischen Rat beschlossenen und in Griechenland und in Italien zunächst zu errichtenden sieben ›Hotspots‹ einen ersten Ansatz; dieser wird aber nur funktionieren, wenn dies gleichzeitig mit einem
- System von *Aufnahme- und Verteilungsquoten* gekoppelt wird, das eine faire Lastenverteilung für alle Mitgliedstaaten vorsieht und vom Sachverständigenrat Deutscher Stiftungen für Integration und Migration (SVR) schon in seinem Jahresbericht 2014 angeregt wurde. Die Kommission hatte dafür einen vernünftigen Schlüssel entwickelt, der sich an der Wirtschaftskraft und der Bevölkerungszahl mit einigen zusätzlichen Kriterien orientierte. Immerhin konnte sich der Rat der Innen- und Justizminister am 22. September 2015 mit qualifizierter Mehrheitsentscheidung über eine Verteilung (*relocation*) von 120.000 Flüchtlingen aus Griechenland und Italien einigen.[9] Dies war ein wichtiger Präzedenzfall, an dem sich künftige Verteilungsentscheidungen orientieren könnten, auch wenn sie in einigen Mitgliedstaaten kurz vor Wahlen höchst unpopulär sind und die Umsetzung bisher äußerst schleppend verläuft. Finanzielle Hilfen wären allerdings – wie sie in Beschlüssen von Anrainerstaaten der Balkanroute vorgesehen sind und schon früher durch Maßnahmen des europäischen Unterstützungsbüros (EASO) erforderlich gewesen wären – im Falle eines *Massenzustroms* in Krisensituationen denkbar, um einem Erstaufnahmestaat bei der Registrierung, Identitätsfeststellung und vorübergehenden Versorgung bis zu einer Umverteilungsentscheidung die nötige Unterstützung zu geben. Es ist bezeichnend, dass die hierfür eigentlich vorgesehene Richtlinie aus dem Jahre 2001 für die »*Gewährung vorübergehenden Schutzes im Falle eines Massenzustroms von Vertriebenen*«[10] bisher nicht zur Anwendung kam, obwohl auch hier eine qualifizierte Mehrheitsentscheidung des Rates möglich wäre; der temporäre Schutz wäre auf ein Jahr bis maximal zwei Jahre begrenzt und verpflichtete die Mitgliedstaaten zur Gewährung von Aufenthaltstiteln, angemessener

Unterbringung, notwendigen Sozialleistungen und medizinischer Versorgung; die Beantragung von Asyl nach dem nationalen Recht bliebe unberührt. Immerhin hatte der Rat im Konsens bereits am 20. Juli 2015 eine Relokation von 40.000 Personen innerhalb von zwei Jahren aus Italien und Griechenland als Notstandsmaßnahme beschlossen und am 14. September 2015 als Ratsentscheidung erlassen.[11]

- Die EU-Kommission hat am 6. April 2016 in einer Mitteilung an das EP und den Rat ein umfassendes Programm den Mitgliedstaaten vorgeschlagen: »*Towards a reform of the Common European Asylum System and enhancing legal avenues to Europe*«.[12]
Es sieht fünf Prioritäten vor:
  - die Errichtung eines nachhaltigen und fairen Systems zur Bestimmung des für die Asylantragstellung zuständigen Mitgliedstaats
  - die Stärkung des Eurodac-Systems
  - die Erzielung größerer Konvergenz des Gemeinsamen Asylsystems (GAS)
  - die Verhinderung irregulärer Sekundärbewegungen
  - ein neues Mandat zur Errichtung einer europäischen Asylagentur.

Für die künftige Bewältigung anhaltender Flüchtlingsströme bedarf es eines ebenso nachhaltigen Steuerungsmechanismus, den die Kommission in erster Linie in einer Verbesserung des bestehenden Zuständigkeitsmechanismus von Dublin (»*a corrective fairness mechanism*«) sieht. Die Dublin-Regeln sollen zwar grundsätzlich erhalten bleiben, aber durch einen solidarischen Korrekturmechanismus ergänzt werden. Dieser könnte durch einen Relokationsmechanismus nach dem Vorschlag der Kommission vom September 2015[13] bei übermäßigem Einwanderungsdruck, eventuell verbunden mit einer unterstützenden Absicherung der jeweiligen Außengrenzen, ergänzt werden. Nach einer zweiten Option könnte – ähnlich dem schon oben vorgestellten Vorschlag – ein Verteilungsmechanismus eingerichtet werden, der sich nach Größe, Wohlstand und Aufnahmekapazitäten der Mitgliedstaaten richtet und bei einer Überlastung von mehr als 150% der so errechneten Verteilungsquote Ansprüche auf Weiterverteilung mit sich brächte. Wird die entsprechende Aufnahme durch Staaten mit ›Unterlast‹ verweigert, ist eine Belastung des jeweiligen Mitgliedstaats in Höhe von 750.000 Euro pro nicht-aufgenommenen Flüchtling vorgesehen. Ob man diesen ›Sanktionsmechanismus‹ als Ausdruck ›sekundärer‹ Solidarität interpretiert, hängt von der Perspektive des Betrachters ab; es würde einen ›Freikauf‹ von unmittelbaren Solidaritätspflichten bedeuten, was eigentlich vermieden werden sollte. Aber immerhin steht dieser Vorschlag dem Grundgedanken der Solidarität näher als der gegenwärtige Zustand, in dem sich einige Mitgliedstaaten völlig der Verteilung entziehen.

Von Bedeutung erscheint auch die weitere Harmonisierung des Gemeinsamen Asylsystems GAS durch stärkere Verfahrensvereinheitlichung (Verfahrensrichtlinie), die Anpassung der Qualifikationsrichtlinie wie der Aufnahmerichtlinie, auch wenn dies sich erst mittel- bis langfristig auswirken dürfte.

Schließlich ist der Ausbau des *European Asylum Office* (EASO) zu einer *European Asylum Agency*, die politikimplementierende und operationelle Funktionen erhielte (»*a new policy implementimg role and a strenghtened operational role*«), zu begrüßen. So würde das Asylsystem auch institutionell gestärkt, sofern der neue Organismus dezentral aufgebaut und größtmögliche Mitwirkung der Mitgliedstaaten vorgesehen ist. Insgesamt soll die gemeinsame Asylpolitik durch eine gemeinsame legale Migrationspolitik ergänzt werden.[14] Diese gemeinsame Migrationspolitik, für die die Union mit Ausnahme der quantitativen Festlegung die Kompetenz nach dem Lissabonner Vertrag besitzt (Art 79 Abs. 5 AEUV), soll nach jüngsten Vorschlägen der Kommission vom 7. Juni 2016[15] durch ein Konzept eines *Migrationspartnerschaftsrahmenprogramms* flankiert werden: Es sieht mit bestimmtem Staaten sog. Migrationspakte vor, die besonders durch die Aus-, Ein- oder Durchreise von Flüchtlingen betroffen sind. Auch wenn sich dies noch vielfach in Ankündigungen erschöpft, scheint der Grundgedanke doch richtig, durch verstärkte Kooperation mit afrikanischen, besonders von der Auswanderung betroffenen Ländern (z.B. Somalia, Mali) sowie Transit- bzw. temporären Aufnahmestaaten (z.B. Libyen, Jordanien) eine stärkere Kooperation zu suchen und den institutionellen wie rechtlichen Rahmen zu stärken. Man wird abwarten müssen, wie das anspruchsvolle Programm mit den Herkunfts- bzw. Transitländern überhaupt ausgehandelt und umgesetzt werden kann. Vorgesehen sind u.a. verstärkte Entwicklungs- und Nachbarschaftspolitik, Bekämpfung des Schlepperunwesens, die Schaffung legaler Einwanderungswege und neue Finanzierungsinstrumente.

Die Vorschläge, die angesichts anhaltender Widerstände in einigen Mitgliedstaaten erst mittel- bis langfristig Wirkung erzielen dürften, sind als ein Gesamtkomplex zu betrachten. Sie weisen in die richtige Richtung, die nur in der Stärkung der *unionalen Komponente* liegen kann.

Ein anderer Ansatz bestünde in Form von *humanitären Flüchtlingskontingenten*, von dem bisher die Bundesrepublik wiederholt erfolgreich Gebrauch gemacht hat (Ungarnflüchtlinge 1956, vietnamesische

Boatpeople 1979, 350.000 bosnische Flüchtlinge ab 1992, 2.500 iraki-
sche Flüchtlinge 2009/2010 sowie die bisherigen drei Aufnahmepro-
gramme des Bundes und der Länder seit 2013 mit mehr als 30.000 syrischen Flüchtlingen). Dies kann vorübergehend etwas Entlastung
verschaffen und zugleich ein Modell für ein europäisches humanitäres
Aufnahmeverteilungsprogramm sein.[16] Die jüngste Vereinbarung der
EU mit der Türkei enthält bereits Elemente der Aufnahme humanitärer
Flüchtlingskontingente, freilich unter dem Vorbehalt der Reziprozität
(s.u. III).

- In der anhaltenden Debatte über »Kontingente«, »Obergrenzen« oder
»Richtwerte« (Österreich) wird freilich nur zu gerne übersehen, dass
zwar Kontingente einen vorübergehenden Rechtsstatus mit einem si-
chereren Fluchtweg (Flugeinreise) garantieren könnten, aber keinesfalls
völkerrechtliche Ansprüche aus dem Zurückweisungsverbot (»non-
refoulement«) der Genfer Flüchtlingskonvention (Art. 33 Abs. 2 GFK)
und den Zurückweisungsverboten nach der Europäischen Menschenrechtskonvention (EMRK Art. 3: Verbot der Folter, unmenschlicher
und erniedrigender Behandlung) oder der Grundrechtecharta der EU
(EuGRCh, Art. 4) ersetzen oder verdrängen können. Hier hilft auch
der Blick in das vielfach zu Recht gepriesene kanadische Flüchtlings-
recht nicht weiter, weil die vom Gesetzgeber gezogenen Aufnahmequo-
ten in der Regel nicht erreicht werden. Es ist im Übrigen zu beachten,
dass der Aufenthalt in Deutschland nach geltendem Recht in der Regel
auf drei Jahre begrenzt ist (§§ 23, 26 Abs. 1 Aufenthaltsgesetz), was
dem Regelaufenthalt für Asylberechtigte und Personen mit internationalem Schutz entspricht (§§ 25 Abs. 2; 26 Abs. 1 AufenthG). Ob dies
angesichts des anhaltenden Syrienkonflikts eine realistische Perspektive
ist, ist schwer einzuschätzen. Solange keine Rückkehrperspektive besteht, muss der ›Spurwechsel‹ in das individuelle Asylantragsverfahren
offen bleiben, um den Flüchtlingen einen längerfristigen Aufenthaltsstatus zu gewährleisten, wenn kein Widerruf seitens des BAMF vor-
liegt (§ 26 Abs. 3 AufenthG; § 73 Abs. 2a Asylverfahrensgesetz). Da
Flüchtlinge aus Syrien eine steigende Anerkennungsquote aufweisen
und die Chancen auf eine Rückkehr noch als gering einzuschätzen sein
dürften, wäre in der Tat zu prüfen, ob nicht das Verfahren über Widerruf bzw. Rücknahme ›typisiert‹ werden könnte.[17]

III. *Die Sicherung der Außengrenzen und das Flüchtlingsabkommen mit
der Türkei* – Die Sicherung der Außengrenzen gegen illegale Einwanderung
stellt eine legitime und kompetenzgerechte Aufgabe der Union dar. Verbunden mit den aufzubauenden *Hotspots* muss eine stärkere Absicherung
gegen illegale Schmuggler ein Ziel der Union sein, das mit dem häufig nur

pejorativ konnotierten Begriff ›Festung Europa‹ nicht angemessen erfasst wird. So wie die Nationalstaaten außerhalb fortgeschrittener Integrationsgebilde unter Beachtung menschenrechtlicher Verpflichtungen ihre Einreise steuern können, gilt dies auch für die Union.

Dieses Ziel verfolgt die Union seit der Vereinbarung mit der Türkei vom 18. März 2016 in vielfacher Weise. Danach sollen alle irregulären Migranten nach dem 20. März 2016 von der Türkei zurückgenommen werden, ohne dass dies als »Zwangsausweisung« gelten soll. Anträge von Asylbewerbern müssen künftig, soweit sie griechisches Hoheitsgebiet erreichen, dort registriert und beschieden werden; sie können ggfls. nach den Unionsvorschriften in einem beschleunigten Verfahren auch als unzulässig bzw. unbegründet abgelehnt werden. Für jeden Syrer, der in die Türkei zurückgeschickt wird, soll ein Syrer aus der Türkei in die EU im Wege einer vom UNHCR betreuten Umsiedlung (*resettlement*) aufgenommen werden, unter Beachtung der menschenrechtlichen Verpflichtungen besonders gegenüber Familienangehörigen und Kindern (sog. *vulnerability criteria*). Dafür verpflichtet sich die Türkei, alle notwendigen Maßnahmen zur Unterbindung illegaler Migration zu treffen. Auf einen verpflichtenden Verteilungsmechanismus konnten sich die europäischen Partner wiederum nicht einigen; stattdessen konnte man sich nur auf ein freiwilliges Aufnahmeinstrument (*voluntary admission scheme*) verständigen.

Die Vereinbarung wirft unter rechtlichen Gesichtspunkten etliche Fragen auf, die auf dem EU-Türkei-Gipfel wohl angesprochen wurden, aber im Wesentlichen nur von der Türkei umgesetzt werden können (von der angestrebten Visaliberalisierung bis Ende Juni ganz abgesehen). Dies gilt vor allem für die Umsetzung der EMRK, für die die Türkei bisher einen geografischen Vorbehalt eingelegt hat. Die Türkei wird daher die Vereinbarung konform mit der Genfer Konvention (GK) und der EMRK umsetzen müssen und die üblichen menschenrechtlichen Standards bei der Behandlung von Asylanträgen beachten müssen, wenn eine Rücküberstellung erfolgen soll. Davon wird letztlich abhängen, ob ein Asylbewerber in Griechenland in die Türkei als ›sicheren Drittstaat‹ im Sinne der Asylverfahrensrichtlinie zurückgeschickt werden kann.[18]

Die ständig geforderte Sicherung der EU-Außengrenzen durch die *Europäische Agentur für die operative Zusammenarbeit an den Außengrenzen der Mitgliedstaaten der Europäischen Union* (Frontex) wird auf den bisherigen Flüchtlingsrouten nur wenig Entlastung bringen, soweit die Flüchtlinge über das Mittelmeer (nach vorläufiger Schließung der Balkanroute) nunmehr wieder über Italien oder Malta Aufnahme in Europa suchen. Hier müssen zuvörderst die Rettung und der Schutz der Flüchtlinge aus Seenot auch außerhalb der Hoheitsgewässer im Vordergrund stehen, wie dies der Europäische Gerichtshof für Menschenrechte (EGMR) in

Straßburg in einem italienischen Fall (*Hirsi Jamaa*) eindrücklich ange-
mahnt hat.[19] Es wird – neben einer besseren Kontrolle der Außengrenzen –
also auf die sichere und menschenwürdige Ausgestaltung der Erstaufnah-
mestellen (*Hotspots*) an den Grenzen ankommen, die den geltenden EU-
Aufnahmebedingungen entsprechen und nicht geringe Anforderungen an
eine »angemessene Versorgung« stellen.

IV. Nationalstaatliche Einwirkungsmöglichkeiten – Mit diesen europa-
und völkerrechtlich vorgeprägten Regeln ist freilich noch nicht die anhaltende Problematik der innerstaatlichen Bewältigung des Flüchtlingsstroms
in Deutschland und einigen Nachbarländern seit Herbst 2015 gelöst, auf
die der deutsche Gesetzgeber rasch und entschlossen reagiert hat.[20] Es ist
hier nicht der Ort, die Einzelheiten der Reform des Asylrechts (Asylpaket I
und II) und weiterer Gesetze (Entwurf eines Integrationsgesetzes) zu würdigen.

Von den jüngeren durchgreifenden Vorschlägen sollen nur zwei hier
näher geprüft werden:

- Die immer wieder erhobene Forderung nach einer weiteren Einschränkung des Grundgesetzes (Art. 16a GG) geht schon heute an der derzeitigen Migrationsrealität vorbei. Natürlich ist auch Art. 16a GG nicht
schrankenlos, und die Grundgesetzänderung von 1992 hat mit der Ein-
fügung der Ausschlussgründe wegen Einreise aus einem sicheren Drittstaat bzw. Herkunftsstaat insoweit bereits eine Einschränkung des
grundgesetzlichen Asyls herbeigeführt, die zu einer wesentlichen Ver-
fahrensvereinfachung nach dem Asylverfahrensgesetz (jetzt Asylgesetz)
geführt hat. Da ohnehin nach der Rechtsprechung des BVerfG und der
geltenden Fassung des Art. 16a Abs. 3 GG trotz ›normativer Vergewis-
serung‹ bei der Prüfung von Anträgen aus sicheren Herkunftsstaaten
die *widerlegbare Vermutung* einer mangelnden Verfolgung besteht,
kann der Antragsteller Tatsachen vortragen, die diese gesetzliche Fiktion widerlegen. Diese widerlegliche Vermutung kann auch nicht
durch eine GG-Änderung ›ausgehebelt‹ werden, weil sie den Vorgaben
des *Refoulement*-Verbots der Genfer Flüchtlingskonvention (Art. 33
Abs. 1 GFK) und dem Verbot der Folter bzw. unmenschlicher oder erniedrigender Behandlung (Art. 3 EMRK) widerspräche, die ein Zurückweisungsverbot mit vorläufigem Aufenthaltsrecht zur Prüfung eines Antrags auf Flüchtlingsschutz beinhalten; dies ist vom BVerfG
1994 im Falle ›sicherer Herkunftsstaaten‹ festgehalten worden.[21]
Die Forderung übersieht aber noch einen weiteren Umstand, der die
heutige Anerkennungspraxis des Bundesamts für Migration und
Flüchtlinge (BAMF) bei Flüchtlingen aus Konfliktgebieten prägt.

Schon heute nimmt die Zahl der Personen, die um internationalen Schutz nach der GFK nachsuchen und nach Art. 16a GG eine Anerkennung erhalten, nur einen vergleichsweise geringen Anteil ein. Nach der Asylgeschäftsstatistik des BAMF vom Januar bis Mai 2016 betrug bei ca. 302.000 Anträgen auf »internationalen Schutz« die Anerkennungsquote nach Art. 16a GG (einschließlich Familienasyl) nur 0,3 %, bei einer Gesamtschutzquote von 61,5%. Ferner ist auch die offenbar als Ausweg gedachte Anerkennung »subsidiären Schutzes« möglich, wenn nach Unionsrecht und Asylverfahrensrecht ein »ernsthafter Schaden wegen individueller Bedrohung des Lebens oder der Unversehrtheit als Folge willkürlicher Gewalt in innerstaatlichen bewaffneten Konflikten« zu befürchten ist; derzeit beträgt die Schutzquote 4,8%. Auch in diesem Fall ist die Anerkennung durch Unionsrecht (*Qualifikationsrichtlinie*)[22] und deutsches Asylverfahrensrecht vorgeprägt und die Rechtsprechung des Gerichtshofs in Luxemburg zu beachten. So kann der Antragsteller trotz des geforderten individuellen Nachweises eines »ernsthaften Schadens« einen Anspruch auf subsidiären Schutz haben, wenn das Maß an willkürlicher Gewalt so hoch ist, dass davon ausgegangen werden kann, dass er ausschließlich aufgrund seiner Anwesenheit im Herkunftsland der tatsächlichen Gefahr eines Schadens unterliegt.[23] Die Verlagerung der Prüfung in das »subsidiäre Schutzverfahren« dürfte daher bei Bürgerkriegsflüchtlingen im Vergleich zu dem bisher seit November 2014 beschleunigten Verfahren für Flüchtlingsschutz nach der GFK nur geringfügige Entlastung bringen; der erkennbare Vorteil läge nur in der Beschränkung der Aufenthaltserlaubnis auf ein Jahr und maximale Verlängerung bis zu drei Jahren (§ 26 Abs. 1 S. 3 AufenthG); gerade bei Bürgerkriegsflüchtlingen ist – ähnlich wie bei humanitären Aufnahmekontingenten – aber der Wechsel in das Asylantragsverfahren offenzuhalten. Eingeschränkter Familiennachzug ist zwar zulässig (§ 29 Abs. 3 S. 1 AsylG), aber angesichts der engen völkerrechtlichen Verpflichtungen nach der EMRK und der Verfassung im Hinblick auf größtmöglichen Schutz der Familieneinheit und des Kindeswohls sehr genau zu prüfen.[24] Unionsrecht und nationales Recht haben somit unter dem Begriff des »internationalen Schutzes« zu einer Annäherung des Genfer Flüchtlingsstatus und des subsidiären Schutzstatus geführt, der nach Anerkennung zu einer Aufenthaltserlaubnis berechtigt.

In diesem Zusammenhang einer Beschleunigung von Asylverfahren sind auch rechtsvergleichende Ansätze zu nutzen, wie das beschleunigte Verfahren in den Niederlanden (Dauer: acht Wochen),[25] das beschleunigte Verfahren für Anträge aus sicheren Drittstaaten (im weiten

Sinn),[26] das nach einer Testphase im Kanton Zürich[27] für die ganze Schweiz nach der Volksabstimmung vom 6. Juni 2016 übernommen werden soll.[28] Auch in Kanada ist ein beschleunigtes Prüfungsverfahren seit 2012 üblich, das im September 2015 verbessert wurde (*Expedited Processing of Refugee Claims*).[29]

- Andere Vorschläge zielten auf die Einrichtung von »*Transitzonen*« an der Grenze bzw. von »*Einreisezentren*« im Inland. Gemeinsame Grundidee ist eine beschleunigte Bearbeitung von Asylverfahren, die sich an das vom BVerfG 1994 grundsätzlich gebilligte, sog. *Flughafenverfahren* anlehnt. Transitzonen wären zwar grundsätzlich möglich, unterlägen jedoch relativ strengen europarechtlichen wie verfassungsrechtlichen Anforderungen, die den Ablauf des Verfahrens bestimmen und eine Mindestdauer von ca. drei Wochen (mit Durchführung von Rechtsschutz) bedingen. Da an die Stelle der geforderten Transitzonen auch Einreisezentren treten könnten, gelten die vom BVerfG aufgestellten *Mindeststandards eines fairen rechtsstaatlichen Verfahrens und effektiven Verwaltungsverfahrens* in vergleichbarer Weise. In den Einreisezentren müssten die Anträge aus ›sicheren Herkunftsstaaten‹ bzw. missbräuchliche Anträge beschleunigt bearbeitet werden; die übrigen Anträge von Personen aus Krisengebieten wären wie bisher an die Außenstellen des BAMF weiterzuleiten oder selbst zu bearbeiten. Eine räumliche Freiheitsbeschränkung wie im Falle von Transitzonen, die das BVerfG für das Flughafenverfahren unter den genannten Bedingungen verneint hatte, könnte für den Bereich der für die Aufnahmeeinrichtung zuständigen Ausländerbehörde oder eventuell auch faktisch durch Einschränkung von Sozialleistungen bei Verlassen der Einrichtung in Betracht kommen; bis zum Abschluss des Verfahrens wäre auch hier eine Aufenthaltsgestattung zu gewähren.

V. Schlussbemerkung – Abschließend ist festzustellen, dass sich das derzeitige europäische Migrationsrecht in einem grundlegendem Umbruch befindet, dessen Konturen noch unscharf sind, weil der Grundkonsens seit dem Flüchtlingszustrom im Herbst 2015 zwischen den Mitgliedstaaten zerbrochen ist, vielmehr die historischen Erfahrungen mit Migration und die nationalen Interessen in einigen Mitgliedstaaten wieder stärker in den Vordergrund treten. Aufgabe der Kommission wie des Rates wird es sein, diesen Konsens in mühseligem Ringen um das Austarieren zwischen nationalstaatlichen Interessen und dem europäischen Gemeinwohlinteresse wiederherzustellen und eine unionsfreundliche, zukunftsgerichtete Migrationspolitik zu verfolgen. Dafür bieten die Vorschläge der Kommission zumindest eine gute Diskussionsgrundlage.

1   Tampere-Programm 1999; Haager Programm 2005. In: Amtsblatt der Europäischen Union (ABl. EU), Nr. C 53, S. 1.
2   Dublin III: VO 604/2013/EU. In: ABl. EU, Nr. L 180, S. 31.
3   Richtlinie 2013/33/EU. In: ABl. EU, Nr. L 180, S. 97.
4   Richtlinie 2005/85 vom 1. Dez. 2005 (über Mindestnormen für Verfahren in den Mitgliedstaaten zur Zuerkennung und Aberkennung der Flüchtlingseigenschaft). In: ABl. EU, Nr. L 326, S. 13.
5   EURODAC VO 603/2013. In: ABl. EU, Nr. L 180, S. 1.
6   Richtlinie 2011/95/EU (über Normen für die Anerkennung von Drittstaatsangehörigen oder Staatenlosen als Personen mit Anspruch auf internationalen Schutz, für einen einheitlichen Status für Flüchtlinge oder für Personen mit Anrecht auf subsidiären Schutz und für den Inhalt des zu gewährenden Schutzes) vom 13. Dez. 2011. In: ABl. EU, Nr. L 237, S. 9.
7   ABl. EU, Nr. L 105, S. 1.
8   Kay Hailbronner: Asyl- und Ausländerrecht. Stuttgart 2013, Randnote 72.
9   Ratsentscheidung der Justiz- und Innenminister vom 22. Sept. 2015: 66.000 sofort in einer ersten Phase; 54.000 in einer zweiten Phase bis ein Jahr nach Inkrafttreten der Entscheidung; gegen diese Entscheidung stimmten Tschechien, Slowakei, Ungarn und Rumänien.
10   Richtlinie 2001/55/EG vom 20. Juli 2001 »über Mindestnormen für die Gewährung vorübergehenden Schutzes im Falle eines Massenzustroms von Vertriebenen und Maßnahmen zur Förderung einer ausgewogenen Verteilung der Belastungen, die mit der Aufnahme dieser Personen und den Folgen dieser Aufnahme verbunden sind, auf die Mitgliedstaaten«. In: ABl. EU, Nr. L 212, S. 12.
11   Council Decision (EU) 2015 / 1523 of 14 September 2015, »establishing provisional measures in the area of international protection for the benefit of Italy and Greece«; diese Entscheidung ist auf Art. 78 Abs. 3 AEUV gestützt: »Befinden sich ein oder mehrere Mitgliedstaaten aufgrund eines plötzlichen Zustroms von Drittstaatsangehörigen in einer Notlage, so kann der Rat auf Vorschlag der Kommission vorläufige Maßnahmen zugunsten der betreffenden Mitgliedstaaten erlassen. Er beschließt nach Anhörung des Europäischen Parlaments«.
12   European Commission: Communication from the Commission to the European Parliament and the Council towards a Reform of the Common European Asylum System and Enhancing Legal Avenues to Europe. COM (2016) 197 final. Brüssel, 6. April 2016.
13   European Commission: Proposal for a Regulation of the European Parliament and the Council establishing a crisis relocation mechanism [...]. COM (2015) 450 final. Brüssel, 9. Sept. 2015.
14   COM (2016) 197 (Anm. 12), hier: II. Ensuring and Enhancing Safe and Legal Migration Routes. S. 14 ff.
15   European Commission: Communication from the Commission to the European Parliament, The European Council and the European Investment Bank on establishing a new Partnership Framework with third countries under the EU Agenda on Migration. COM (2016) 385 final. Straßburg, 7. Juni 2016.
16   Vgl. die vom Forschungsbereich des Sachverständigenrates deutscher Stiftungen für Integration und Migration veröffentlichten Studien, online unter http://www.svr-migration.de/forschungsbereich/profil/.
17   Siehe Dietrich Thränhardt: Gutachten: Warum das deutsche Asylsystem zu einem Bearbeitungsstau führt. Juli 2015. http://mediendienst-integration.de/fileadmin/Dateien/Gutachten_Bearbeitungsstau_BAMF_2015.pdf (Abruf 20. Juni 2016).
18   Im Einzelnen siehe auch Albrecht Weber: Beitrag in der türkischen Zeitschrift »perspektif« im Mai 2016, http://www.perspektif.eu/avrupaya-multeci-akiminin-sinirlandirilmasi-hukuki-perspektif/, (Abruf 20. Juni 2016).
19   EGMR, Rechtssache Hirsi Jamaa and others v. Italy, Nr. 27765/09 vom 23. Feb. 2012; vgl. dazu Albrecht Weber: Menschenrechtlicher Schutz von Bootsflüchtlingen. Bedeutung des Straßburger Hirsi-Jamaa-Urteils für den Flüchtlingsschutz. In: Zeitschrift für Ausländerrecht und Ausländerpolitik (ZAR), 8/2012, S. 265 ff.
20   Erste Würdigung bei Winfried Kluth: Das Asylverfahrensbeschleunigungsgesetz. In: ZAR 10/2015, S. 337.

21 Bundesverfassungsgericht Entscheidungen (BVerfGE) 94, S. 49.
22 S. Richtlinie 2011/95/EU (Anm. 6), Art. 15, lit. c.
23 Europäischer Gerichtshof (EuGH), Rechtssache Aboubacar Diakité, C-285/12 vom 30. Januar 2014.
24 Die Vorschriften des AufenthG enthalten selbst bestimmte engmaschige Regeln für den Familiennachzug (Ehegatten- bzw. Kindernachzug), wenn ein Elternteil bereits eine Aufenthaltserlaubnis besitzt (§§ 30, 31, 32, 35).
25 Vgl. Anm. 12.
26 »Nichteintretensbescheid«, Art. 6a Abs. 2b des schweizerischen Asylgesetzes.
27 Art. 112b schweiz Asylgesetz und Testphasen-Verordnung; s.a. Handbuch Migrationsrecht Schweiz. Bern 2015, S. 157; s.a. Schweizerische Eidgenossenschaft, Staatsekretariat für Migration SEM: Faktenblatt: Revision für beschleunigte Asylverfahren, online unter https://www.sem.admin.ch/dam/data/sem/asyl/beschleunigung/fs-wegweisungsvollzug-d.pdf (Abruf 20. Juni 2016)
28 Siehe auch Frankfurter Allg. Zeitung v. 4. Juni 2016, S. 5.
29 Der »Immigration and Refugee Protection Act (IPRA)« ermöglicht Einzelprüfern eine Prüfung ohne Anhörung innerhalb von zehn Tagen, sofern nicht der Innenminister innerhalb dieser Frist interveniert. Das verkürzte Verfahren beruht auf vier Prinzipien: Unabhängigkeit des Prüfers; Möglichkeit der Anhörung; Systemintegrität und öffentliche Sicherheit, vgl. Immigration and Refugee Board of Canada: Policy on the Expedited Processing of Refugee Claims by the Protection Division, 18. Sept. 2015.

Referentinnen und Referenten, Autorinnen und Autoren

■ Ukraine – Land in der Zerreißprobe?

Vitali Klitschko, Bürgermeister von Kiew und Parlamentsabgeordneter seit 2014 – Geb. 1971, 1992 Beginn einer Karriere als Amateur- bzw. ab 1996 als Profiboxer. Nach Abschluss eines Sportlehrerstudiums Promotion in Sportwissenschaft im Jahr 2000. 2006 Kandidatur bei den Kiewer Bürgermeisterwahlen, 2010 Wahl zum Vorsitzenden der Partei Ukrainische Demokratische Allianz für Reformen (UDAR). Während der Euromajdan-Proteste forderte Klitschko – wie auch die rechte Swoboda-Partei und Arsenij Jazenjuk von der Vereinigung ›Vaterland‹ – den Rücktritt von Präsident Janukowytsch. 2010 wurde Klitschko für seine Verdienste um die deutsch-ukrainischen Beziehungen mit dem Bundesverdienstkreuz ausgezeichnet, 2015 erhielt er den Konrad-Adenauer-Preis der Stadt Köln für sein Engagement für Frieden und Demokratie in der Ukraine.

Hans-Gert Pöttering, Präsident a.D. des Europäischen Parlaments, Vorsitzender der Konrad-Adenauer-Stiftung seit 2010, Dr. iur. – Geb. 1945, nach Studium der Rechtswissenschaften, Politik und Geschichte in Bonn und Genf 1974 Promotion. 1976-1979 Wiss. Angestellter, 1989 Lehrbeauftragter an der Universität Osnabrück, 1995 hier Berufung zum Honorarprofessor. 1979-2014 Mitglied des Europäischen Parlaments, 2007-2009 dessen Präsident.

Reinhard Lauterbach, Freier Journalist, Osteuropakorrespondent – Geb. 1955, nach einem Studium der Slawistik und Geschichte, insbesondere Osteuropas, in Mainz, Kiew und Bonn Volontariat beim SFB, 1986-2011 Redakteur des Hessischen Rundfunks und ARD-Hörfunkkorrespondent für die Ukraine und Belarus (1998-2001). Seit 2013 Berichterstattung für Print- und Onlinemedien. 2014 erschien von ihm das Buch »Bürgerkrieg in der Ukraine. Geschichte, Hintergründe, Beteiligte«.

■ **Verhärtete Fronten zwischen Israel und Palästina: Was kommt nach den Wahlen?**

Avi Primor, Israelischer Botschafter a.D. – Geb. 1935 in Tel Aviv, Studium der Politikwissenschaft in Jerusalem, New York und Paris, Eintritt in den diplomatischen Dienst Israels. Hier u.a. 1970 Botschafter in Frankreich, 1973 Sprecher der Delegation Israels bei der Genfer Friedenskonferenz nach Ende des Jom-Kippur-Krieges. Von 1993 bis 1999 Botschafter Israels in Bonn. 1997 erschien Primors Erinnerungsbuch »... mit Ausnahme Deutschlands – Als Botschafter Israels in Bonn«, 2013 sein Roman »Süß und ehrenvoll«.

Abdallah Frangi, Palästinensischer Diplomat und Politiker, seit 2014 Gouverneur von Gaza – Geb. 1943 in Beerscheba, Palästina. 1948 nach Gaza vertrieben, studierte Frangi Medizin und Politik in Frankfurt/Main, wo sein Engagement für einen unabhängigen Staat Palästina begann. Ab 1974 Vertreter der PLO in Deutschland, 1993-2005 hier Generaldelegierter Palästinas, 2007-2009 außenpolitischer Sprecher der Fatah, seither persönlicher Berater von Präsident Abbas.

Muriel Asseburg, Senior Fellow der Forschungsgruppe Naher/Mittlerer Osten und Afrika der Stiftung Wissenschaft und Politik in Berlin – Geb. 1968, Studium der Politikwissenschaft, Völkerrecht und Volkswirtschaft in München. Arbeits- und Studienaufenthalte in Jerusalem, Ramallah, Damaskus und Beirut. 2006-2012 Leitung der SWP-Forschungsgruppe Naher/Mittlerer Osten und Afrika.

■ **Massentierhaltung – Ist unsere Tierproduktion noch zu verantworten?**

Christian Meyer, Niedersächsischer Minister für Ernährung, Landwirtschaft und Verbraucherschutz seit 2013, Diplomsozialwirt – Geb. 1975, von 1996 bis 2002 Studium der Volkswirtschaftslehre, des Öffentlichen Rechts, der Politik- und Medienwissenschaften in Göttingen, ab 2003 Mitarbeiter einer EU-Abgeordneten in Berlin und Brüssel, zuständig für Verbraucherschutz, Gentechnik und Tierschutz. Von 2004 bis 2008 Geschäftsführer des Fördervereins Ökologische Steuerreform. Ab 2008 Abgeordneter des Niedersächsischen Landtags, hier zuletzt stellv. Vorsitzender und Sprecher für Landwirtschaft, Verbraucherschutz, Naturschutz und Tierschutz der Landtagsfraktion Bündnis 90/Die Grünen.

Heinrich Bottermann, Generalsekretär der Deutschen Bundesstiftung Umwelt (DBU) seit 2013, Dr. med. vet. – Geb. 1956, nach Studium der Tiermedizin von 1985 bis 1990 beamteter Tierarzt im Kreis Borken. Von 1990 bis 1993 Referatsleiter beim Gesundheitssenator der Freien Hansestadt Bremen, von 1993 bis 1995 Referatsleiter im Bundesministerium für Gesundheit. Von 1995 bis 2007 im Ministerium für Umwelt und Naturschutz, Landwirtschaft und Verbraucherschutz Nordrhein-Westfalen tätig. Von 2007 bis 2013 Präsident des Landesamtes für Natur, Umwelt und Verbraucherschutz Nordrhein-Westfalen.

Bernhard Krüsken, Generalsekretär des Deutschen Bauernverbandes e.V., Diplom-Agraringenieur – Geb. 1962, von 1982 bis 1988 Studium der Agrarwissenschaften in Bonn, anschließend verschiedene Tätigkeiten für die genossenschaftliche Raiffeisenorganisation, darunter von 2001 bis 2006 Leitung der Abteilung Vieh- und Fleischwirtschaft beim Deutschen Raiffeisenverband e.V. in Bonn. Von 2006 bis 2013 Geschäftsführer des Deutschen Verbandes Tiernahrung e.V., Bonn.

■ **Flüchtlingselend weltweit und Willkommenskultur in Osnabrück**

Boris Pistorius, Niedersächsischer Minister für Inneres und Sport seit 2013 – Geb. 1960, nach kaufmännischer Lehre Studium der Rechtswissenschaft in Osnabrück und Münster. 1991-1995 Persönlicher Referent des Niedersächsischen Innenministers, ab 1997 Leitung verschiedener Dezernate bei der Bezirksregierung Weser-Ems, Außenstelle Osnabrück, 2002-2006 hier Leitung der Abteilung Schulen und Sport. 1996-2013 Mitglied des Rates der Stadt, 2006-2013 Oberbürgermeister der Stadt Osnabrück.

Karin Asboe, Referentin bei der Diakonie Rheinland-Westfalen-Lippe e.V., Sozialwissenschaftlerin – Geb. 1952, nach einem Lehramtsstudium langjährige Tätigkeit als Beraterin und Koordinatorin im Bereich Flüchtlingsarbeit bei der Diakonie Rheinland-Westfalen-Lippe; hier u. a. Aufbau eines Psychosozialen Zentrums für Flüchtlinge in Düsseldorf. Langjähriges Vorstandsmitglied der Bundesarbeitsgemeinschaft PRO ASYL.

Jochen Oltmer, apl. Prof. für Neueste Geschichte an der Universität Osnabrück, Dr. phil. habil. – Geb. 1965, Studium der Geschichte und Politikwissenschaft, Promotion 1995, Habilitation 2001. Seit 1997 Vorstandsmitglied des Instituts für Migrationsforschung und Interkulturelle Studien (IMIS) der Universität Osnabrück, 1995 hier Wiss. Assistent und ab 2001

Oberassistent, 2007-2010 hier Verwaltung der Professur für Neueste Geschichte. Seit 2011 Studiendekan des MA-Studiengangs Internationale Migration und Interkulturelle Beziehungen.

■ **Europa sieht Deutschland: Europa und das Vergessen**

Adolf Muschg, Schweizer Dichter, Schriftsteller und Literaturwissenschaftler – Geb. 1934 im Kanton Zürich, Studium der Germanistik, Anglistik und Philosophie in Zürich und Cambridge, Promotion 1959 über Ernst Barlach. Anschließend Tätigkeit als Lehrer und Hochschullehrer, u. a. an der Universität Göttingen, in Japan und den USA. Von 1970 bis 1999 Professor für deutsche Sprache und Literatur an der Eidgenössischen Technischen Hochschule Zürich. Seit 1976 Mitglied der Akademie der Künste in Berlin, auch Mitglied der Akademie der Wissenschaften und der Literatur Mainz sowie der Deutschen Akademie für Sprache und Dichtung in Darmstadt und der Freien Akademie der Künste Hamburg. Von 2003 bis Dezember 2005 amtierte Muschg als Präsident der Akademie der Künste in Berlin. Für sein schriftstellerisches Werk wurde Adolf Muschg vielfach ausgezeichnet, zuletzt 2015 mit dem Schweizer Grand Prix Literatur. 2014 erschien von ihm der Band »Im Erlebensfall. Versuche und Reden 2002–2013«.

■ **Druschba!? – Welchen Weg nimmt das deutsch-russische Verhältnis?**

Matthias Platzeck, Vorsitzender des Deutsch-Russischen Forums e.V. seit März 2014, Ministerpräsident a. D. – Geb. 1953 in Potsdam, Studium an der TH Ilmenau, 1979 Abschluss als Diplomingenieur für biomedizinische Kybernetik. Von 1982 bis 1990 Abteilungsleiter Umwelthygiene bei der Hygieneinspektion Potsdam. 1988 Gründungsmitglied der Bürgerinitiative AG für Umweltschutz und Stadtgestaltung, die er 1989/1990 am Zentralen Runden Tisch der DDR in Berlin vertrat. Von November 1990 bis 1998 Minister für Umwelt, Naturschutz und Raumordnung in Brandenburg. Von 1998 bis 2002 Oberbürgermeister von Potsdam. Von 2000 bis 2013 SPD-Landesvorsitzender in Brandenburg, von November 2005 bis April 2006 Bundesvorsitzender seiner Partei. Von 2002 bis 2013 Ministerpräsident des Landes Brandenburg.

Irina Scherbakowa, Germanistin und Kulturwissenschaftlerin – Geb. 1949 in Moskau, Promotion 1972, Übersetzerin deutscher Belletristik, freie

Journalistin und Redakteurin für Literaturzeitschriften. Von 1996 bis 2006 Dozentin an der Staatlichen Universität für Geisteswissenschaften, Moskau. Ihre Forschungen, seit 1991 u. a. in Archiven des KGB, gelten Fragen des kulturellen Gedächtnisses und der Erinnerungspolitik. Seit 1999 Koordinatorin eines von der Menschenrechtsgesellschaft Memorial jährlich ausgerichteten Geschichtswettbewerbs für Jugendliche. 1994/1995 Fellow am Wissenschaftskolleg zu Berlin, seit 1999 Mitglied im Kuratorium der Gedenkstätte Buchenwald, Mitglied des Beirats der Stiftung Topographie des Terrors in Berlin und der Aktion Sühnezeichen Friedensdienste. Seit 2012 Mitglied im Internationalen Wiss. Beirat des Wiesenthal Instituts für Holocaust-Studien, Wien. 2014 erhielt Irina Scherbakowa in Oldenburg den Carl-von-Ossietzky-Preis für Zeitgeschichte und Politik.

■ **musica pro pace 2015 – Konzert zum Osnabrücker Friedenstag**

Stefan Hanheide, apl. Prof. Dr. phil., Akad. Oberrat – Musikwissenschaftler an der Universität Osnabrück seit 1990 – Geb. 1960, Studium der Fächer Musik und Französisch für das Lehramt an Gymnasien, Promotion 1988, Habilitation 2003, Forschungsschwerpunkt »Musik im Zeichen politischer Gewalt«, Forschungen derzeit v.a. zum Ersten Weltkrieg, Mitglied im Interdisziplinären Institut für Kulturgeschichte der Frühen Neuzeit (IKFN) der Universität Osnabrück, Mitglied im Wissenschaftlichen Rat der Osnabrücker Friedensgespräche, verantwortlich für die Programmkonzeption der Reihe »musica pro pace«.

■ **Beiträge zur Friedensforschung**

Susanne Güsten, Journalistin, freie Korrespondentin in der Türkei seit 1997 – Geb. 1963 in München, aufgewachsen in Westafrika, Schulabschluss in den USA, Studium der Politikwissenschaften in Deutschland, Absolventin der Deutschen Journalistenschule; Tätigkeit als Redakteurin, Reporterin und stellvertretende Chefredakteurin der Nachrichtenagentur AFP in Deutschland. Aus der Türkei berichtet Susanne Güsten u.a. für New York Times, Tagesspiegel und Deutschlandfunk mit besonderem Augenmerk auf Religionsthemen.

Albrecht Weber, Prof. i.R. für Öffentliches Recht und Europarecht an der Universität Osnabrück, hier Mitglied des Instituts für Migrationsforschung und Interkulturelle Studien (IMIS) – Geb. 1945, Studium der

Jurisprudenz an den Universitäten München, Frankfurt a.M., Genf und Würzburg; Promotion zum Dr. iur. 1972; Zweite Juristische Staatsprüfung 1973; Habilitation für deutsches und ausländisches Öffentliches Recht, Völkerrecht einschl. Europarecht 1979; Wiss. Assistent am Institut für Völkerrecht, Europarecht und Internationales Wirtschaftsrecht der Universität Würzburg 1974-1980; Wiss. Mitarbeiter beim Präsidenten des Bundesverfassungsgerichts 1980-1982. Mitglied des Rates für Migration (RfM) und des Fachbeirats wie der Steuerungsgruppe des Mediendiensts Integration *(mediendienst.integration.de)* sowie Vorsitzender der Deutschen Sektion der AWR *(Association for the Study of the World Refugee Problem)* mit konsultativem Status beim ECOSOC der UNO.

Rolf Wortmann, Dr. rer. pol., Dipl.-Sozialwirt; Professor für Politikwissenschaft und Public Management an der Hochschule Osnabrück seit 1998. – Geb. 1949, Studium der Soziologie, Volkswirtschaftslehre und Philosophie an der Universität Osnabrück, 1987 hier Promotion mit der Dissertation »Frieden oder Sicherheit? Die Krise der Westdeutschen Sicherheitspolitik«. Tätigkeit in der Erwachsenenbildung und Mitarbeit an Forschungsprojekten zur Internationalen Politik. Von 1982 bis 1998 wiss. Mitarbeiter und Assistent für Politikwissenschaft / Politische Theorie und Politische Philosophie im Fachbereich Sozialwissenschaften der Universität Osnabrück. Leitet heute den Masterstudiengang »Management in Non-Profit-Organisationen« an der Hochschule Osnabrück.

Abbildungsnachweis

Einbandfoto und Abbildung S. 177:
Birgit Probst, Salzburg; Copyright: www.neumayr.cc

Plakatentwurf S. 154: Bruno Rothe, Georgsmarienhütte

Abbildungen im Beitrag Stefan Hanheide, S. 165-167:
Neue Zeitschrift für Musik 143 (1982), Heft 11, S. 42-43.

Abbildungen S. 13, 14, 25, 28, 35, 43, 47, 49, 57, 60, 70, 73, 77, 80, 92, 100, 106, 107, 109, 121, 130, 141, 142, 155, 157:
Uwe Lewandowski, Osnabrück